· 新时期法治宣传教育工作理论与实务丛书

结合本轮普法要求　　　着力突出重点
把握热点 宣讲要点　　彰显特点 普法骨干
　　普法讲师团成员　　　法治副校长
村（居）委法治副主任　普法志愿者和法律明白人
　　学习法律知识　　　　交流普法经验

普法讲师团成员
培训教材

中国社会科学院法学研究所法治宣传教育与公法研究中心◎组织编写

总顾问：张苏军　　　总主编：陈 甦

本册主编：陈百顺 杨 文

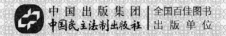

中国出版集团　｜全国百佳图书
中国民主法制出版社　｜出版单位

图书在版编目（CIP）数据

新时期普法讲师团成员培训教材 / 中国社会科学院法学研究所法治宣传教育与公法研究中心组织编写. --北京： 中国民主法制出版社， 2016.10
（新时期法治宣传教育工作理论与实务丛书）
ISBN 978-7-5162-1322-3

Ⅰ. ①新… Ⅱ. ①中… Ⅲ. ①法制教育－宣传工作－中国－培训－教材 Ⅳ. ①D920.5

中国版本图书馆CIP数据核字（2016）第241872号

责任编辑 / 严月仙
装帧设计 / 郑文娟

书　　名 / 新时期普法讲师团成员培训教材
作　　者 / 陈百顺　杨　文

出版·发行 / 中国民主法制出版社
社　　址 / 北京市丰台区右安门外玉林里7号（100069）
电　　话 / 010-62152088
传　　真 / 010-62168123
经　　销 / 新华书店
开　　本 / 16开　710mm×1000mm
印　　张 / 13
字　　数 / 229千字
版　　本 / 2016年10月第1版　　2016年10月第1次印刷
印　　刷 / 北京凯达印务有限公司

书　　号 / ISBN 978-7-5162-1322-3
定　　价 / 38.00元
出版声明 / 版权所有，侵权必究。

丛书编委会名单

总 顾 问：张苏军

主   任：李 林 刘海涛

委   员：李 林 陈 甦 陈泽宪 孙宪忠 刘作翔 李明德

王敏远 周汉华 邹海林 莫纪宏 田 禾 熊秋红

张 生 沈 涓 刘海涛 赵卜慧 陈百顺 沙崇凡

艾其来 丛文胜 吴丽华 宋玉珍 陈禄强

办公室主任：莫纪宏 陈百顺

办公室成员：谢增毅 廖 凡 李 忠 李洪雷 陈欣新 陈根发

翟国强 刘小妹 李 霞 戴瑞君 聂秀时 李长涛

邵 波 赵 波 胡俊平 陈 娟 严月仙 罗 卉

张静西 杨 文 刘佳迪 郭槿桉 熊林林 肖术芹

序

加强队伍建设　深化普法宣传

自1986年起，我国已连续开展了六个五年一轮的普法活动。2016年是我国"六五"普法收官之年、"七五"普法的启动之年。新一轮法治宣传教育工作的主要目标是：普法宣传教育机制进一步健全，法治宣传教育实效性进一步增强，依法治理进一步深化，全民法治观念和全体党员党章党规意识明显增强，全社会厉行法治的积极性和主动性明显提高，形成守法光荣、违法可耻的社会氛围。

为深入贯彻党的十八大和十八届三中、四中、五中、六中全会精神和习近平总书记系列重要讲话精神，以及中共中央、国务院转发《中央宣传部、司法部关于在公民中开展法治宣传教育的第七个五年规划（2016—2020年）》，扎实推进"七五"普法工作，中国社会科学院法学研究所联合中国民主法制出版社，组织国内有关方面的专家学者，在新一轮的五年普法规划实施期间，郑重推出"全面推进依法治国精品书库（六大系列）"，即《全国"七五"普法系列教材（以案释法版，25册）》《青少年法治教育系列教材（法治实践版，30册）》《新时期法治宣传教育工作理论与实务丛书（30册）》《"谁执法谁普法"系列丛书（以案释法版，80册）》《"七五"普法书架——以案释法系列丛书（60册）》和《"谁执法谁普法"系列宣传册（漫画故事版，100册）》。

其中《新时期法治宣传教育工作理论与实务丛书（30册）》是为了系统总结1985年以来全民普法三十多年的理论研究和实践经验，切实推进"七五"普法工作创新规范开展，分别从法治宣传教育立法、国家公职人员、青少年、农村、社区、行业的法治宣传教育以及区域法治创建、网络时代法治宣传教育、法治文化建设等方面进行精心组织编辑，力求对各地法治宣传教育一线工作者的实际工作有一定的帮助。为增强可操作性，该套丛书特别推出了培训教材共6册，分别为《新时期普法骨干培训教材》《新时期普法讲师团成员培训教材》《新时期法治副校长培训教材》《新时期村（居）委法治副主任、一村（居）一法律顾问培训教材》《新时期普法志愿者培训教材》《新时期法律明白人培训教材》先行出版。该6册培训教材着力突出重点、把握热点、围绕难点、宣讲要点、彰显特点，是普法骨干、普法讲师团成员、法治副校长、村（居）委法治副主任以及一村（居）一法律顾问、普法志愿者和法律明白人的专用培训用书。

衷心希望这套丛书的出版，能够在学习法律知识、交流普法经验、提升能力素质方面，对广大普法工作者有所帮助。

本书编委会

2016年10月

目　　录

第一章　全面推进依法治国的重大战略布局宣讲

内容提要

　　依法治国，就是广大人民群众在党的领导下，依照宪法和法律规定，通过法定形式管理国家事务，管理经济文化事业，管理社会事务，保证国家各项工作都依法进行，逐步实现民主制度化、法律化，建设社会主义法治国家。

　　全面推进依法治国，是我们党从坚持和发展中国特色社会主义，实现国家治理体系和治理能力现代化，提高党的执政能力和执政水平出发，总结历史经验、顺应人民愿望和时代发展要求作出的重大战略布局。

　　全面推进依法治国，必须坚持中国共产党的领导，坚持人民主体地位、坚持法律面前人人平等，坚持依法治国和以德治国相结合，坚持从中国实际出发。

　　坚持依法治国、依法执政、依法行政共同推进，坚持法治国家、法治政府、法治社会一体建设，实现科学立法、严格执法、公正司法、全民守法，促进国家治理体系和治理能力现代化。

第一节　依法治国方略的形成与发展过程

　　依法治国，从根本上讲，就是广大人民群众在党的领导下，依照宪法和法律规定，通过法定形式管理国家事务、管理经济文化事业、管理社会事务，保证国家各项工作都依法进行，逐步实现民主制度化、法律化，建设社会主义法治国家。

　　全面推进依法治国的提出，是对我们党严格执法执纪优良传统作风的传承，是对党的十五大报告提出的"依法治国，建设社会主义法治国家"的深化。历史地看，我们党依法治国基本方略的形成和发展，经历了一个长期的探索发展过程。

早在革命战争年代，我党领导下的革命根据地红色政权就陆续制定和颁布过《中华苏维埃共和国宪法大纲》《中国土地法大纲》《陕甘宁边区施政纲领》等一系列法律制度规定，为新生红色政权的依法产生和依法办事，为调动一切抗日力量抵御外来侵略者，为解放全中国提供了宪法性依据和法律遵循。遵守法纪、依法办事成为这一时期党政工作的一大特色。尽管从总体上看，为适应战时需要，当时主要实行的还是政策为主、法律为辅，但在战争年代，尤其是军事力量对比实力悬殊的情况下，我们党依然能够在革命根据地和解放区坚持探索和实践法制建设，充分显示了一个无产阶级政党领导人民翻身解放、当家作主的博大胸怀。

1949年中华人民共和国的成立，开启了中国法治建设的新纪元。从1949年到20世纪50年代中期，是中国社会主义法制的初创时期。这一时期中国制定了具有临时宪法性质的《中国人民政治协商会议共同纲领》和其他一系列法律、法令，对巩固新生的共和国政权，维护社会秩序和恢复国民经济，起到了重要作用。1954年第一届全国人民代表大会第一次会议制定的《中华人民共和国宪法》，以及随后制定的有关法律，规定了国家的政治制度、经济制度和公民的权利与自由，规范了国家机关的组织和职权，确立了国家法制的基本原则，初步奠定了中国法治建设的基础。20世纪50年代后期以后，特别是"文化大革命"十年（1966年—1976年）动乱，中国社会主义法制遭到严重破坏。

20世纪70年代末，中国共产党总结历史经验，特别是汲取"文化大革命"的惨痛教训，作出把国家工作中心转移到社会主义现代化建设上来的重大决策，实行改革开放政策，并明确了一定要靠法制治理国家的原则。为了保障人民民主，必须加强社会主义法制，使民主制度化、法律化，使这种制度和法律具有稳定性、连续性和权威性，使之不因领导人的改变而改变，不因领导人的看法和注意力的改变而改变，做到有法可依，有法必依，执法必严，违法必究，成为改革开放新时期法治建设的基本理念。在发展社会主义民主、健全社会主义法制的基本方针指引下，现行宪法以及刑法、刑事诉讼法、民事诉讼法、民法通则、行政诉讼法等一批基本法律出台，中国的法治建设进入了全新发展阶段。

20世纪90年代，中国开始全面推进社会主义市场经济建设，由此进一步奠定了法治建设的经济基础，也对法治建设提出了更高的要求。1997年召开的中国共产党第十五次全国代表大会，将"依法治国"确立为治国基本方略，将"建设社会主义法治国家"确定为社会主义现代化的重要目标，并提出了建设中国特色社会主义法律体系的重大任务。1999年，将"中华人民共和国实行依法治国，建设社会主义法治国家"载入宪法。中国的法治建设揭开了新篇章。

进入21世纪，中国的法治建设继续向前推进。2002年召开的中国共产党第十六次全国代表大会，将社会主义民主更加完善，社会主义法制更加完备，依法治国基本方略得到全面落实，作为全面建设小康社会的重要目标。2004年，将"国家尊重和保障人权"载入宪法。2007年召开的中国共产党第十七次全国代表大会，明确提出全面落实依法治国基本方略，加快建设社会主义法治国家，并对加强社会主义法治建设作出了全面部署。

2012年，党的十八大召开以来，党中央高度重视依法治国。2014年，党的十八届四中全会专门作出《中共中央关于全面推进依法治国若干重大问题的决定》，描绘了全面推进依法治国的总蓝图、路线图、施工图，标志着依法治国按下了"快进键"、进入了"快车道"，对我国社会主义法治建设具有里程碑意义。在新的历史起点上，我们党更加重视全面依法治国和社会主义法治建设，强调落实依法治国基本方略，加快建设社会主义法治国家，必须全面推进科学立法、严格执法、公正司法、全民守法进程，强调坚持党的领导，更加注重改进党的领导方式和执政方式；依法治国，首先是依宪治国；依法执政，关键是依宪执政；新形势下，我们党要履行好执政兴国的重大职责，必须依据党章从严治党、依据宪法治国理政；党领导人民制定宪法和法律，党领导人民执行宪法和法律，党自身必须在宪法和法律范围内活动，真正做到党领导立法、保证执法、带头守法。

现在，全面建成小康社会进入决定性阶段，改革进入攻坚期和深水区。我们党面对的改革发展稳定任务之重前所未有、矛盾风险挑战之多前所未有，依法治国在党和国家工作全局中的地位更加突出、作用更加重大。全面推进依法治国是关系我们党执政兴国、关系人民幸福安康、关系党和国家长治久安的重大战略问题，是完善和发展中国特色社会主义制度、推进国家治理体系和治理能力现代化的重要方面。我们要实现党的十八大和十八届三中、四中、五中全会作出的一系列战略部署，全面建成小康社会、实现中华民族伟大复兴的中国梦，全面深化改革、完善和发展中国特色社会主义制度，就必须在全面推进依法治国上作出总体部署、采取切实措施、迈出坚实步伐。

第二节　全面推进依法治国的重大意义

全面推进依法治国，是我们党从坚持和发展中国特色社会主义、实现国家治理体系和治理能力现代化、提高党的执政能力和执政水平出发，总结历史经验、顺应人民愿望和时代发展要求作出的重大战略布局，具有重大的现实意义和深远的历史意义。

一、全面推进依法治国开启了法治中国建设新的历程

法治是治国理政的重要手段，是政治文明的重要标杆，我们党长期重视法治建设。早在新民主主义革命时期，我们党就在局部执政的革命根据地，颁布宪法法律，探索和实践依法行政。1949年新中国成立，我们党由革命党成功转型为执政党后，宪法和一大批法律法规相继出台，法治建设步入快车道。但由于对社会主义条件下如何搞法治建设的成功经验不足、思想准备不够、社会基础不牢，以至于"左"倾冒进、急功近利思想逐步占据上风，由反右斗争扩大化逐渐酝酿成灾难性的"文化大革命"。在此期间，各级人民代表大会长期休会，各级人民政府被革命委员会取代，公检法被砸烂，法治被废弛。"文化大革命"的深刻教训再次表明，法治昌明，则国泰民安；法治松弛，则国乱民怨。

1978年党的十一届三中全会郑重提出，为了保障人民民主，必须加强社会主义法制，使民主制度化、法律化，使这种制度和法律具有稳定性、连续性和极大的权威，做到有法可依，有法必依，执法必严，违法必究。1984年10月，党的十二届三中全会明确提出，社会主义经济是在公有制基础上的有计划的商品经济；1992年10月，党的十四大进一步提出了建立社会主义市场经济体制的改革目标，为推进法治建设注入了市场经济的内在动力。1997年9月，党的十五大把依法治国确立为基本治国方略。2002年11月，党的十六大明确提出发展中国特色社会主义民主政治，必须坚持党的领导、人民当家作主、依法治国有机统一。2007年10月，党的十七大提出要全面落实依法治国基本方略，加快建设社会主义法治国家。2012年11月，党的十八大明确提出要全面推进依法治国。2013年11月，党的十八届三中全会明确提出，建设法治中国，必须坚持依法治国、依法执政、依法行政共同推进，坚持法治国家、法治政府、法治社会一体建设。

上述情况表明，在我国，法治建设经历了一个从局部实践到全面实施，从徘徊挫折到坚定不移，从专项部署到整体规划的逐步发展和升华过程。当前，我们党所处的

执政方位和执政环境发生了深刻变化，面临着复杂严峻的执政考验、改革开放考验、市场经济考验、外部环境考验，存在着精神懈怠的危险、能力不足的危险、脱离群众的危险、消极腐败的危险。严峻的现实表明，我们党要提高执政能力、巩固执政地位、实现长期执政，就必须更加自觉地运用法治思维和法治方式加强党的执政能力建设，推进党执政的制度化、规范化、程序化，提高依法治国、依法执政水平，巩固党执政的法治基础。正是在这样的关键时刻，2014年11月，党的十八届四中全会就全面推进依法治国的重要性和必要性、全面推进依法治国的指导思想、总体目标、基本原则，以及立法、行政、司法、守法、队伍建设、党的领导等各方面的工作，作了全面部署，开启了法治中国建设新的历程。

二、全面推进依法治国为全面深化改革提供了良好的法治平台

为了确保到2020年实现全面建成小康社会的宏伟目标，党的十八届三中全会作出了全面深化改革的战略部署。当前，我国正处于全面建成小康社会的决定性阶段，改革进入攻坚期和深水区，国际形势复杂多变，国内经济社会发展面临着增长速度换挡期、结构调整阵痛期、前期刺激政策消化期的三期叠加态势。党和国家所面对的改革发展稳定任务之重前所未有、矛盾风险挑战之多前所未有，依法治国在党和国家工作全局中的地位更加突出。此外，经过多年的深化改革，剩下的改革任务都触及最深层次利益关系调整，医疗、教育、住房、食品安全、环境保护等，每个领域的改革都互相牵扯、互相交织，涉及错综复杂的利益再调整。唯有通过全面推进依法治国，发挥法治的引领和保障作用，为全面深化改革提供良好的法治平台，推进国家治理体系和治理能力现代化，才能更好地整合社会利益、化解社会矛盾、凝聚社会力量，使各项改革发展有序推进，各项改革成果惠及全体人民。

三、全面推进依法治国为实现中国梦提供了有力的法治保障

法治作为治国理政的基本方式，作为国家治理体系的重要依托，在党和国家事业发展上，发挥着带有根本性、全局性、稳定性的制度保障作用。推进全面依法治国，不仅有助于极大地巩固党的执政地位，而且可以通过妥善的制度安排和有效的制度执行，确保党的路线方针政策的延续性，进而确保全党、全国上下始终不渝地为实现中华民族伟大复兴的中国梦而努力奋斗。

中国梦的基本内涵是实现国家富强、民族振兴、人民幸福。奋斗目标是，到2020年国内生产总值和城乡居民人均收入在2010年的基础上翻一番，全面建成小康社会；到本世纪中叶建成富强民主文明和谐的社会主义现代化国家。实现中华民族伟大复兴

的中国梦，是一项既崇高伟大、又艰巨繁重的历史重任，对国家治理体系和治理能力提出了新的更高的要求。我们党要提高执政能力、巩固执政地位，实现长期执政，就必须更加自觉地运用法治思维和法治方式，加强党的执政能力建设，大力推进党执政的制度化、规范化、程序化，不断巩固党执政的法治基础。

全面推进依法治国，从制度体系上把法治同整个国家的发展、把党领导人民的奋斗目标、人民的幸福生活、社会的和谐稳定等一系列重大问题紧密结合起来，从而为实现中华民族复兴的中国梦提供了有力的法治保障和内生动力。

四、全面推进依法治国是反腐治权的治本之举

全面推进依法治国，形成完备的法律规范体系、高效的法治实施体系、严密的法治监督体系、有力的法治保障体系，完善的党内法规体系，坚持依法治国、依法执政、依法行政共同推进，法治国家、法治政府、法治社会一体建设，实现科学立法、严格执法、公正司法、全民守法。这对完善权力制约和监督机制，把权力放进法律制度的笼子里，充分运用法治思维和法治方式推进反腐治权，切实从体制、机制和法治上遏制并解决权力腐败问题具有重大意义，是反腐治权的治本之举。

实践表明，尽管公权力腐败表现形式五花八门，公权力腐败原因不尽相同，但归根结底都属于权力寻租。各类主体的腐败，基本上都是政府官员和公职人员，同属掌握和行使公权力者。全面推进依法治国，形成严密的法治监督体系，就是要依法分权治权，从严治官治吏。全面推进依法治国，有助于从制度设计上扎紧反腐防腐的篱笆，使腐败行径受制于将然之时、受惩于已然之际。形成严密的不敢腐、不能腐、不想腐的法治氛围。

第三节　全面推进依法治国必须坚持的基本原则

全面推进依法治国是一项系统工程，是国家治理领域一场广泛而深刻的革命，需要付出长期艰苦努力，这一过程中，既要避免不作为，又要防范乱作为。为此，党的十八届四中全会明确提出了全面推进依法治国必须要坚持的基本原则，即坚持中国共产党的领导，坚持人民主体地位，坚持法律面前人人平等，坚持依法治国和以德治国相结合，坚持从中国实际出发。

一、党的领导原则

党的领导是中国特色社会主义最本质的特征，是社会主义法治最根本的保证。把党的领导贯彻到依法治国全过程和各方面，是我国社会主义法治建设的一条基本经验。我国宪法确立了中国共产党的领导地位。坚持党的领导，是社会主义法治的根本要求，是党和国家的根本所在、命脉所在，是全国各族人民的利益所系、幸福所系。党的领导和社会主义法治是一致的，社会主义法治必须坚持党的领导，党的领导必须依靠社会主义法治。只有在党的领导下依法治国、厉行法治，人民当家作主才能充分实现，国家和社会生活法治化才能有序推进。依法执政，既要求党依宪依法治国理政，也要求党依据党内法规管党治党。实践证明，只有把依法治国基本方略的贯彻实施同依法执政的基本方式统一起来，把党领导立法、保证执法、支持司法、带头守法统一起来，把党总揽全局、协调各方同人大、政府、政协、审判机关、检察机关依法依章程履行职能，开展工作统一起来，把党领导人民制定和实施宪法法律同党坚持在宪法法律范围内活动统一起来，才能确保法治中国的建设有序推进、深入开展。

二、人民主体原则

在我国，人民是依法治国的主体和力量源泉，法治建设以保障人民根本权益为出发点和落脚点。法治建设的宗旨是为了人民、依靠人民、保护人民、造福人民。因此，全面推进依法治国，必须要保证人民依法享有广泛的权利和自由、承担应尽的义务，维护社会公平正义，促进共同富裕。

全面推进依法治国，就是为了更好地实现人民在党的领导下，依照法律规定，通过各种途径和形式管理国家事务，管理经济文化事业，管理社会事务。法律既是保障公民权利的有力武器，也是全体公民必须一体遵循的行为规范，因此全面推行依法治国，必须要坚持人民主体原则，切实增强全社会学法尊法守法用法意识，使法律为人民所掌握、所遵守、所运用。

三、法律面前人人平等原则

平等是社会主义法律的基本属性。法律面前人人平等，要求任何组织和个人都必须尊重宪法法律权威，都必须在宪法法律范围内活动，都必须依照宪法法律行使权力或权利、履行职责或义务，都不得有超越宪法法律的特权。全面推行依法治国，必须维护国家法制统一、尊严和权威，切实保证宪法法律有效实施，任何人都不得以任何借口任何形式以言代法、以权压法、徇私枉法。必须规范和约束公权力，加大监督力度，做到有权必有责、用权受监督、违法必追究。坚决纠正有法不依、执法不严、违法不究行为。

四、依法治国和以德治国相结合原则

法律和道德同为社会行为规范，在支撑社会交往、维护社会稳定、促进社会发展方面，发挥着各自不同的且不可替代的交互作用，国家和社会治理离不开法律和道德的共同发挥作用。全面推进依法治国，必须要既重视发挥法律的规范作用，又重视发挥道德的教化作用，要坚持一手抓法治、一手抓德治，大力弘扬社会主义核心价值观，弘扬中华传统美德，培育社会公德、职业道德、家庭美德、个人品德。法治要体现道德理念、强化对道德建设的促进作用，道德要滋养法治精神、强化对法治文化的支撑作用，以实现法律和道德相辅相成、法治和德治相得益彰。

五、从实际出发原则

全面推进依法治国是中国特色社会主义道路、理论、制度实践的必然选择。建设法治中国，必须要从我国基本国情出发，同改革开放不断深化相适应，总结和运用党领导人民实行法治的成功经验，围绕社会主义法治建设重大理论和实践问题，深入开展法治建设，推进法治理论创新。

第四节 全面推进依法治国的总体要求

十八届四中全会是我党历史上，第一次通过全会的形式专题研究部署、全面推进依法治国问题。全会在对全面推进依法治国的重要意义、重大作用、指导思想和基本原则作了系统阐述的基础上，站在总揽全局、协调各方的高度，对全面推进依法治国进程中的人大、政府、政协、审判、检察等各项工作提出了工作要求。

一、加强立法工作，完善中国特色社会主义法律体系建设和以宪法为核心的法律制度实施

（一）建设中国特色社会主义法治体系，坚持立法先行，发挥立法的引领和推动作用，抓住提高立法质量这个关键

立法工作要恪守以民为本、立法为民理念，贯彻社会主义核心价值观，要符合宪法精神、反映人民意志、得到人民拥护。要把公正、公平、公开原则贯穿立法全过程，完善立法体制机制，坚持立改废释并举，增强法律法规的及时性、系统性、针对性、

有效性。坚持依法治国，首先要坚持依宪治国、坚持依宪执政。一切违反宪法的行为都必须予以追究和纠正。

为了强化宪法意识，党和国家还确定，每年12月4日定为国家宪法日。在全社会普遍开展宪法教育，弘扬宪法精神。建立宪法宣誓制度，凡经人大及其常委会选举或者决定任命的国家工作人员正式就职时公开向宪法宣誓。

（二）完善党对立法工作中重大问题决策的程序

凡立法涉及重大体制和重大政策调整的，必须报党中央讨论决定。党中央向全国人大提出宪法修改建议，依照宪法规定的程序进行宪法修改。法律制定和修改的重大问题由全国人大常委会党组向党中央报告。

健全有立法权的人大主导立法工作的体制机制。建立由全国人大相关专门委员会、全国人大常委会法制工作委员会组织有关部门参与起草综合性、全局性、基础性等重要法律草案制度。增加有法治实践经验的专职常委比例。依法建立健全专门委员会、工作委员会立法专家顾问制度。

加强和改进政府立法制度建设，完善行政法规、规章制定程序，完善公众参与政府立法机制。重要行政管理法律法规由政府法制机构组织起草。

明确立法权力边界，从体制机制和工作程序上有效防止部门利益和地方保护主义法律化。明确地方立法权限和范围，依法赋予设区的市地方立法权。

（三）深入推进科学立法、民主立法

加强人大对立法工作的组织协调，健全立法起草、论证、协调、审议机制，健全向下级人大征询立法意见机制，建立基层立法联系点制度，推进立法精细化。更多发挥人大代表参与起草和修改法律作用。充分发挥政协委员、民主党派、工商联、无党派人士、人民团体、社会组织在立法协商中的作用，拓宽公民有序参与立法途径，广泛凝聚社会共识。

（四）加强重点领域立法

依法保障公民权利，加快完善体现权利公平、机会公平、规则公平的法律制度，保障公民人身权、财产权、基本政治权利等各项权利不受侵犯，保障公民经济、文化、社会等各方面权利得到落实，实现公民权利保障法治化。增强全社会尊重和保障人权意识，健全公民权利救济渠道和方式。

二、深入推进依法行政，加快建设法治政府

各级政府必须坚持在党的领导下、在法治轨道上开展工作，创新执法体制，完善

执法程序，推进综合执法，严格执法责任，建立权责统一、权威高效的依法行政体制，加快建设职能科学、权责法定、执法严明、公开公正、廉洁高效、守法诚信的法治政府。

（一）依法全面履行政府职能

完善行政组织和行政程序法律制度，推进机构、职能、权限、程序、责任法定化。行政机关要坚持法定职责必须为、法无授权不可为，勇于负责、敢于担当，坚决纠正不作为、乱作为，坚决克服懒政、怠政，坚决惩处失职、渎职。行政机关不得法外设定权力，没有法律法规依据不得作出减损公民、法人和其他组织合法权益或者增加其义务的决定。

（二）健全依法决策机制

把公众参与、专家论证、风险评估、合法性审查、集体讨论决定确定为重大行政决策法定程序，确保决策制度科学、程序正当、过程公开、责任明确。

建立重大决策终身责任追究制度及责任倒查机制，对决策严重失误或者依法应该及时作出决策但久拖不决造成重大损失、恶劣影响的，严格追究行政首长、负有责任的其他领导人员和相关责任人员的法律责任。

（三）深化行政执法体制改革

根据不同层级政府的事权和职能，按照减少层次、整合队伍、提高效率的原则，合理配置执法力量。

推进综合执法，大幅减少市县两级政府执法队伍种类，重点在食品药品安全、工商质检、公共卫生、安全生产、文化旅游、资源环境、农林水利、交通运输、城乡建设、海洋渔业等领域内推行综合执法，有条件的领域可以推行跨部门综合执法；严格实行行政执法人员持证上岗和资格管理制度，未经执法资格考试合格，不得授予执法资格，不得从事执法活动。严格执行罚缴分离和收支两条线管理制度，严禁收费罚没收入同部门利益直接或者变相挂钩。

（四）坚持严格规范公正文明执法

依法惩处各类违法行为，加大关系群众切身利益的重点领域执法力度。完善执法程序，建立执法全过程记录制度。明确具体操作流程，重点规范行政许可、行政处罚、行政强制、行政征收、行政收费、行政检查等执法行为。严格执行重大执法决定法制审核制度。

全面落实行政执法责任制，严格确定不同部门及机构、岗位执法人员执法责任和责任追究机制，加强执法监督，坚决排除对执法活动的干预，防止和克服地方和部门保护主义，惩治执法腐败现象。

（五）强化对行政权力的制约和监督

加强党内监督、人大监督、民主监督、行政监督、司法监督、审计监督、社会监督、舆论监督制度建设，努力形成科学有效的权力运行制约和监督体系，增强监督合力和实效。

加强对政府内部权力的制约，对财政资金分配使用、国有资产监管、政府投资、政府采购、公共资源转让、公共工程建设等权力集中的部门和岗位实行分事行权、分岗设权、分级授权，定期轮岗，强化内部流程控制，防止权力滥用。改进上级机关对下级机关的监督，建立常态化监督制度。完善纠错问责机制，健全责令公开道歉、停职检查、引咎辞职、责令辞职、罢免等问责方式和程序。

完善审计制度，保障依法独立行使审计监督权。对公共资金、国有资产、国有资源和领导干部履行经济责任情况实行审计全覆盖。

（六）全面推进政务公开

坚持以公开为常态、不公开为例外原则，推进决策公开、执行公开、管理公开、服务公开、结果公开。各级政府及其工作部门依据权力清单，向社会全面公开政府职能、法律依据、实施主体、职责权限、管理流程、监督方式等事项。重点推进财政预算、公共资源配置、重大建设项目批准和实施、社会公益事业建设等领域的政府信息公开。

涉及公民、法人或其他组织权利和义务的规范性文件，按照政府信息公开要求和程序予以公布。推行行政执法公示制度。推进政务公开信息化，加强互联网政务信息数据服务平台和便民服务平台建设。

三、保证公正司法，提高司法公信力

必须完善司法管理体制和司法权力运行机制，规范司法行为，加强对司法活动的监督，努力让人民群众在每一个司法案件中感受到公平正义。

（一）完善确保依法独立公正行使审判权和检察权的制度

建立领导干部干预司法活动、插手具体案件处理的记录、通报和责任追究制度。任何党政机关和领导干部都不得让司法机关做违反法定职责、有碍司法公正的事情，任何司法机关都必须执行党政机关和领导干部不得违法干预司法活动的要求。对干预司法机关办案的，给予党纪政纪处分；造成冤假错案或者其他严重后果的，依法追究刑事责任。

（二）优化司法职权配置

健全公安机关、检察机关、审判机关、司法行政机关各司其职，侦查权、检察权、

审判权、执行权相互配合、相互制约的体制机制。

完善审级制度，一审重在解决事实认定和法律适用，二审重在解决事实法律争议、实现二审终审，再审重在解决依法纠错、维护裁判权威；建立司法机关内部人员过问案件的记录制度和责任追究制度。完善主审法官、合议庭、主任检察官、主办侦查员办案责任制，落实谁办案谁负责。

（三）推进严格司法

健全事实认定符合客观真相、办案结果符合实体公正、办案过程符合程序公正的法律制度。加强和规范司法解释和案例指导，统一法律适用标准。全面贯彻证据裁判规则，严格依法收集、固定、保存、审查、运用证据，完善证人、鉴定人出庭制度，保证庭审在查明事实、认定证据、保护诉权、公正裁判中发挥决定性作用。明确各类司法人员工作职责、工作流程、工作标准，实行办案质量终身负责制和错案责任倒查问责制，确保案件处理经得起法律和历史检验。

（四）保障人民群众参与司法

坚持人民司法为人民，依靠人民推进公正司法，通过公正司法维护人民权益。在司法调解、司法听证、涉诉信访等司法活动中保障人民群众参与。推进审判公开、检务公开、警务公开、狱务公开，依法及时公开执法司法依据、程序、流程、结果和生效法律文书，杜绝暗箱操作。

（五）加强人权司法保障

强化诉讼过程中当事人和其他诉讼参与人的知情权、陈述权、辩护辩论权、申请权、申诉权的制度保障。健全落实罪刑法定、疑罪从无、非法证据排除等法律原则的法律制度。完善对限制人身自由司法措施和侦查手段的司法监督，加强对刑讯逼供和非法取证的源头预防，健全冤假错案有效防范、及时纠正机制。

（六）加强对司法活动的监督

完善检察机关行使监督权的法律制度，加强对刑事诉讼、民事诉讼、行政诉讼的法律监督。完善人民监督员制度，重点监督检察机关查办职务犯罪的立案、羁押、扣押冻结财物、起诉等环节的执法活动。

依法规范司法人员与当事人、律师、特殊关系人、中介组织的接触、交往行为。严禁司法人员私下接触当事人及律师、泄露或者为其打探案情、接受吃请或者收受其财物、为律师介绍代理和辩护业务等违法违纪行为，坚决惩治司法掮客行为，防止利益输送。

四、增强全民法治观念，推进法治社会建设

弘扬社会主义法治精神，建设社会主义法治文化，增强全社会厉行法治的积极性和主动性，形成守法光荣、违法可耻的社会氛围，使全体人民都成为社会主义法治的忠实崇尚者、自觉遵守者、坚定捍卫者。

（一）推动全社会树立法治意识

坚持把全民普法和守法作为依法治国的长期基础性工作，深入开展法治宣传教育，引导全民自觉守法、遇事找法、解决问题靠法。坚持把领导干部带头学法、模范守法作为树立法治意识的关键，完善国家工作人员学法用法制度，把法治教育纳入国民教育体系，从青少年抓起，在中小学设立法治知识课程。

健全普法宣传教育机制，各级党委和政府要加强对普法工作的领导，宣传、文化、教育部门和人民团体要在普法教育中发挥职能作用。实行国家机关"谁执法谁普法"的普法责任制，建立法官、检察官、行政执法人员、律师等以案释法制度。把法治教育纳入精神文明创建内容，开展群众性法治文化活动，健全媒体公益普法制度，加强新媒体新技术在普法中的运用，提高普法实效；加强社会诚信建设，健全公民和组织守法信用记录，完善守法诚信褒奖机制和违法失信行为惩戒机制，使尊法守法成为全体人民共同追求和自觉行动；加强公民道德建设，弘扬中华优秀传统文化，增强法治的道德底蕴，强化规则意识，倡导契约精神，弘扬公序良俗。发挥法治在解决道德领域突出问题中的作用，引导人们自觉履行法定义务、社会责任、家庭责任。

（二）推进多层次多领域依法治理

深入开展多层次多形式法治创建活动，深化基层组织和部门、行业依法治理，支持各类社会主体自我约束、自我管理。发挥市民公约、乡规民约、行业规章、团体章程等社会规范在社会治理中的积极作用。建立健全社会组织参与社会事务、维护公共利益、救助困难群众、帮教特殊人群、预防违法犯罪的机制和制度化渠道，发挥社会组织对其成员的行为导引、规则约束、权益维护作用。

（三）建设完备的法律服务体系

完善法律援助制度，扩大援助范围，健全司法救助体系，保证人民群众在遇到法律问题或者权利受到侵害时获得及时有效法律帮助。

（四）健全依法维权和化解纠纷机制

强化法律在维护群众权益、化解社会矛盾中的权威地位，引导和支持人们理性表达诉求、依法维护权益。建立健全社会矛盾预警机制、利益表达机制、协商沟通机制、救济救助机制，畅通群众利益协调、权益保障法律渠道。把信访纳入法治化轨道，保障合理合法诉求依照法律规定和程序就能得到合理合法的结果。

健全社会矛盾纠纷预防化解机制，完善调解、仲裁、行政裁决、行政复议、诉讼等有机衔接、相互协调的多元化纠纷解决机制。

完善立体化社会治安防控体系，有效防范化解管控影响社会安定的问题，保障人民生命财产安全。依法严厉打击暴力恐怖、涉黑犯罪、邪教和黄赌毒等违法犯罪活动，绝不允许其形成气候。依法强化危害食品药品安全、影响安全生产、损害生态环境、破坏网络安全等重点问题治理。

此外，十八届四中全会还就法治工作队伍建设、党对全面推进依法治国的领导等重大问题提出了加强和改进要求。

第二章 习近平关于全面依法治国的重要论述宣讲

内容提要

党的十八大以来，习近平站在坚持和发展中国特色社会主义全局的高度，对全面依法治国作了重要论述，提出了一系列新思想、新观点、新论断、新要求，深刻回答了建设社会主义法治国家的重大理论和实践问题，为全面依法治国提供了科学理论指导和行动指南。

深入学习宣传习近平关于全面依法治国的重要论述，对增强走中国特色社会主义道路的自觉性和坚定性，增强全社会厉行法治的积极性和主动性具有重要意义。

对切实按照中央的部署和要求，推进科学立法、严格执法、公正司法、全民守法和党内法规建设，更好地发挥法治的引领和规范作用具有重要作用。

习近平关于中国特色社会主义法治理论和法治实践的"新思想"，是以习近平同志为核心的党中央自党的十八大以来，结合中国社会主义现代化建设的实践和依法治国的具体要求，面对大量具体的法律问题全面和系统地提出的解决方案，是中国共产党人治国理政集体智慧的结晶。

第一节 中国特色社会主义法治理论和法治实践的新思想

党的十八大以来，以习近平同志为核心的党中央围绕着"四个全面"的战略布局，将法治作为治国理政的基本方式，提出了全面推进依法治国的指导思想、总目标、基本原则、重要任务和具体法治改革措施。全面和系统地回答了与中国特色社会主义法治实践相关的重大理论问题，明确了中国特色社会主义法治道路的前进方向，为建设具有中国特色社会主义法治体系、全面推进法治中国建设提供了新的思想源泉和丰富

的理论依据。

一、社会主义法治建设的基本原则

党的十一届三中全会明确提出了新时期社会主义法制建设的"十六字方针",即"有法可依、有法必依、执法必严、违法必究"。"十六字方针"适应改革开放初期拨乱反正、恢复社会主义法制传统的需要,有力地推动了立法、执法、司法、守法以及法律监督、法制教育等各项工作的有序进行,取得了丰硕的成果。

党的十五大报告将"依法治国,建设社会主义法治国家"作为治国方略第一次明确地写进党的重要文件,"依法治国"开始纳入执政党的执政纲领。1999年宪法第三次修改时,"依法治国,建设社会主义法治国家"作为治国方略正式入宪,成为国家根本大法所确立的一项治国理政的基本国策。

党的十八大报告在总结既往中国特色社会主义法治实践经验基础上,正式提出了"科学立法、严格执法、公正司法、全民守法"的"全面推进依法治国"的新理念,对党的十一届三中全会提出的新时期社会主义法制建设的"十六字方针"——"有法可依、有法必依、执法必严、违法必究"作了全新角度的阐述,丰富了社会主义法治建设基本原则的内涵,体现了社会主义法治建设各项基本原则与时俱进的内在要求。

党的十八大以来,习近平面对新世纪我国法治建设出现的新情况和新问题,在多次重要讲话中创造性地运用了重点论、系统论和辩证法等马克思主义的基本立场、观点和方法,对社会主义法治建设基本原则的各项要求作了符合当下中国实际的深入细致的分析和论述,进一步丰富和完善了社会主义法治建设基本原则的内涵。习近平将法治建设与治国理政紧密地结合起来,指出"法治是治国理政的基本方式";与此同时,还深刻揭示了中国特色社会主义法治建设各项工作之间的有机联系,着重强调"坚持依法治国、依法执政、依法行政共同推进,坚持法治国家、法治政府、法治社会一体建设"的"全面推进依法治国"的新思想、新理念。关于全面推进依法治国在国家治理中的作用,习近平明确指出,全面推进依法治国,必须从我国实际出发,同推进国家治理体系和治理能力现代化相适应,既不能罔顾国情、超越阶段,也不能因循守旧、墨守成规。法律是治国之重器,法治是国家治理体系和治理能力的重要依托。全面推进依法治国,是解决党和国家事业发展面临的一系列重大问题、解放和增强社会活力、促进社会公平正义、维护社会和谐稳定、确保党和国家长治久安的根本要求。

习近平关于社会主义法治建设基本原则的论述,对立法、执法、司法和守法等法治工作的各个环节提出了更加科学合理和符合时代特点的高标准和新要求。对于建设法治中国设计了更为切实可行的实现路径，丰富了中国特色社会主义法治理论的思想内涵，提升了中国特色社会主义法治实践的目标期待。

二、"全面推进依法治国"在"四个全面"战略布局中的重要地位和作用

党的十八大提出了"确保到2020年实现全面建成小康社会宏伟目标"的时间表和路线图。党的十八大以来，以习近平同志为核心的党中央围绕着"全面建成小康社会"的宏伟目标，全面统筹小康社会建设、深化改革、法治建设和执政党自身建设之间的辩证关系，提出了"四个全面"的战略布局，从理论上明确了今后一段时间内执政党的大政方针和政策走向。

2014年底，习近平在江苏调研时首次提出"全面建成小康社会、全面深化改革、全面推进依法治国、全面从严治党"的"四个全面"的论述。如何科学地认识"四个全面"之间的辩证关系，涉及执政党指导国家和社会建设的大政方针和政策走向问题。对此，2015年2月2日，习近平在省部级主要领导干部学习贯彻十八届四中全会精神全面推进依法治国专题研讨班开班式上的讲话中，全面系统和创造性地集中论述了"四个全面"战略布局的逻辑关系，深刻阐明了全面推进依法治国在"四个全面"中的重要地位和作用。习近平在论述四者之间的关系时指出，全面建成小康社会是我们的战略目标，全面深化改革、全面推进依法治国、全面从严治党是三大战略举措。要把全面推进依法治国放在"四个全面"的战略布局中来把握，深刻认识全面推进依法治国同其他三个全面的关系，努力做到"四个全面"相辅相成、相互促进、相得益彰。

由此可见，"四个全面"中的"全面推进依法治国"是治国理政的重要战略举措，相对于"全面建成小康社会""全面深化改革"和"全面从严治党"来说，"全面推进依法治国"是其他三个全面所依托的制度平台和保障。全面建成小康社会不仅仅是物质文明的大发展，更是制度文明的繁荣昌盛。现代社会治理的一条基本规律就是，只有法治才能造就可持续发展的制度文明。小康社会需要建立在高度文明的法治基础之上，法治小康是小康社会的重要标志。全面深化改革是要改革和清除那些不适应社会生产力发展的制度障碍，为改革不断提供制度的合法性。全面推进依法治国可以为全面深化改革适时提供制度的合法性，使得改革获得源源不断的制度活力。全面从严治党是执政党管党治党的基本要求，执政党依据党内法规管党治党，更需要确保"党自身必须在宪法和法律范围内活动"，要实现"把权力关进制度的笼子里"的反腐倡廉目标，首要的任务就是应当把权力关进"宪法法律"的笼子，通过有序推进全面

推进依法治国各项法治工作，防止权力不受制度的约束，确保任何组织和个人都不得享有超越宪法和法律的特权。与此同时，其他三个全面对于全面推进依法治国也具有相辅相成的促进作用。当然，全面推进依法治国解决的是国家治理和社会治理的根本问题，涉及方方面面，不依靠法律绝对不行，但仅仅"就法治论法治"，脱离具体的实际情况，也不可能有效地解决实际生活中存在的各种复杂的社会问题和国家治理难题。因此，全面建成小康社会、全面深化改革和全面从严治党都可以从不同角度和侧面来为全面推进依法治国提供良好的内外部环境和发展条件。

三、全面推进依法治国的"总抓手"

全面推进依法治国涉及很多方面，在实际工作中必须有一个总揽全局、牵引各方的总抓手，这个总抓手就是建设中国特色社会主义法治体系。依法治国各项工作都要围绕这个总抓手来谋划、来推进。

习近平在《关于〈中共中央关于全面推进依法治国若干重大问题的决定〉的说明》中指出，提出建设中国特色社会主义法治体系这个总目标，既明确了全面推进依法治国的性质和方向，又突出了全面推进依法治国的工作重点和总抓手。所谓"抓手"就是政策的制度落脚点。将"建设中国特色社会主义法治体系"形容为全面推进依法治国的总抓手，对于认识党的十八届四中全会《中共中央关于全面推进依法治国若干重大问题的决定》（以下简称《全面推进依法治国决定》）首次明确"建设中国特色社会主义法治体系"作为全面推进依法治国总目标的意义非常重要。

"建设中国特色社会主义法治体系"这个总抓手可以从两个方面来理解：

一是从依法治国的角度来看。党的十五大报告指出，依法治国，就是广大人民群众在党的领导下，依照宪法和法律规定，通过各种途径和形式管理国家事务，管理经济文化事业，管理社会事务，保证国家各项工作都依法进行，逐步实现社会主义民主的制度化、法律化，使这种制度和法律不因领导人的改变而改变，不因领导人的看法和注意力的改变而改变。党的十八届四中全会《全面推进依法治国决定》从理论体系、实践体系和具体法治体系三个角度明确了中国特色社会主义法治体系的内涵。全面和有效地按照要求将法治体系建设落到实处，必须采取一系列制度措施。这些制度措施必然应体现依法治国的要求，建设中国特色社会主义法治体系的各项具体要求就是落实依法治国的各项制度措施。因此，建设中国特色社会主义法治体系成了全面推进依法治国的制度抓手。

二是从建设社会主义法治国家的角度来看。"建设中国特色社会主义法治体系"

从理论和实践、抽象与具体相结合的角度对建设社会主义法治国家进行了制度构建。如果中国特色社会主义法治体系在制度上基本建成，即形成完备的法律规范体系、高效的法治实施体系、严密的法治监督体系、有力的法治保障体系以及完善的党内法规体系，那么，社会主义法治国家的制度表现形式也就基本上完成了。所以，在形式意义上，中国特色社会主义法治体系的建成可以视为制度上判断是否建成了法治国家的具体标准，是法治国家是否在制度上得以实现的抓手。

因此，习近平提出的"建设中国特色社会主义法治体系作为全面推进依法治国的总抓手"的思想，使得依法治国基本方略在路径与目标两个方面的制度内涵都更加清晰，使得我们坚持走中国特色社会主义道路更有信心。只要抓好建设中国特色社会主义法治体系的各项工作，抓出具体成效，就能够充分体现中国特色社会主义法治理论的指导意义，形成中国特色社会主义法治实践的主要特征，全面推进依法治国的各项措施也就能够得到有效贯彻落实，社会主义法治国家的实现程度和状况也就有了制度上的最有效的判断标准。

四、宪法在依法治国中的核心地位和作用

2004年9月15日，胡锦涛在纪念全国人民代表大会成立50周年大会讲话中提出"依法治国首先要依宪治国"，这是党和国家领导人在正式场合首次论述"依宪治国"与"依法治国"之间的关系。2012年12月4日，习近平在首都各界纪念现行宪法公布施行30周年大会上的讲话中提出"依法治国，首先是依宪治国"。2014年9月5日，他在庆祝全国人民代表大会成立60周年大会上的讲话中进一步强调指出："坚持依法治国首先要坚持依宪治国。"上述讲话精神在党的十八届四中全会《全面推进依法治国决定》中得到了完整的体现。党的十八届四中全会《全面推进依法治国决定》提出"坚持依法治国首先要坚持依宪治国"，并对宪法在全面推进依法治国中的重要地位和作用进行了非常全面的阐述；对如何发挥宪法的作用以及如何贯彻依宪治国的要求作出了全面和系统的制度安排；从完善宪法理论和加强宪法实施等角度，提出了明确的目标和要求。这是我党第一次以党的文件形式大篇幅强调宪法相关内容，为在实践中推动宪法实施起到了非常重要的保障作用。

习近平关于"依法治国首先是依宪治国"的论述，最核心的思想就是，突出强调宪法作为根本法在全面推进依法治国中的基础性地位和重要作用。从概念上看，依法治国与依宪治国的区别在于"法"与"宪"。由此，依法治国与依宪治国的关系也可以简化成"法"与"宪"的关系。广义上讲，"法"包含了宪法。宪法

是根本法，在中国特色社会主义法律体系中居于统帅地位。因此依法治国的"法"最重要的应当是宪法，依宪治国应是依法治国的基础和核心内容。如果宪法不能成为治国的依据，那么依法治国就可能出现"法出多门""政出多门"的弊端，继而妨碍依法治国的落实。狭义上讲，"法"则是指由国家立法机关根据宪法制定的法律规范。如果依法治国中的"法"只是指这些法律法规，很显然是存在内容和价值缺陷的。如果只讲依法治国，不讲依宪治国，那么依法治国就无从抓起。所以，从理论上看，不论是从广义上，还是狭义上来理解依法治国的"法"的含义，都不可能脱离依宪治国。从实践来看，强调依宪治国在依法治国中的突出地位，关键是要正确处理宪法与部门法之间的关系，树立宪法和法律至上的理念，特别是要使每一项立法都符合宪法精神，保证一切法律、法规、规章与宪法相一致，不得与宪法相抵触。同时还要保证政策与法律的一致性和法律法规内在的有机统一。对于一切违反宪法的行为都必须予以追究，维护宪法的权威和法治的统一性。

五、加强宪法和法律实施工作的意义和制度完善路径

党的十八大以来，以习近平同志为核心的党中央在全面构建中国特色社会主义法治理论的基本内涵、准确指明中国特色社会主义法治道路发展方向的过程中，非常重视宪法和法律实施工作，始终不渝地把宪法和法律实施放在全面推进依法治国各项法治工作的首要位置予以重点落实。

在首都各界纪念现行宪法公布施行30周年大会上的讲话中，习近平指出，宪法的生命在于实施，宪法的权威也在于实施。我们要坚持不懈抓好宪法实施工作，把全面贯彻实施宪法提高到一个新水平。在庆祝全国人民代表大会成立60周年大会上的讲话中，他进一步强调指出，加强和改进法律实施工作。法律的生命力在于实施，法律的权威也在于实施。"法令行则国治，法令弛则国乱。"各级国家行政机关、审判机关、检察机关是法律实施的重要主体，必须担负法律实施的法定职责，坚决纠正有法不依、执法不严、违法不究现象，坚决整治以权谋私、以权压法、徇私枉法问题，严禁侵犯群众合法权益。

2014年10月23日，习近平在党的十八届四中全会第二次全体会议上的讲话中，对如何加强宪法和法律实施工作作了进一步阐述。他指出："天下之事，不难于立法，而难于法之必行。"依法治国是我国宪法确定的治理国家的基本方略，而能不能做到依法治国，关键在于党能不能坚持依法执政，各级政府能不能依法行政。我们要增强依法执政意识，坚持以法治的理念、法治的体制、法治的程序开展工作，改进党的领

导方式和执政方式，推进依法执政制度化、规范化、程序化。执法是行政机关履行政府职能、管理经济社会事务的主要方式，各级政府必须依法全面履行职能，坚持法定职责必须为、法无授权不可为，健全依法决策机制，完善执法程序，严格执法责任，做到严格规范、公正和文明执法。

总之，从宪法和法律实施工作入手来抓法治，是习近平全面推进依法治国思想中最具特色的亮点，也是习近平治国理政"言必行、行必果"理念在法治实践中的具体体现。特别是宪法实施，更是各项法律实施工作中的重中之重。习近平在《关于〈中共中央关于全面推进依法治国若干重大问题的决定〉的说明》中着重强调，宪法是国家的根本法。法治权威能不能树立起来，首先要看宪法有没有权威。必须把宣传和树立宪法权威作为全面推进依法治国的重大事项抓紧抓好，切实在宪法实施和监督上下功夫。对于如何有效地推进宪法和法律实施工作，习近平在全面论述党与法的关系、充分肯定党对全面推进依法治国工作的领导作用的前提下，明确指出了执政党要在全面推进依法治国、保证宪法和法律实施工作发挥主导作用。在首都各界纪念现行宪法公布施行30周年大会上的讲话中，习近平指出，党领导人民制定宪法和法律，党领导人民执行宪法和法律，党自身必须在宪法和法律范围内活动，真正做到党领导立法、保证执法、带头守法。

由此可见，以习近平同志为核心的党中央不仅继承和发展了改革开放以来我党在社会主义法治建设方面一系列重大理论成果和大政方针，而且还结合当下我国法治建设所遇到的新情况、新问题以及全面推进依法治国所面临的新任务和新要求，创造性地提出了关于中国特色社会主义法治理论和法治实践的新理念和新思想，并且通过党的十八届四中全会《全面推进依法治国决定》加以制度化、规范化，成为我党依法执政的重要指导思想和行动纲领，坚定了我们走中国特色社会主义法治道路的信念，开创了国家治理和社会治理现代化和法治化的新局面。

 第二节　习近平依宪治国与依宪执政思想的理论贡献

党的十八大以来，以习近平同志为核心的党中央不断推进中国特色社会主义法治理论的完善和实践的深入发展，全面和系统地提出了全面推进依法治国的行动纲领，为依法治国、建设社会主义法治国家指明了具体和明确的发展方向。其中，习近平依宪治国与依宪执政思想作为全面推进依法治国的核心价值和理论基础，在构建中国特色社会主义法治理论、建设中国特色社会主义法治体系和坚持走中国特色社会主义法治道路方面，起到了统筹全局、引领各方的导向作用，是马克思主义法律观和法学思想在当代中国具体化的体现。深入学习和研究习近平依宪治国与依宪执政思想，有助于进一步推动马克思主义法律观和法学思想的中国化，彻底划清与西方国家宪政观的界限，坚持走中国特色的社会主义法治道路，充分发挥宪法作为国家根本法在全面推进依法治国中的基础性保障作用，树立宪法至上的价值理念，推动宪法实施和监督实践的不断进步，维护宪法作为根本法的法律权威。

一、习近平依宪治国与依宪执政思想的形成过程

习近平依宪治国与依宪执政思想的形成，是以习近平为核心的党中央治国理政集体智慧的结晶。同时，作为习近平依宪治国与依宪执政思想的主要创建者，习近平本人在地方和中央的工作经历也产生了重要的影响。

习近平依宪治国与依宪执政思想是习近平同志在长期的从政实践中，运用马克思主义法律观和法学思想的基本立场和方法，通过不断总结依法治国的地方和全国两个方面的实践经验，以巨大的理论创新勇气，逐渐形成并最终在党的文件中正式予以确认。习近平依宪治国与依宪执政思想的产生和走向成熟，具有鲜明的实践性、时代性特征，反映了马克思主义法律观和法学思想中国化的客观规律。

首先，习近平依宪治国与依宪执政思想来源于习近平同志长期的地方从政实践经验，具有鲜明的实践性特征。"依宪治国""依宪执政"的概念，最早是由学术界于1996年提出的。但作为治国理政的行动纲领，习近平同志是最早使用依宪治国与依宪执政概念来强调宪法在治国理政中的核心地位和重要作用的领导人。中国知网大数据显示，第一次提到"依宪治国"概念的正式文件，是时任全国人大常委会委员长的李鹏于2002年3月9日在九届全国人大五次会议上所作的《2002年全国人民代表大会常务委员会工作报告》。该报告指出："今年是现行宪法颁布实施二十周年。宪法以法律形式确认了我国各族人民的奋斗成果，规定了国家的根本制度和根本任务，是党的主张和人民意志的高度统一，是国家的根本法。依法治国首先要依宪治国。"同一时期，在同一个正式公开发表的文件中将"依宪治国""依宪执政"并提的是时任浙江省代省长的习近平同志发表在2002年12月4日《浙江日报》上主题为《全面贯彻实施宪法

促进社会主义政治文明建设》的文章。在该文中，习近平同志结合浙江省依法治省的实际，全面论述了宪法在依法治国中的重要地位和作用。习近平明确提出："依法治国、依法治省，首要的是依宪治国、依宪治省；增强法治观念，首要的是要牢固树立宪法观念，自觉维护宪法权威""各级党组织要切实增强依宪执政、依法执政的观念，提高依宪办事、依法办事的自觉性，模范地执行宪法和法律，防止和纠正以言代法、以权压法、干扰执法的现象。"在上文中，习近平同志作为地方领导人，率先提出了"依宪治国、依宪治省、依宪执政、依宪办事"等依据宪法治国理政的思想，表现出了巨大的理论勇气。（"依宪治国""依宪执政"在中央文件中并提第一次出现在胡锦涛同志在纪念全国人大成立50周年大会上的讲话中。）2006年4月25日，习近平在浙江省委十一届十次全会上所作的报告中，第一次非常明确地把"宪法"视为"治理国家"的核心，他指出："坚持依法治国，其核心就是要确立和实现以宪法和法律治理国家的最具权威价值的取向。"

习近平在地方从政期间，根据地方工作的特点，逐渐地形成了依据宪法治国理政的思想，对宪法作为根本法在治国理政的地位和作用形成了较为系统的认识。这些从基层工作实践中不断总结出来的依宪治理思想，为习近平担任总书记之后形成全面和系统的依宪治国与依宪执政思想奠定了理论基础。

党的十八大之后，以习近平同志为核心的党中央高度重视宪法在治国理政中的基础性地位，以全面推进国家治理体系和治理能力现代化和全面推进依法治国的战略布局为契机，及时和系统地提出了以"依宪治国""依宪执政"为核心要义的依宪治理思想，形成了依宪治理的思想体系。从理论与实践两个方面有机结合的角度为加强宪法实施、维护宪法权威、充分发挥宪法作为根本法在建设中国特色社会主义法律体系和中国特色社会主义法治体系中的核心作用提供了明确的理论指引和行动纲领。

2012年12月4日，习近平在首都各界纪念现行宪法正式施行30周年大会上的讲话（以下简称"12·4"讲话）中，将"依法治国"与"依宪治国"之间的关系从2004年9月15日胡锦涛同志在纪念全国人大成立50周年大会上的讲话中提出的"依法治国首先要依宪治国"中的"首先要"提升为"首先是"，并将"依法执政"与"依宪执政"之间的关系从"首先要"表述为"关键是"。他在"12·4"讲话中明确指出："依法治国首先是依宪治国，依法执政关键是依宪执政。"虽然是一字之差，"要"和"是"却反映了以习近同志为核心的党中央对"依宪治国"在推进"依法治国"中具有的作用所产生的思想认识上的"飞跃"："是"已经明确肯定"依宪治国"是"依法治国"

的重要事项，是不可改变的客观事实；而"要"只是表示了一种"希望"和"应该"，是一种对理想目标的价值追求。同理，"12·4"讲话也明确肯定了依宪执政在依法执政中的核心地位。

在"12·4"讲话中，习近平非常明确地阐述了"依宪治国"与"依法治国""依宪执政"与"依法执政"的相互关系，为习近平依宪治国与依宪执政思想的正式形成奠定了理论基础。为了将习近平依宪治国与依宪执政思想从价值层面上升到实践层面，成为指导中国特色社会主义法治建设有力的思想武器，2014年9月5日，习近平在纪念全国人大成立60周年大会上的讲话中明确指出："坚持依法治国首先要坚持依宪治国，坚持依法执政首先要坚持依宪执政。"上述讲话精神已经将依宪治国与依法治国、依宪执政与依法执政的关系上升到法治实践的层面，强调了习近平依宪治国与依宪执政思想必须在执政党贯彻落实依法执政和依法治国的行动纲领中得到"坚持"。2014年10月23日，党的十八届四中全会审议通过的《全面推进依法治国决定》充分肯定和直接采用了习近平在2014年9月5日在纪念全国人大成立60周年大会讲话中阐明的"坚持依法治国首先要坚持依宪治国，坚持依法执政首先要坚持依宪执政"主张，这表明习近平依宪治国与依宪执政思想通过《全面推进依法治国决定》的政策确认已经成为全面推进依法治国各项工作的行动纲领。习近平进一步强调："坚持依宪治国、依宪执政，就包括坚持宪法确定的中国共产党领导地位不动摇，坚持宪法确定的人民民主专政的国体和人民代表大会制度的政体不动摇。任何人以任何借口否定中国共产党领导和我国社会主义制度，都是错误的、有害的，都是违反宪法的，都是绝对不能接受的。"自此，习近平依宪治国与依宪执政思想已经与中国的政治制度紧密地结合在一起，成为以习近平同志为核心的党中央治国理政的逻辑大前提和出发点，是马克思主义宪法观与中国实际具体相结合的产物，是马克思主义中国化的又一个巨大的理论成果，具有统揽全局、引领各方的时代性特征。当然，习近平依宪治国与依宪执政思想是中国共产党领导层集体智慧的结晶，习近平本人在形成依宪治国与依宪执政思想的过程中起到了决定性作用。

二、习近平依宪治国与依宪执政思想对全面推进依法治国的理论贡献

习近平依宪治国与依宪执政思想是习近平同志在长期的从政实践中，通过总结地方和中央法治建设的实际经验提出并最终得到完善，成为执政党全面推进依法治国的指导思想和行动纲领。从理论上来看，习近平依宪治国与依宪执政思想形成于习近平

同志在地方的从政实践，在党的十八大之后不断得到完善，并在"12·4"讲话中得到了全面和系统性的理论阐述，为党的十八届四中全会《全面推进依法治国决定》关于中国特色社会主义法治理论的最终形成奠定了思想和理论基础。

早在河北正定县担任县委书记期间，习近平同志在日常工作中就注重宪法的作用，强调普法工作中要积极努力地宣传宪法。习近平在《共同维护妇女儿童的合法权益》一文中强调指出，要大力进行法制宣传、教育，认真学习宪法、法律，使人民群众知法、依法，自觉同各种违法行为进行斗争，共同维护国家赋予妇女儿童的权益。1994年，习近平同志担任福州市委书记时在《发挥人大职能作用加强地方立法促进社会主义市场经济体制的建立和完善》一文中指出："解放思想就是以积极的态度去对待立法中遇到的问题和难点，在不与宪法、法律和行政法规相抵触的前提下，从本地的实际情况和需要出发，根据邓小平同志提出的'三个有利于'的标准，只要改革开放和市场经济发展需要，看准了，可以大胆去试验。"上述论述较早地关注了改革与宪法的关系，突出强调了重大改革举措的出台不得与宪法相抵触，为日后形成"重大改革于法有据"这一法治下的改革理念奠定了合宪性的基础。2004年，习近平同志担任浙江省委书记时在《巩固执政基础增强执政本领》一文中进一步指出："结合浙江实际，我们提出了建设法治社会的总体要求，强调要以宪法和法律为依据，把坚持党的领导、人民当家作主和依法治国有机统一起来。"在该文中，习近平同志把"以宪法为依据"作为建设法治社会的基本要求，进一步明确了宪法实施与法治建设的相互关系，强调了宪法在法治建设中的基础性地位。2005年，习近平同志在《弘扬法治文化建设"法治浙江"——写在"五五"普法启动之际》《弘扬法治文化建设"法治浙江"》等文章中进一步提出："要突出抓好宪法的学习宣传，形成崇尚宪法、遵守宪法、维护宪法的良好氛围，使宪法在全社会得到普遍遵行。"上述论述已经从一般性地强调宪法在治国理政中的基础性地位逐渐发展到如何通过推进宪法实施来有效地贯彻落实依宪治国与依宪执政思想。

党的十八大以后，习近平作为党的总书记，先后就依宪治国与依宪执政发表了一系列重要讲话，其中最直接和最全面系统地阐述"依宪治国与依宪执政思想"的文献是"12·4"讲话。在"12·4"讲话中，习近平从以下几个方面全面和系统地阐述了依宪治国与依宪执政思想的基本内涵和特征：

第一，从执政党的执政方式高度来阐明依宪治国、依宪执政的意义。习近平指出，坚持党的领导，更加注重改进党的领导方式和执政方式。依法治国，首先是依宪治国；依法执政，关键是依宪执政。新形势下，我们党要履行好执政兴国的重大职责，就必须依据党章从严治党、依据宪法治国理政。党领导人民制定宪法和法律，党领导人民执行宪法和法律，党自身必须在宪法和法律范围内活动，真正做到党领导立法、保证执法、带头守法。上述讲话内容，不仅明确了依宪治国与依法治国、依宪执政与依法执政之间的辩证关系，更重要的是，把"依据宪法治国理政"作为执政党执政兴国的"重大职责"，非常明确地把依宪治国、依宪执政视为执政党一切工作的基础和出发点，凸显了依宪治国、依宪执政的重要地位。

第二，对宪法的法律特征作了全新的阐述，对宪法在改革开放中的重要作用和地位作了充分肯定，弘扬了宪法的法律权威。首先，习近平在总结现行宪法正式施行30周年取得的经验和成就基础上，对宪法的根本法特征作了准确的概括，指出"我国宪法以国家根本法的形式，确立了中国特色社会主义道路、中国特色社会主义理论体系、中国特色社会主义制度的发展成果，反映了我国各族人民的共同意志和根本利益，成为历史新时期党和国家的中心工作、基本原则、重大方针、重要政策在国家法制上的最高体现"。其次，习近平认为，现行宪法正式施行30年来的发展历程充分证明，我国宪法是符合国情、符合实际、符合时代发展要求的好宪法，是充分体现人民共同意志、充分保障人民民主权利、充分维护人民根本利益的好宪法，是推动国家发展进步、保证人民创造幸福生活、保障中华民族实现伟大复兴的好宪法，是我们国家和人民经受住各种困难和风险考验、始终沿着中国特色社会主义道路前进的根本法治保证。这就给那些企图以各种借口否定我国现行宪法存在的正当性及宪法实施成就的错误观点予以有力回击。最后，习近平对建国后宪法在我国政治生活中的重要地位作了进一步强调，指出"追溯至新中国成立以来60多年我国宪法制度的发展历程，我们可以清楚地看到，宪法与国家前途、人民命运息息相关。维护宪法权威，就是维护党和人民共同意志的权威。捍卫宪法尊严，就是捍卫党和人民共同意志的尊严"。上述内容可以看出，习近平运用马克思主义的辩证思维方法将宪法视为党和人民共同意志的产物，并把维护宪法尊严与权威与维护党和人民共同意志的尊严与权威联系在一起，全面回答了宪法与党、宪法与人民的关系，在宪法、执政党与人民之间确立了牢不可破的逻辑与制度联系，体现了宪法作为根本法的党性与人民性的高度统一。

第三，对依宪治国与依宪执政思想在制度实践中的要求作了全面和系统的阐述，指出宪法实施与监督是实践依法治国与依宪执政思想的具体制度保障路径。在"12·4"讲话中，习近平首先强调了加强宪法实施工作的必要性。他指出，宪法是国家的根本法，是治国安邦的总章程，具有最高的法律地位、法律权威、法律效力，具有根本性、全局性、稳定性、长期性。宪法的生命在于实施，宪法的权威也在于实施。全面贯彻实施宪法，是建设社会主义法治国家的首要任务和基础性工作。我们要坚持不懈抓好宪法实施工作，把全面贯彻实施宪法提高到一个新水平。关于如何加强宪法实施工作，习近平在"12·4"讲话中明确提出了四点要求：

一是坚持正确政治方向，坚定不移走中国特色社会主义政治发展道路。要坚持国家一切权力属于人民的宪法理念，最广泛地动员和组织人民依照宪法和法律规定，通过各级人民代表大会行使国家权力，通过各种途径和形式管理国家和社会事务、管理经济和文化事业，共同建设，共同享有，共同发展，成为国家、社会和自己命运的主人；要按照宪法确立的民主集中制原则、国家政权体制和活动准则，实行人民代表大会统一行使国家权力，实行决策权、执行权、监督权既有合理分工又有相互协调，保证国家机关依照法定权限和程序行使职权、履行职责，保证国家机关统一有效组织各项事业；要根据宪法确立的体制和原则，正确处理中央和地方关系，正确处理民族关系，正确处理各方面利益关系，调动一切积极因素，巩固和发展民主团结、生动活泼、安定和谐的政治局面。

二是落实依法治国基本方略，加快建设社会主义法治国家。要以宪法为最高法律规范，继续完善以宪法为统帅的中国特色社会主义法律体系，把国家各项事业和各项工作纳入法制轨道，实行有法可依、有法必依、执法必严、违法必究，维护社会公平正义，实现国家和社会生活制度化、法制化。

三是坚持人民主体地位，切实保障公民享有权利和履行义务。要在全社会加强宪法宣传教育，提高全体人民特别是各级领导干部和国家机关工作人员的宪法意识和法制观念，弘扬社会主义法治精神，努力培育社会主义法治文化，让宪法家喻户晓，在全社会形成学法尊法守法用法的良好氛围。

四是坚持党的领导，更加注重改进党的领导方式和执政方式。善于使党的主张通过法定程序成为国家意志，善于使党组织推荐的人选成为国家政权机关的领导人员，善于通过国家政权机关实施党对国家和社会的领导，支持国家权力机关、行政机关、审判机关、检察机关依照宪法和法律独立负责、协调一致地开展工作。把贯彻落实依宪治国与依宪执政思想的工作重点放到加强宪法实施上，可以说为习近平依宪治国与依宪执政思想在理论上提供了扎实的逻辑基础，也为在实践中全面推进依法治国各项工作找到了可靠的制度抓手。

第四，强调解决法制统一性是宪法的重要制度功能。习近平在"12·4"讲话中第一次明确提出"坚持依法治国、依法执政、依法行政共同推进，坚持法治国家、法治政府、法治社会一体建设"思想,这一思想的理论源头是依宪治国与依宪执政思想。我国现行宪法第五条明确规定,国家维护社会主义法制的统一和尊严。据此,法治建设的不同环节与不同目标,都必须在宪法的指导下具有内在的统一性。"依法治国、依法执政、依法行政"不是单兵突进,而是要相互依赖、相互配合,保持彼此的一致性,形成法治建设的"合力"。而"法治国家、法治政府、法治社会"中的"法治",实质上是建立在以宪法为核心的中国特色社会主义法律体系以及中国特色社会主义法治体系基础上的法治中国建设的总体目标,相互之间紧密关联,彼此促进,只有一体建设,才能稳定推进,最终实现各项既定目标。

总之,"12·4"讲话构成了习近平依宪治国与依宪执政思想的最全面和最系统的理论源泉,真正体现了依据宪法治国理政思想的特色,即"宪法至上、宪法是根本法、宪法是全面推进依法治国的制度基础、宪法实施是依宪治理最重要的制度表现形式"等宪法原则,为全面推进依法治国、弘扬宪法权威作出了巨大的理论贡献。

 第三节　习近平依宪治国与依宪执政思想的实践意义

习近平依宪治国与依宪执政思想在"12·4"讲话得到全面和系统的阐述之后,逐渐成为指导全面推进依法治国的行动纲领。最重要的实践意义就是在执政党的政策层面得到了有效的贯彻落实。2014年10月23日,党的十八届四中全会审议通过的《中共中央关于全面推进依法治国若干重大问题的决定》(以下简称《全面推进依法治国决定》)比较全面和系统地确认了习近平依宪治国与依宪执政思想在全面推进依法治国中的指导思想地位,并通过《全面推进依法治国决定》所规定的具体制度措施将依宪治国与依宪执政思想转化为全面推进依法治国的法治实践。特别是《全面推进依法治国决定》将加强宪法实施和监督作为贯彻落实习近平依宪治国与依宪执政思想的具体制度措施,从而保证了依宪治国与依宪执政思想能够及时和有效地推动依法治国的具体实践走向深入。《全面推进依法治国决定》全文1万7千字,涉及"宪法"一词共38处,"宪"字一词共41处,突出了宪法作为根本法在全面推进依法治国中的重要地位。其中,《全面推进依法治国决定》明确规定要"健全宪法实施和监督制度"。首先，《全面推进依法治国决定》进一步明确了现行宪法序言所规定的宪法实施的职责，即"全国各族人民、一切国家机关和武装力量、各政党和各社会团体、各企业事业组织，都必须以宪法为根本的活动准则，并且负有维护宪法尊严、保证宪法实施的职责。一切违反宪法的行为都必须予以追究和纠正"。其次，《全面推进依法治国决定》对宪法实施监督提出了更高的要求，强调要"完善全国人大及其常委会宪法监督制度，健全宪法解释程序机制。加强备案审查制度和能力建设，把所有规范性文件纳入备案审查范围，依法撤销和纠正违宪违法的规范性文件，禁止地方制发带有立法性质的文件"。最后，为了进一步推动宪法实施工作的顺利进行，《全面推进依法治国决定》还规定了宪法实施的若干保障制度，包括国家宪法日制度和宪法宣誓制度。习近平在《关于〈中共中央关于全面推进依法治国若干重大问题的决定〉的说明》中非常清晰地解释了加强宪法实施和监督工作对于贯彻落实依宪治国与依宪执政思想的重要意义。他指出："法治权威能不能树立起来，首先要看宪法有没有权威。必须把宣传和树立宪法权威作为全面推进依法治国的重大事项抓紧抓好，切实在宪法实施和监督上下功夫。"建立宪法宣誓制度，"有利于彰显宪法权威，增强公职人员宪法观念，激励公职人员忠于和维护宪法，也有利于在全社会增强宪法意识、树立宪法权威"。

党的十八届四中全会之后，以习近平依宪治国与依宪执政思想为指导，根据《全面推进依法治国决定》的要求，依宪治国与依宪执政的制度实践有条不紊地展开，取得了可喜的成绩。

第一，2014年11月1日，十二届全国人大十一次会议审议通过了《全国人民代表大会常务委员会关于设立国家宪法日的决定》，根据该决定，将12月4日设立为国家宪法日。国家通过多种形式开展宪法宣传教育活动。2015年12月4日，我国迎来了第一个国家宪法日。在首个国家宪法日到来之际，习近平同志作出重要指示。他强调，宪法是国家的根本法，是治国安邦的总章程，是党和人民意志的集中体现，具有最高的法律地位、法律权威、法律效力。要以设立国家宪法日为契机，深入开展宪法宣传教育，大力弘扬宪法精神，切实增强宪法意识，推动全面贯彻实施宪法，更好发挥宪法在全面建成小康社会、全面深化改革、全面推进依法治国中的重大作用。

第二，2015年7月1日，十二届全国人大十五次会议审议通过了《全国人民代表大会常务委员会关于实行宪法宣誓制度的决定》，该决定规定下列人员就职时必须进行宪法宣誓：各级人民代表大会及县级以上各级人民代表大会常务委员会选举或者决定任命的国家工作人员，以及各级人民政府、人民法院、人民检察院任命的国家工作人员，在就职时应当公开进行宪法宣誓。该决定还规定了宪法宣誓的誓词："我宣誓：忠于中华人民共和国宪法，维护宪法权威，履行法定职责，忠于祖国、忠于人民，恪尽职守、廉洁奉公，接受人民监督，为建设富强、民主、文明、和谐的社会主义国家努力奋斗！"2016年2月26日下午，十二届全国人大常委会在人民大会堂首次举行宪法宣誓仪式，张德江委员长主持十二届全国人大常委会第十九次会议任命的全国人大有关专门委员会副主任委员、常委会工作委员会副主任等6名国家工作人员宣誓并监督。最高国家权力机关带头遵守《关于实行宪法宣誓制度的决定》，在全国各级国家机关中起到了率先示范的作用。

第三，党的十八届四中全会《全面推进依法治国决定》要求："使每一项立法都符合宪法精神。"据此，依据宪法来立法，保证各项立法"于宪有据"，成为享有国家立法权的最高国家立法机关立法的一项重要原则。2015年3月15日，十二届全国人大三次会议修正的立法法第三条明确规定："立法应当遵循宪法的基本原则，以经济建设为中心，坚持社会主义道路、坚持人民民主专政、坚持中国共产党的领导、坚持马克思列宁主义毛泽东思想邓小平理论，坚持改革开放。"2015年7月1日，十二届全国人大常委会十五次会议审议通过的国家安全法第七条明确规定："维护国家安全，应当遵守宪法和法律，坚持社会主义法治原则，尊重和保障人权，依法保护公民的权利和自由。"由此可见，宪法在立法中的权威正在得到确立，依据宪法制定法律，使每一项立法都符合宪法精神正在成为我国立法机关制定法律法规规章必须严格遵循的最基本的立法原则。

第四，习近平依宪治国与依宪执政思想在实践中与"一国两制"原则有机地结合起来，依法保障"一国两制"实践和推进祖国统一。党的十八届四中全会《全面推进依法治国决定》明确提出，坚持宪法的最高法律地位和最高法律效力，全面准确贯彻"一国两制""港人治港""澳人治澳"、高度自治的方针，严格依照宪法和基本法办事，完善与基本法实施相关的制度和机制，依法行使中央权力，依法保障高度自治，支持特别行政区行政长官和政府依法施政，保障内地与香港、澳门经贸关系发展和各领域交流合作，防范和反对外部势力干预港澳事务，保持香港、澳门长期繁荣稳定。坚持宪法的最高法律地位，就要求在贯彻落实"一国两制"原则时在保证特别行政区"两制"的同时必须坚持"一国"这个制度大前提。具体来说，在保证特别行政区依据基本法享有高度自治权的同时，必须要保证中央对特别行政区依据宪法和基本法有效地行使全面管治权，在特别行政区有效地维护国家主权。《"一国两制"在香港特别行政区的实践》(白皮书)对中央享有的对特别行政区全面管治权作出了明确的解释,即"中央依法履行宪法和香港基本法赋予的全面管治权和宪制责任,有效管治香港特别行政区"。把中央的"宪制责任"摆在特别行政区高度自治的前面,这一理念充分体现了习近平依宪治国与依宪执政思想对如何在港澳特别行政区进一步有效地贯彻落实"一国两制"原则所产生的深刻影响。

第五,党的十八大把法治政府基本建成确立为到2020年全面建成小康社会的重要目标之一,意义重大、影响深远、任务艰巨。近期,中共中央、国务院印发的《法治政府建设实施纲要(2015—2020年)》明确规定了法治政府的"衡量标准"为:"政府职能依法全面履行,依法行政制度体系完备,行政决策科学民主合法,宪法法律严格公正实施,行政权力规范透明运行,人民权益切实有效保障,依法行政能力普遍提高。"该纲要把"宪法严格公正实施"作为法治政府的重要"衡量标准",这说明习近平依宪治国与依宪执政思想对全面推进依法治国实践的影响涉及立法、执法等法治建设的所有领域和各个方面。宪法作为根本法是一切国家机关、社会组织和公民个人行为的基本准则。

第六,习近平依宪治国与依宪执政思想对司法改革的实践起到了非常重要的指导作用。党的十八届四中全会《全面推进依法治国决定》在规定司法体制改革措施时突出强调要"加强人权司法保障"。2004年现行宪法第四次修改时把"国家尊重和保障人权"写进了宪法。如何在国家机关行使国家权力的过程中尊重和保障人权,这是我国宪法实施的一项重要任务。为了贯彻宪法规定的"国家尊重和保障人权"的思想,人民法院、人民检察院在根据党的十八届三中全会《中共中央关于全面深化改革若干重大问题的决定》和十八届四中全会《全面推进依法治国决定》关于司法体制改革的各项规定,对宪法以及宪法所规定的"国家尊重和保障人权"原则都给予了应有的关注,将习近平依宪治国与依宪执政思想贯穿到司法体制改革的全过程,坚持依据宪法来推进司法改革,通过司法改革来加强司法对宪法所规定的人权保障。2015年2月26日,最高人民法院发布的《最高人民法院关于全面深化人民法院改革的意见》(法发〔2015〕3号)明确指出:"人民法院深化司法改革,应当坚持以宪法法律为依据,立足中国国情,依法有序推进,实现重大改革于法有据,推动将符合司法规律和公正司法要求的改革举措及时上升为法律。"同日,最高人民检察院发布的《关于深化检察改革的意见(2013—2017年工作规划)》(2015年修订版)对检察体制改革也提出明确的原则要求:"坚持以宪法和法律为依据。遵循法治原则,依法有序推进。凡需要修改法律的,在相关法律修改后实施;需要得到法律授权的,按法律程序进行。"在司法体制改革中，坚持依宪治国与依宪执政思想的指导，逐步体现在人民法院的司法审判实践中，适用到司法判决的案例里，说明习近平依宪治国与依宪执政思想深入人心，对法官的司法判决已开始产生深刻的影响。

最后，习近平依宪治国与依宪执政思想不仅对治国理政的实践产生了实质性的影响和指导作用，对于全面从严治党也起到了非常重要的指引作用。十八届四中全会《全面推进依法治国决定》明确规定，依法执政，既要求党依据宪法法律治国理政，也要求党依据党内法规管党治党。根据《全面推进依法治国决定》提出的"坚持依法执政首先要坚持依宪执政"的要求，可以合理地推论，依宪执政至少应当包括两层含义：一是执政党依据宪法治国理政，即"依宪治国"；二是执政党除了依据党内法规管党治党之外，也应当依据国家宪法管党治党。习近平依宪治国与依宪执政思想，归根到底可以概括为执政党"依宪执政"理念。除了必须"依宪治国"之外，依宪执政理念还包含了执政党要根据国家宪法来管党治党，实行全面从严治党的各项目标。党的十八大以来，以习近平为核心的党中央在坚持依宪执政、从严治党方面推出了一系列举措：一方面，坚持"党在宪法和法律范围内活动"原则；另一方面，在党内法规中明确了国家宪法的重要地位。2015年新修订的《中国共产党纪律处分条例》第二条就明确规定："本条例以马克思列宁主义、毛泽东思想、邓小平理论、'三个代表'重要思想、科学发展观为指导，深入贯彻习近平总书记系列重要讲话精神，落实全面从严治党战略部署。"《中国共产党党内法规和规范性文件备案规定》明确规定，中央办公厅对报送中央备案的党内法规和规范性文件进行审查。审查的事项包括"是否同宪法和法律不一致"。由此可见，依据宪法管党治党，不仅要依据宪法来规范党员和党组织的行为，还要依据宪法来规范管党治党的党内法规。只有将依宪执政理念的要求贯彻落实到党和国家政治生活的各个领域，才能真正确立宪法至高无上的法律权威，才能有效地推进依宪治国事业不断有序地向前发展，才能保证党在宪法和法律范围内活动，才能确保执政党的各项大政方针在国家治理和社会治理的伟大实践中发挥应有的指引作用。

总之，作为全面推进依法治国的理论基础，习近平依宪治国与依宪执政思想已经深深地扎根于执政党的各项路线、方针和政策中，并且已经成为全面推进依法治国各项工作的行动纲领。依宪治国与依宪执政思想的价值要求旨在树立宪法作为根本法的法律权威，突出强调宪法的最高性、统一性、至上性和实践性；与此同时，依宪治国与依宪执政思想又是马克思主义宪法观中国化的具体要求，也是充分发挥宪法在治国理政中的核心作用的理论与实践两个方面的生动体现。只要我们坚持不懈地坚持用习近平依宪治国与依宪执政思想为指导，认真努力地实践"四个全面"战略布局，扎扎实实地抓好宪法实施和监督工作，让宪法真正地走进人们的生活，让宪法成为替党和政府排忧解难的法律武器，宪法就会为中华民族的伟大复兴保驾护航，宪法作为根本法的崇高地位必将得到政府和社会公众的普遍尊重，我们就会迎来一个崇尚法治和人权精神的宪法时代！

第三章　建设中国特色社会主义法治体系宣讲

内容提要

　　全面推进依法治国，总目标是建设中国特色社会主义法治体系，建设社会主义法治国家。

　　从"法律体系"到"法治体系"是一个质的飞跃，是一个从静态到动态的过程，是一个从平面到立体的过程。

　　建设中国特色社会主义法治体系是在法治领域为推进国家治理现代化增添总体效应的重要举措。

　　中国特色社会主义法治体系包括完备的法律规范体系、高效的法治实施体系、严密的法治监督体系、有力的法治保障体系、完备的党内法规体系五个子系统。

　　以高度自信建设中国特色社会主义法治体系。

第一节　建设中国特色社会主义法治体系的提出

　　中国特色社会主义法律体系是在中国共产党领导下，适应中国特色社会主义建设事业的历史进程而逐步形成的。法律体系是指由一国全部现行法律规范分类组合为不同法律部门而形成的有机整体，党的十五大报告将它正式上升到政策层面。十五大报告提出了21世纪第一个十年国民经济和社会发展的远景目标，确立了"依法治国，建设社会主义法治国家"的基本方略，明确提出到2010年形成中国特色社会主义法律体系。截至2011年8月底，我国已制定现行宪法和有效法律共240部、行政法规706部、地方性法规8600多部，涵盖社会关系各个方面的法律部门已经齐全，各个法律部门中基本的、主要的法律已经制定，相应的行政法规和地方性法规比较完备，法律体系内部总体做到科学和谐统一。作为一项法治建设目标，中国特色社会主义法律体系在实践中如期基本形成。

十八届四中全会通过的《中共中央关于全面推进依法治国若干重大问题的决定》提出："全面推进依法治国，总目标是建设中国特色社会主义法治体系，建设社会主义法治国家。"这是我们党的历史上，第一次提出建设中国特色社会主义法治体系的新目标。从"法律体系"到"法治体系"是一个质的飞跃，是一个从静态到动态的过程，是一个从平面到立体的过程。

一、中国特色社会主义法治体系的提出是观念创新

党的十八届四中全会决定，在表述"全面推进依法治国"总目标时突显了在目标上的新认识。习近平总书记对此作了详细说明，即"提出这个总目标，既明确了全面推进依法治国的性质和方向，又突出了全面推进依法治国的工作重点和总抓手。一是向国内外鲜明宣示我们将坚定不移走中国特色社会主义法治道路。中国特色社会主义法治道路，是社会主义法治建设成就和经验的集中体现，是建设社会主义法治国家的唯一正确道路。在走什么样的法治道路问题上，必须向全社会释放正确而明确的信号，指明全面推进依法治国的正确方向，统一全党全国各族人民认识和行动。二是明确全面推进依法治国的总抓手。全面推进依法治国涉及很多方面，在实际工作中必须有一个总揽全局、牵引各方的总抓手，这个总抓手就是建设中国特色社会主义法治体系。依法治国各项工作都要围绕这个总抓手来谋划、来推进。三是建设中国特色社会主义法治体系、建设社会主义法治国家是实现国家治理体系和治理能力现代化的必然要求，也是全面深化改革的必然要求，有利于在法治轨道上推进国家治理体系和治理能力现代化，有利于在全面深化改革总体框架内全面推进依法治国各项工作，有利于在法治轨道上不断深化改革。"

所谓"抓手"，就是政策的制度落脚点。将"建设中国特色社会主义法治体系"形容为全面推进依法治国的总抓手，对于深刻领会党的十八届四中全会首次明确将"建设中国特色社会主义法治体系"作为全面推进依法治国总目标的意义非常重要。党的十八届三中全会通过的《中共中央关于全面深化改革若干重大问题的决定》首次提出了"推进法治中国建设"的概念，"法治中国"相对于"法治国家"来说，突出了法治国家中的"国家"的主权特征，使得法治国家具有了明确的空间效力，故法治中国是落实法治国家的一个重要制度抓手。党的十八届四中全会决定提出了"建设中国特色社会主义法治体系"并明确其内涵，在实践中解决了"依什么法、治什么国、如何实现"等问题。既有明确的实现目标，又有具体的制度设计，对推进依法治国和法治中国建设具有科学性和实践性的指导作用。

这个总抓手可以从两个方面来理解。一是从依法治国的角度来看。党的十五大报告在政策指导层面上对"依法治国"的内涵作了比较明确的解释。即"依法治国，就是广大人民群众在党的领导下，依照宪法和法律规定，通过各种途径和形式管理国家事务，管理经济文化事业，管理社会事务，保证国家各项工作都依法进行，逐步实现社会主义民主的制度化、法律化，使这种制度和法律不因领导人的改变而改变，不因领导人看法和注意力的改变而改变"。从制度落实角度来看，党的十五大报告提出的"依法治国"并没有说明具体如何加以落实，仍然停留在政策指导层面。"依法治国"的理论价值只体现在"破"上，也就是说，强调"依法治国"有利于打破"人治"和各种非法治思想的禁锢和干扰，有利于进一步解放思想，但是，"依法治国"在"破"的过程中要"立什么"，特别是要在制度上具体怎样做，"依法治国"概念并没有给予明确的回答。在法治实践中必然就会遇到"依什么法""治什么国"等类似问题的挑战。"依法治国"要"立什么"的问题如果在理论上不说清楚，在实践中如何落实到具体的制度设计和安排上不清晰，就会严重影响"依法治国"作为治国方略所具有的科学性和对法治实践的具体指导作用。党的十八届四中全会决定则从理论体系、实践体系和具体法治体系三个角度明确了"中国特色社会主义法治体系"的内涵。如果全面和有效地按照全面推进依法治国的决定要求将法治体系建设落到实处，就必须要采取一系列制度措施。这些制度措施的采取必然就要体现"依法治国"的要求，因此，从逻辑上来看，建设中国特色社会主义法治体系的各项具体要求必然就是落实"依法治国"的各项制度措施，故"建设中国特色社会主义法治体系"成了"全面推进依法治国"的制度"抓手"。二是从建设社会主义法治国家的角度来看。虽然"法治中国"在一定程度上可以视为"法治国家"的制度"抓手"，但"法治中国"只是在空间效力上体现了"法治国家"的制度要求，对于"法治国家"中各项具体制度的特征以及"法治国家"在制度上的表现状态等，这些"制度指标"并不能通过"法治中国"这个单向度的制度"抓手"指标完全得到体现。"建设中国特色社会主义法治体系"从理论和实践、抽象与具体相结合的角度对建设社会主义法治国家进行了制度构建。从逻辑上看，如果中国特色社会主义法治体系在制度上基本建成，即形成完备的法律规范体系、高效的法治实施体系、严密的法治监督体系、有力的法治保障体系以及完善的党内法规体系，那么，社会主义法治国家的制度表现形式也就基本上完成了。所以，在形式意义上，"中国特色社会主义法治体系"的建成可以视为制度上判断是否建成了"法治国家"的具体标准，是"法治国家"是否在制度上得以实现的"抓手"，只要在制度上建成了"中国特色社会主义法治体系"，就可以确定社会主义法治国家基本建成。

因此，建设中国特色社会主义法治体系作为全面推进依法治国的总抓手，使得我国"依法治国"基本方略在路径与目标两个方面的制度内涵都更加清晰。只要抓好建设中国特色社会主义法治体系各项工作，抓出具体成效，就能够充分体现中国特色社会主义法治理论的指导意义，形成中国特色社会主义法治道路的主要特征，全面推进依法治国的各项措施也就能够得到有效贯彻落实，社会主义法治国家的实现程度和状况也就有了制度上的最有效的判断标准。

二、准确把握中国特色社会主义法治体系的内涵

中国特色社会主义法治体系，指的是立足中国国情和实际，适应全面深化改革和推进国家治理现代化需要，集中体现中国人民意志和社会主义属性的法治诸要素、结构、功能、过程内在协调统一的有机综合体。之所以要以体系化的方法全面推进依法治国，是因为中国特色社会主义法治本身就是一个要素众多、结构复杂、功能综合、规模庞大的系统工程，各系统要素相互联系、相互作用、相互促进，当其协调一致时可以发挥最大功效，但当某一环节或系统出现了毛病，就会影响整体的正常运行和功能的发挥。为此，必须对中国特色社会主义法治的体系特征有一个客观、准确的认识。

（一）中国特色社会主义法治体系是法治诸要素、结构、功能、过程内在协调统一的有机综合体

法治体系是国家治理体系的重要组成部分，同时法治体系本身也是一个系统：第一，中国特色社会主义法治体系由众多要素组成，这些要素从存在形态入手可将其从总体上分为硬件要素和软件要素两大类。第二，中国特色社会主义法治体系并不等同于法治诸要素相加之和，它必须对法治诸要素进行组织、搭配和安排，实现法治结构的科学设置，并决定中国特色社会主义法治体系的功能。第三，中国特色社会主义法治体系不仅要求相互间具有有机联系的组成部分结合起来，而且要成为一个能完成特定功能的总体。第四，与法律体系不同，法治体系不是一个静止的存在，而是一个动态的过程，包括法律的制定、实施、监督、实现、发挥作用、反馈等阶段性过程的接续。

（二）中国特色社会主义法治体系是中国特色社会主义制度体系的规范表达

法治具有相对的独立性，同时也具有鲜明的政治性；法治不仅要以相应的政策、组织和权力构架作为基础，而且其实现程度又受制于政治文明的发展程度；法治不仅为政治建设提供权力运行的规则和依据，而且是政治的规范化表达。因此，要把"中国特色社会主义制度"和"法治体系"作为一个整体看待。法治体系是中国特色社会

主义制度在法治领域的表达方式，中国特色社会主义是法治体系的本质属性。因此，建设中国特色社会主义法治体系，必须做到"七个坚持"：坚持中国共产党领导；坚持人民主体地位；坚持中国特色社会主义制度；坚持中国特色社会主义法治理论；坚持法律面前人人平等；坚持依法治国和以德治国相结合；坚持从中国实际出发。

（三）中国特色社会主义法治体系是社会主义法治国家的自觉建构

全面推进依法治国，总目标是建设中国特色社会主义法治体系，建设社会主义法治国家。前后两句话是一个整体，不能断章取义理解。那么，"两个建设"之间是一个什么关系呢？这个关系可以概括为：中国特色社会主义法治体系是社会主义法治国家的自觉建构。特色形成于解决问题的实践，中国特色社会主义法治体系既是法治的一般理论与中国法治实践特殊问题的结合，更是对社会主义法治国家的自觉建构。这种自觉构建，避免将资本主义与法治捆绑在一起进入西方范式陷阱，是在立足中国国情创建本土化法治发展道路的实践，是针对需求回应问题面向未来的法治探索。

三、充分认识建设中国特色社会主义法治体系的意义

法治，其"义"在于通过法律治理国家；其"要"在于使权力和权利得到合理配置；其"功"在于比其他治理方式更多地供给人民福祉、经济繁荣和国家稳定。法治体系是对法治的要素、结构、功能、过程在总体上的一个统合，它根植于一国法治实践之中，反映法治现实，对法治实践起着指导和推动作用。中国特色社会主义法治体系，反映和指引着中国特色社会主义法治的性质、功能、目标方向、价值取向和实现途径。建设中国特色社会主义法治体系的意义主要体现在以下几个方面：

（一）建设中国特色社会主义法治体系是在法治领域为推进国家治理现代化增添总体效应的重要举措

习近平总书记强调，今天，摆在我们面前的一项重大历史任务，就是推动中国特色社会主义制度更加成熟更加定型，为党和国家事业发展、为人民幸福安康、为社会和谐稳定、为国家长治久安提供一整套更完备、更稳定、更管用的制度体系。这项工程极为宏大，必须是全面的系统的改革和改进，是各领域改革和改进的联动和集成，在国家治理体系和治理能力现代化上形成总体效应、取得总体效果。中国特色社会主义法治尽管自成体系，但并不是一个封闭的、孤立的体系，而是一个开放的、动态的体系，是国家治理体系的重要组成部分。建设中国特色社会主义法治体系，全面推进依法治国，并不是最终的目的，其目的是要在中国法治建设领域通过改革和完善实现国家治理方面的总体效应和总体效果。建设中国特色社会主义法治体系、建设社会主

义法治国家是实现国家治理体系和治理能力现代化的必然要求，也是全面深化改革的必然要求，有利于在法治轨道上推进国家治理体系和治理能力现代化，有利于在全面深化改革总体框架内全面推进依法治国各项工作，有利于在法治轨道上不断深化改革。

（二）建设中国特色社会主义法治体系是在新的历史起点上全面推进依法治国、建设社会主义法治国家的骨干工程

依法治国是我们党在总结长期的治国理政经验教训基础上提出的治国基本方略，是社会主义法治的核心内容。全面推进依法治国，是根据中国社会的发展阶段和形势任务提出来的重要部署。自改革开放以来，尤其是自1997年党的十五大把"依法治国、建设社会主义法治国家"确立为治国基本方略以来，党和国家大力加强法治建设，有力地保障了我国社会的持续稳定，为发展中国特色社会主义事业创造了长期稳定和谐的社会环境。然而，新的形势和任务对中国法治建设提出了更高的要求，建设中国特色社会主义法治体系是在新的历史起点上全面推进依法治国的骨干工程。

（三）建设中国特色社会主义法治体系是在法律体系形成后实现法治建设重心战略转移的必然要求

在我国，以宪法为统帅，以宪法相关法、民法商法等多个法律部门的法律为主干，由法律、行政法规、地方性法规等多个层次的法律规范构成的中国特色社会主义法律体系已经形成。法律体系形成之后，中国法治建设的重心应当从立法向建设法治体系转移。中国特色社会主义法律体系是中国特色社会主义法治体系的逻辑起点和初级阶段，中国特色社会主义法治体系是中国特色社会主义法律体系的高级阶段和发展方向。中国特色社会主义法律体系的形成，总体上解决了有法可依的问题，在这种情况下，有法必依、执法必严、违法必究的问题就显得更为突出、更加紧迫，这也是广大人民群众普遍关注、各方面反映强烈的问题。十八届四中全会提出，建设中国特色社会主义法治体系，要求中国的法治建设不仅要有一个法律体系，而且要实现国家各项工作都要依法进行，社会领域各个方面都要遵法守法，实际上就是对人民群众普遍关注的法律实施问题的回应。

（四）建设中国特色社会主义法治体系是以体系化视野掌舵法治建设降低成本减少风险的有效途径

法治是一种整体的社会现象与社会状态，但也有微观和中观层面的空间和状态。以体系化的视野掌舵法治建设，有助于理解法治的全局性，防止将法治理解为一个自治的封闭系统；有助于把握法治建设的整体性，防止法治建设畸形发展；有助于在全面推进依法治国过程中确保法治的全面性，防止将法治建设片面化；有助于认清法治

的过程性和长期性，防止将法治建设简单化为一场运动。运动方式固然有利于法治的快速推进一面，但也存在着难以恒久坚持的问题。

 第二节　建设中国特色社会主义法治体系的主要内容

中国特色社会主义法治体系包括完备的法律规范体系、高效的法治实施体系、严密的法治监督体系、有力的法治保障体系、完备的党内法规体系五个子系统。其中，"完备的法律规范体系"是静态意义上的法规范体系，该体系是以宪法为核心的"中国特色社会主义法律体系"，包含了在中华人民共和国主权管辖范围内以宪法作为根本法的一切法律规范体系，例如在香港和澳门特别行政区适用的法律规范体系，等等。"高效的法治实施体系""严密的法治监督体系"及"有力的法治保障体系"是动态意义上的法运行体系，体现了法治的价值重在宪法和法律的实施，更关注在实际生活中法律规范的实施状况和实现程度，强调的是现实生活中人们的行为真正受到法律规范的约束。"完善的党内法规体系"是从准法律规范的角度对我党管党治党的党内法规提出的体系化要求，将党内法规体系纳入"中国特色社会主义法治体系"范畴，正是体现了"中国特色社会主义法治体系"的"中国特色"。经过近百年的实践探索，我们党已形成了一整套系统完备、层次清晰、运行有效的党内法规制度。这个制度体系包括党章、准则、条例、规则、规定、办法、细则，体现着党的先锋队性质和先进性要求，使管党治党建设党有章可循、有规可依。

一、完备的法律规范体系

建设中国特色社会主义法治体系，全面推进依法治国，需要充分的规范供给为全社会依法办事提供基本遵循。一方面，要加快完善法律、行政法规、地方性法规体系；另一方面，也要完善包括市民公约、乡规民约、行业规章、团体章程在内的社会规范体系。恪守原有单一的法律渊源已无法满足法治实践的需求，有必要适当扩大法律渊源，甚至可以有限制地将司法判例、交易习惯、法律原则、国际惯例作为裁判根据，以弥补法律供给的不足，同时还应当建立对法律扩大或限缩解释的规则，通过法律适用过程填补法律的积极或消极的漏洞。为了保证法律规范的质量和提升立法科学化的水平，应当进一步改善立法机关组成人员的结构，提高立法程序正当化水平，构建立法成本效益评估前置制度，建立辩论机制，优化协商制度，提升立法技术，规范立法形式，确定法律规范的实质与形式标准，设立法律规范的事前或事后的审查过滤机制，构建实施效果评估机制，完善法律修改、废止和解释制度等等。尤其要着力提高立法过程的实质民主化水平，要畅通民意表达机制以及民意与立法的对接机制，设定立法机关组成人员联系选民的义务，规范立法机关成员与"院外"利益集团的关系，完善立法听取意见（包括听证等多种形式）、整合吸纳意见等制度，建立权力机关内部的制约协调机制，建立立法成员和立法机关接受选民和公众监督的制度，等等。

二、高效的法治实施体系

法治实施是一个系统工程。首先，要认真研究如何使法律规范本身具有可实施性，不具有实施可能性的法律规范无疑会加大实施成本，甚至即使执法司法人员费尽心机也难以实现。因此，要特别注意法律规范的可操作性、实施资源的配套性、法律规范本身的可接受性以及法律规范自我实现的动力与能力。其次，要研究法律实施所必需的体制以及法律设施，国家必须为法律实施提供强有力的体制、设施与物质保障。再次，要认真研究法律实施所需要的执法和司法人员的素质与能力，要为法律实施所需要的素质和能力的培训与养成提供必要的条件和机制。又次，要研究法律实施的环境因素，并为法律实施创造必要的执法和司法环境。最后，要研究如何克服法律实施的阻碍和阻力，有针对性地进行程序设计、制度预防和机制阻隔，针对我国现阶段的国情，有必要把排除"人情""关系""金钱""权力"对法律实施的干扰作为重点整治内容。

三、严密的法治监督体系

对公共权力的监督和制约，是任何法治形态的基本要义；公共权力具有二重性，唯有法律能使其扬长避短和趋利避害；破坏法治的最大危险在一般情况下都来自公共权力；只有约束好公共权力，国民的权利和自由才可能安全实现。有效监督和制约公共权力，要在以下几个方面狠下功夫：要科学配置权力，使决策权、执行权、监督权相互制约又相互协调；要规范权力的运行，为权力的运行设定明确的范围、条件、程序和界限；要防止权力的滥用，为权力的行使设定正当目的及合理基准与要求；要严格对权力的监督，有效规范党内、人大、民主、行政、司法、审计、社会、舆论诸项监督，并充分发挥各种监督的独特作用，使违法或不正当行使权力的行为得以及时有效纠正；要健全权益恢复机制，使受公共权力侵害的私益得到及时赔偿或补偿。

四、有力的法治保障体系

依法治国是一项十分庞大和复杂的综合性系统工程。要在较短时间内实现十八届四中全会提出的全面推进依法治国的战略目标，任务艰巨而繁重，如果缺少配套的保证体系作为支撑，恐难以持久。普遍建立法律顾问制度。完善规范性文件、重大决策合法性审查机制。建立科学的法治建设指标体系和考核标准。健全法规、规章、规范性文件备案审查制度。健全社会普法教育机制，增强全民法治观念。逐步增加有地方立法权的较大的市数量。深化行政执法体制改革。完善行政执法程序，规范执法自由裁量权，加强对行政执法的监督，全面落实行政执法责任制和执法经费由财政保障制度，做到严格规范公正文明执法。完善行政执法与刑事司法衔接机制。确保依法独立公正行使审判权检察权。改革司法管理体制，推动省以下地方法院、检察院人财物统一管理，探索建立与行政区划适当分离的司法管辖制度，保证国家法律统一正确实施。建立符合职业特点的司法人员管理制度，健全法官、检察官、人民警察统一招录、有序交流、逐级遴选机制，完善司法人员分类管理制度，健全法官、检察官、人民警察职业保障制度。健全司法权力运行机制。优化司法职权配置，健全司法权力分工负责、互相配合、互相制约机制，加强和规范对司法活动的法律监督和社会监督。健全国家司法救助制度，完善法律援助制度。完善律师执业权利保障机制和违法违规执业惩戒制度，加强职业道德建设，发挥律师在依法维护公民和法人合法权益方面的重要作用。

五、完善的党内法规体系

党内法规既是管党治党的重要依据，也是中国特色社会主义法治体系的重要组成部分。由于缺少整体规划，缺乏顶层设计，党内法规存在"碎片化"现象。要在对现有党内法规进行全面清理的基础上，抓紧制定和修订一批重要党内法规，加大党内法规备案审查和解释力度，完善党内法规制定体制机制，形成配套完备的党内法规制度体系，使党内生活更加规范化、程序化，使党内民主制度体系更加完善，使权力运行受到更加有效的制约和监督，使党执政的制度基础更加巩固，为到建党100周年时全面建成内容科学、程序严密、配套完备、运行有效的党内法规制度体系打下坚实基础。

第三节 建设中国特色社会主义法治体系的总体要求

建设法律规范体系要求恪守以民为本、立法为民理念，贯彻社会主义核心价值观，使每一项立法都符合宪法精神、反映人民意志、得到人民拥护，实现立法和改革决策相衔接，做到重大改革于法有据、立法主动适应改革和经济社会发展需要。建设法治实施体系要求执法、司法和全社会在法治轨道上开展工作，做到严格执法、公正司法、全民守法。建设法治监督体系要求健全宪法实施和监督制度，强化对行政权力的制约和监督，加强对司法活动的监督，完善检察机关行使监督权的法律制度，完善人民监督员制度。建设法治保障体系要求加强党的领导，完善职业保障体系，加强法律服务队伍建设，创新法治人才培养机制。建设党内法规体系要求健全党内法规体制、强化党内法规与法律、政策的关联，为管党治党提供法治保障。

党的十八届四中全会决定全面部署了社会主义法治体系建设，明确了中国特色社会主义制度是中国特色社会主义法治体系的根本制度，是全面推进依法治国的根本制度保障。中国特色社会主义法治体系是基于中国特色社会主义制度根本要求而形成的法治体系，其使命是全面巩固和完善中国特色社会主义制度。所以，中国特色社会主义法治体系建设不是就法治论法治，而是紧紧围绕中国特色社会主义事业总体布局、围绕国家发展所需要的国家治理体系进行建设。正因为如此，中国特色社会主义法治体系建设才具有全面巩固和完善中国特色社会主义制度的能力与功效。它主要从以下几个方面起到全面巩固和完善中国特色社会主义制度的作用。

一、构建建设中国特色社会主义法治体系遵循的原则

（一）坚持党的领导与依法治国的有机统一

党与法治的关系是法治建设核心问题。中国特色社会主义法治体系建设既明确要求把党的领导贯彻到依法治国全过程和各方面，也明确了党在推进依法治国中的领导原则与领导方式；既明确要求巩固党在国家建设与治理中的领导核心地位，也明确了党必须依据宪法法律治国理政，依据党内法规管党治党。

（二）坚持依宪治国与依宪执政有机统一

依法治国首先是依宪治国，依法执政首先是依宪执政。党的十八届四中全会作出的这一重要论断，体现了我们党对宪法尊严和权威的充分肯定。宪法是国家根本大法，是社会主义法律体系的核心，也是确保党的领导与国家制度体系稳固的根本法律基础。所以，确立宪法在治国理政中的根本地位，对于中国特色社会主义制度将产生全局和长远作用。

（三）坚持社会主义法治五大体系有机统一

中国特色社会主义法治体系五大体系既有理论层面，也有实践层面；既有制度层面，也有运行层面；既有国家层面，也有党的层面；既能实现依法治国、依法执政、依法行政的共同推进，也能实现法治国家、法治政府、法治社会的一体建设。这为全

面推进法治中国建设规定了更加清晰的目标和任务，规划了切实可行的路线图，必将保障法治建设稳步推进。所以，它能够全方位促进社会主义制度自我完善和发展。

（四）坚持法治体系与国家治理体系和治理能力建设有机统一

社会主义法治体系建设从立法、执法、司法和守法四个层面展开。因而，它是一个系统工程，其建设和发展必然带来国家治理领域深刻变革。对国家治理体系建设来说，法治体系建设既是其基本任务，也是其得以确立并产生效能的关键。社会主义制度只有借助有效国家治理体系才能得到有效运行，获得巩固和完善。所以，以国家治理体系和治理能力现代化为取向的法治体系建设，必将全面支撑中国特色社会主义制度落实与运行，并孕育出一套与之配套、保障其运行的体制机制。

（五）坚持法治体系建设与法治能力提升有机统一

任何制度只有扎根民心，才能最终巩固。这就要求制度运行与实践能够全面具体地渗透到人民生活各个环节，并在其中起积极作用；要求法治价值、体系、程序与运行能够有效嵌入社会，契合社会内在要求与发展现实。这其中既强调法治体系建设，也强调法治能力提升，两者相辅相成。经验表明，良好法治才能树立良好价值体系，才能创造有效制度认同。这决定了中国特色社会主义制度只能在法治体系与法治能力有机统一所创造的善治中扎根社会、深入民心。社会主义法治体系建设将为我国改革发展创造全新的发展动力和发展平台。

二、以高度自信建设中国特色社会主义法治体系

（一）依法治国、依法执政、依法行政共同推进

依法治国是党领导人民治国理政的基本方式，要依照宪法和法律规定，通过各种途径和形式实现人民群众在党的领导下管理国家事务，管理经济文化事业，管理社会事务，保证国家各项工作都依法进行，逐步实现社会主义民主的制度化、法律化。依法执政是依法治国的关键，要坚持党领导人民制定法律、实施法律并在宪法法律范围内活动的原则，健全党领导依法治国的制度和工作机制，促进党的政策和国家法律互联互动。依法行政是依法治国的重点，要创新执法体制，完善执法程序，推进综合执法，严格执法责任，建立权责统一、权威高效的依法行政体制，加快建设职能科学、权责法定、执法严明、公开公正、廉洁高效、守法诚信的法治政府，切实做到合法行政、合理行政、高效便民、权责统一、政务公开。

（二）法治国家、法治政府、法治社会一体建设

法治国家、法治政府和法治社会是全面推进依法治国的"一体双翼"。法治国家

是长远目标和根本目标，建设法治国家，核心要求实现国家生活的全面法治化；法治政府是重点任务和攻坚内容，建设法治政府，核心要求是规范和制约公共权力；法治社会是组成部分和薄弱环节，建设法治社会，核心是推进多层次多领域依法治理，实现全体国民自己守法、护法。法治国家、法治政府、法治社会一体建设，要求三者相互补充、相互促进、相辅相成。

（三）科学立法、严格执法、公正司法、全民守法相辅相成

十八大以来，党中央审时度势，提出了"科学立法、严格执法、公正司法、全民守法"的新十六字方针，确立了新时期法治中国建设的基本内容。科学立法要求完善立法规划，突出立法重点，坚持立改废释并举，提高立法科学化、民主化水平，提高法律的针对性、及时性、系统性、有效性，完善立法工作机制和程序，扩大公众有序参与，充分听取各方面意见，使法律准确反映经济社会发展要求，更好协调利益关系，发挥立法的引领和推动作用。严格执法，要求加强宪法和法律实施，维护社会主义法制的统一、尊严、权威，形成人们不愿违法、不能违法、不敢违法的法治环境，做到有法必依、执法必严、违法必究。公正司法，要求要努力让人民群众在每一个司法案件中都感受到公平正义，所有司法机关都要紧紧围绕这个目标来改进工作，重点解决影响司法公正和制约司法能力的深层次问题。全民守法，要求任何组织或者个人都必须在宪法和法律范围内活动，任何公民、社会组织和国家机关都要以宪法和法律为行为准则，依照宪法和法律行使权利或权力、履行义务或职责。

（四）与推进国家治理体系与治理能力现代化同脉共振

全面推进依法治国既是实现国家治理现代化目标的基本要求，又是推进国家治理现代化的重要组成部分。法律的强制性、普遍性、稳定性、公开性、协调性等价值属性满足了国家治理对权威性和有效性的要求。法治在治理现代化过程中具有极为重要的意义。民主、科学、文明、法治是国家治理现代化的基本要求，民主、科学、文明都离不开法治的保障。治理现代化需要通过法治手段进一步具体地对应到治理体系的各个领域和每个方面，需要进一步量化为具体的指标体系，包括国权配置定型化、公权行使制度化、权益保护实效化、治理行为规范化、社会关系规则化、治理方式文明化六个方面。在实现治理法治化的过程中，治理主体需要高度重视法治本身的现代化问题，高度重视法律规范的可实施性，高度重视全社会法治信仰的塑造，高度重视治理事务对法治的坚守，高度重视司法公信力的培养。

第 四 章

法治思维和法治方式宣讲

内容提要

　　提高运用法治思维和法治方式深化改革、推动发展、化解矛盾、维护稳定能力，努力推动形成办事依法、遇事找法、解决问题用法、化解矛盾靠法的良好法治环境，在法治轨道上推动各项工作。

　　职权法定、权力制约、保障人权、程序正当，是法治思维和法治方式的基本要求。

 ## 第一节　法治思维和法治方式的提出

　　法治思维是指将党中央关于法治中国建设的基本要求，将宪法和法律的相关规定运用于判断、思考和决策。法治方式就是运用法治思维处理和解决问题的行为方式。法治思维与法治方式两者之间属于法治要求内化于心、外化于行的辩证统一关系。简言之，用法律观念来判断问题，用法律方式来处理矛盾和纠纷，这就是法治思维和法治方式。正如习近平同志指出的那样：“各级领导干部要提高运用法治思维和法治方式深化改革、推动发展、化解矛盾、维护稳定能力，努力推动形成办事依法、遇事找法、解决问题用法、化解矛盾靠法的良好法治环境，在法治轨道上推动各项工作。”

　　在我国依法治国的进程中，1997年党的十五大明确提出，依法治国、建设社会主义法治国家。1999年九届全国人大二次会议通过的宪法修正案将“中华人民共和国实行依法治国，建设社会主义法治国家”载入宪法，成为宪法规定的治国方略。2002年党的十六大提出，依法治国是党领导人民治理国家的基本方略。要正确运用经济、行政和法律等手段，妥善处理人民内部矛盾特别是涉及群众切身利益的矛盾，保持安定团结的局面。2007年党的十七大提出，坚持依法治国基本方略，树立社会主义法治理念，实现国家各项工作法治化，保障公民合法权益。2012年党的十八大要求，深入开展法制宣传教育，弘扬社会主义法治精神，树立社会主义法治理念，增强全社会学法尊法守法用法意识。提高领导干部运用法治思维和法治方式深化改革、推动发展、化解矛盾、维护稳定能力。党领导人民制定宪法和法律，党必须在宪法和法律范围内活动。任何组织或者个人都不得有超越宪法和法律的特权，绝不允许以言代法、以权压法、徇私枉法。2013年党的十八届三中全会提出，坚持依法治理，加强法治保障，运用法治思维和法治方式化解社会矛盾。2014年党的十八届四中全会进一步明确要求，要自觉提高运用法治思维和法治方式深化改革、推动发展、化解矛盾、维护稳定能力，高级干部尤其要以身作则、以上率下。把法治建设成效作为衡量各级领导班子和领导干部工作实绩重要内容，纳入政绩考核指标体系。把能不能遵守法律、依法办事作为考察干部、提拔干部的重要内容。

我国法治建设从改革开放初期提出的"有法可依，有法必依，执法必严，违法必究"到党的十八大以来提出的"科学立法、严格执法、公正司法、全民守法"，在内容和形式上都有了全面的深化。法治思维和法治方式的要求，从以往的法制建设层面，跃升到了治国理政的高度；从开始时的总体原则要求，深化到日常工作要求和干部考核任用层面，这是我们党在加强依法执政能力建设中，对领导干部提出的新的、更高的要求，为我们党治国理政提供了根本遵循。

法治思维和法治方式的提出，有着自身的客观必然性。

一、提高法治思维和法治方式能力，是全面建成小康社会的需要

1979年12月6日，邓小平在会见日本首相大平正芳时，根据我国经济发展的实际情况，第一次提出了我国在20世纪末达到"小康社会"的构想。他说，我们要实现的四个现代化，是中国式的四个现代化。我们的四个现代化的概念，不是像你们那样的现代化的概念，而是"小康之家"。到本世纪末，中国的四个现代化即使达到了某种目标，我们的国民总产值也还是很低的。要达到第三世界中比较富裕一点的国家的水平，比如国民生产总值人均一千美元，也还得付出很大的努力。在这之后，他又多次提出了这一构想。党的十二大正式引用了这一概念，并把它作为二十世纪末的战略目标。这一时期的"小康社会"主要还是指在温饱的基础上，生活质量进一步提高，达到丰衣足食。党的十七大首次提出了全面建成小康社会的经济、政治、文化、社会、生态文明建设标准，其中，在政治文明的建设标准中明确提出，"依法治国基本方略深入落实，全社会法制观念进一步增强，法治政府建设取得新

成效。基层民主制度更加完善。政府提供基本公共服务能力显著增强"。党的十八大又一次明确强调了全面建成小康社会的政治建设标准："依法治国基本方略全面落实，法治政府基本建成，司法公信力不断提高，人权得到切实尊重和保障。"很显然，依法行政是依法治国的重要内容，提高领导干部运用法治思维和法治方式的能力，是全面推进依法治国的一项基础性建设，是全面建成小康社会的需要。

二、提高法治思维和法治方式能力，是深化改革、推动发展的需要

完善和发展中国特色社会主义制度，推进国家治理体系和治理能力现代化，是全面深化改革的总目标。当前，我国已进入全面深化改革的攻坚期和深水区，国际形势复杂多变，国内改革发展稳定任务之重前所未有、矛盾风险挑战之多前所未有，要更好地统筹国内国际两个大局，更好统筹社会力量、平衡社会利益、调节社会关系、规范社会行为，实现经济发展、政治清明、文化昌盛、社会公正、生态良好的和平发展战略目标，必须更好发挥法治的引领和规范作用。显然，强调党员干部、特别是高级干部自觉提高运用法治思维和法治方式，深化改革、推动发展、化解矛盾、维护稳定能力，是发挥法治的引领和规范作用的重要途径之一，也是深化改革、推动发展的形势发展，向依法执政、依法行政提出的新的更高要求。

三、提高法治思维和法治方式能力，是全面依法治国进程不断深入推进的需要

在我国，随着依法治国、建设社会主义法治国家的治国方略的不断深入实施，法治建设取得了重大进展，中国特色社会主义法律体系已经形成，全体公民的法治观念不断增强，依法保护自身合法权益的意识日益增强，所有这些都对各级政府和政府机关公务人员必须切实提高法治思维和法治方式能力，切实做到决策、依法办事，提出了新的更高要求，必须要用法治思维和法治方式来判断事物，来深化改革、推动发展、化解矛盾、维护稳定。

四、提高法治思维和法治方式能力，是强化权力制约、实现制度反腐的需要

权力与强制力相关联，与对人、财、物的控制和支配相匹配，具有天然的扩张属性，事实证明，不受制约的绝对权力必然导致绝对的腐败。因而实践中，往往如不主动自觉地依法自我约束，长此以往的盲目扩张最终将受到法律的强行约束。在实施社会管理时自觉地规范权力运行，把权力关到制度的笼子里，是政治文明建设的一项重

要内容，也是强化权力制约、实现制度反腐的一项有效举措。世界范围内的实践证明，通过制度制约的方式约束权力，把权力关进制度的笼子里，可以让权力的运行更加规范，更加有度，负面的影响可以降到最低。

第二节　法治思维和法治方式的基本属性

法治思维和法治方式作为治理能力范畴中的一种新要求，它要求党员干部要带头学法、尊法、守法、用法，自觉地在法律授权范围内活动，切实维护国家法制的统一、尊严和权威，依法保障人民享有广泛的民主权利和自由。法治思维和法治方式作为治理能力范畴中的一种新理念，它要求党员干部要带头破除那种重管理轻服务、重治民轻治官、重权力轻职责等积弊，带头荡涤那种以言代法、以权压法、违法行政等沉疴。这是中国特色社会主义法治的特质所决定。中国特色社会主义法治特质决定了法治思维和法治方式集中具有以下几个方面的属性要求：

一、职权法定

职权法定是指行政机关及其公职人员的行政权力，来自于法律的明确授权，而非自行设定。因此，行政机关及其公职人员要做到依法行政，首先必须严守法律明确授予的行政职权，必须在法律规定的职权范围内活动。非经法律授权，不得作出行政管理行为；超出法律授权范围，不享有对有关事务的管理权，否则都属于行政违法。正如党的十八届四中全会强调的那样，"行政机关不得法外设定权力，没有法律法规依据不得作出减损公民、法人和其他组织合法权益或者增加其义务的决定。"坚持职权法定，首先在思想上要牢固树立宪法和法律的权威。宪法是国家的根本法，是治国安邦的总章程，任何法律和规范性文件都不得与宪法相抵触。依据宪法而制定的法律是全社会一体遵循的行动准则，任何人都不享有超越于法律的特权。要注意培养依法办事的良好工作作风，切实做到办事依法、遇事找法、解决问题用法、化解矛盾靠法，在法治轨道上推动各项工作。有关部门要切实按照中央的要求，把法治建设成效作为衡量各级领导班子和领导干部工作实绩重要内容，纳入政绩考核指标体系。把能不能遵守法律、依法办事作为考察干部重要内容，在相同条件下，优先提拔使用法治素养好、依法办事能力强的干部。对特权思想严重、法治观念淡薄的干部要批评教育，不改正的要调离领导岗位。

二、权力制约

权力制约是中国特色社会主义法律体系中的一项基本原则，这一原则贯穿于宪法始终、体现在各部法律之内。我国现行宪法对国家权力的设定充分体现了权力的分工与制约原则，首先宪法明确规定，国家的一切权力属于人民。其次，宪法在人民代表和国家机关及其工作人员的关系上，规定人民代表由人民选举产生，对人民负责，接受人民监督。人民有权对国家机关及其工作人员提出批评、建议、控告、检举等。最后，宪法规定国家行政机关、审判机关、检察机关都由人大产生，对它负责，受它监督。此外，我国宪法为充分保证执法机关正确执法，还明确规定了行政机关和司法机关在本系统内实行监督和制约。权力制约是法治国家的基本特征。改革开放以来，党和国家高度重视对权力的监督制约，党的十七大报告明确提出，要完善制约和监督机制，保证人民赋予的权力始终用来为人民谋利益；确保权力正确行使，必须让权力在阳光下运行；要坚持用制度管权、管事、管人，建立健全决策权、执行权、监督权既相互制约又相互协调的权力结构和运行机制。习近平总书记在首都各界纪念现行宪法公布施行30周年大会上的讲话中强调："我们要健全权力运行制约和监督体系，有权必有责，用权受监督，失职要问责，违法要追究，保证人民赋予的权力始终用来为人民谋利益。"

三、保障人权

我们党长期注重尊重和保障人权。早在新民主主义革命时期，中国共产党就在所领导的红色革命根据地内颁布了《中华苏维埃共和国宪法大纲》《陕甘宁边区施政纲领》《陕甘宁边区宪法原则》等宪法性文件，明确规定保障人民权利的内容。抗战时期，为广泛调动一切抗日力量，各根据地人民政府普遍颁布和实施了保障人权的法令。新中国成立后的第一部《宪法》，就将公民的人身、经济、政治、社会、文化等方面的权利用根本大法的形式固定下来。20世纪80年代末，我们党就明确提出，社会主义中国要把人权旗帜掌握在自己手中。1991年11月1日，中国国务院新闻办公室向世界公布了新中国第一份《中国的人权状况》的白皮书，以政府文件的形式正面肯定了人权在中国政治发展中的地位。1997年9月，党的十五大明确提出："共产党执政就是领导和支持人民掌握管理国家的权力，实行民主选举、民主决策、民主管理和民主监督，保证人民依法享有广泛的权利和自由，尊重和保障人权。"此后，尊重和保障人权成为了中国共产党执政的基本目标和政治体制改革与民主法制建设的一个重要内容。2004年3月十届全国人大二次会议通过宪法修正案，首次将"人权"概念载入宪法，明确规定"国家尊重和保障人权"。至此，尊重和保障人权上升为国家的一项宪法原则，成为行政执法活动中一条不可逾越的底线。

四、程序正当

程序正当是社会主义法治对行政活动提出的一项基本要求。具体地说，程序正当是指行政机关行使行政权力、实施行政管理时，除涉及国家秘密和依法受到保护的商业秘密、个人隐私外，都应当公开，注意听取公民、法人和其他组织的意见；要严格遵循法定程序，依法保障行政管理相对人、利害关系人的知情权、参与权和救济权。履行职责的行政机关工作人员与行政管理相对人存在利害关系时，应当回避。实践中，以保密为由拒绝向相对人提供依法应当提供的相关信息；作出行政决定没有听取相对人的意见和申辩；履行行政职责的行政机关工作人员缺乏回避意识等情况屡见不鲜。这种重实体、轻程序的现象历史上长期存在，行政机关与相对人之间更多地表现为一种命令与服从的关系。改革开放以来，尤其是在全面推进依法治国的进程中，程序正当逐步被提到了应有的位置。程序正当在许多单行法中有着明确的规定。如行政法处罚法第四十二条就明确规定，行政机关作出责令停产停业、吊销许可证或者执照、较大数额罚款等行政处罚决定之前，应当告知当事人有要求举行听证的权利；当事人要求听证的，行政机关应当组织听证。党的十八届三中全会更是明确要求："完善行政执法程序，规范执法自由裁量权，加强对行政执法的监督，全面落实行政执法责任制和执法经费由财政保障制度，做到严格规范公正文明执法。"强调程序正义，不仅在于它是法治文明进步的重要成果，而且在于程序正义的维护和实现，有助于增强法律实施的可接受性。

第三节　培养法治思维和法治方式的基本途径

全面推进依法治国是国家治理领域的一场深刻革命，培养法治思维和法治方式是一项长期的系统工程。实践表明，任何一种思维方式和行为方式的养成，往往都要经历一个深入学习、深刻领会、坚定信念、反复践行、形成习惯，最后升华到品格的过程。法治思维和法治方式的培养，既是个理论问题又是个实践问题，因此更不会例外。

一、在深入学习中提高认识

通过长期的不懈努力，一个立足中国国情和实际、适应改革开放和社会主义现代化建设需要、集中体现党和人民意志的，以宪法为统帅，以宪法相关法、民法商法等多个法律部门的法律为主干，由法律、行政法规、地方性法规与自治条例、单行条例等三个层次的法律规范构成的中国特色社会主义法律体系已经形成。这个法律体系是法治思维和法治方式的基础内容和基本遵循。因此，培养法治思维和法治方式，首先必须要结合实际，深入学习宪法和法律的相关规定，切实做到严格依法行使职权、履行职责。

二、在依法履职中严守底线

党的十八届四中全会明确提出了法治建设的"五项原则"，即坚持中国共产党的领导、坚持人民主体地位、坚持法律面前人人平等、坚持依法治国和以德治国相结合、坚持从中国实际出发，从而为党员干部树立正确的法治理念指明了根本方向、提供了基本遵循。全会还明确要求"行政机关要坚持法定职责必须为，法无授权不可为"。坚持依法履行职责、法无授权不可为，是依法行政的底线。行政机关的岗位职责来自于法律授权，必须要牢固树立岗位权力清单意识，在想问题、作决策和办事情中，必须严格遵循法律规则和法定程序，切实做到依法尽职、依法行权。

三、在依法决策中化解风险

在依法治国不断深入、法律制度不断完备、法律责任日渐明晰的当今，行政机关不依法决策往往成为了行政权力运行中的一大风险，成为行政机关承担法律责任、坐上被告席的一大原因。为此党的十八届四中全会明确提出要健全依法决策机制。各级行政机关及公职人员必须强化责任意识和风险意识，严格遵守重大行政决策法定程序，采取公众参与、专家论证、风险评估、合法性审查、集体讨论决定等法定的程序和办法，确保决策内容合法、程序合法，切实有效防范因决策违法而承担的相应法律责任。

四、在文明执法中培养品格

依法行政是文明执法的基础和保障，行政公开是文明执法的重要标志。党的十八届三中全会明确要求："推行地方各级政府及其工作部门权力清单制度，依法公开权力运行流程。完善党务、政务和各领域办事公开制度，推进决策公开、管理公开、服务公开、结果公开。"行政机关及公职人员唯有依据相关法规制度，细化执法操作流程，明确执法权限、坚守法律底线，切实按照法定的许可、收费、检查、征收、处罚和强制等法定权限和程序要求，严格规范和监督执法行为，才能在维护人民群众切身利益的过程中，树立起人民公仆的良好形象，才能有效培养良好的法治思维和法治方式的工作作风与品格。

五、在接受监督中展示形象

公正执法、带头守法是依法行政的生命力所在。2002 年11月召开的党的十六大明确提出"加强对执法活动的监督，推进依法行政"。2014年召开的党的十八届四中全会更是明确要求："必须以规范和约束公权力为重点，加大监督力度，做到有权必有责、用权受监督、违法必追究，坚决纠正有法不依、执法不严、违法不究行为。"强化行政执法监督成为推进依法行政和建设法治政府的一项重要抓手。行政机关及其公职人员在行政执法过程中，要依法自觉接受人大机关的法律监督、上级部门的组织监督、人民政协的民主监督、社会公众的群众监督、相关媒体的舆论监督，通过多种形式，了解群众心声，彰显行政执法的公平公正属性，展示依法行政、法治政府的良好形象。

第五章　"七五"普法规划知识宣讲

内容提要

　　"七五"普法规划是在党中央作出全面推进依法治国战略布局，明确提出了依法治国的具体目标和要求的时代背景下出台的。

　　"七五"普法规划是服务"十三五"时期经济社会发展、全面建成小康社会的客观需要。有利于进一步发挥法治的引领和规范作用，为全面实施"十三五"规划、全面建成小康社会营造良好的法治环境。

　　"七五"普法规划明确提出，法治宣传教育的对象是一切有接受教育能力的公民，重点是领导干部和青少年。

第一节　"七五"普法规划的制定出台

　　全民普法和守法是依法治国的长期基础性工作。深入开展法治宣传教育，是贯彻落实党的十八大和十八届三中、四中、五中全会精神的重要任务，是实施"十三五"规划、全面建成小康社会的重要保障。

一、七个五年普法规划的制定回顾

　　1985年11月，中共中央、国务院批转中宣部、司法部《关于向全体公民基本普及法律常识的五年规划》，1985年11月22日，六届全国人大常委会十三次会议作出了《关于在公民中基本普及法律常识的决议》，提出从一九八六年起，争取用五年左右时间，有计划、有步骤地在一切有接受教育能力的公民中，普遍进行一次普及法律常识的教育，并且逐步做到制度化、经常化。自此，全国"一五"普法的帷幕正式拉开。三十年来，全国共开展了六个五年一轮的法制宣传教育活动，分别为

"一五"普法（1986—1990年）、"二五"普法（1991—1995年）、"三五"普法（1996—2000年）、"四五"普法（2001—2005年）、"五五"普法（2006—2010年）、"六五"普法（2011—2015年），2016年进入"七五"普法时期。2016年3月25日，中共中央、国务院转发《中央宣传部、司法部关于在公民中开展法治宣传教育的第七个五年规划（2016—2020年）》的通知，全国法治宣传教育第七个五年规划正式开始实施。

"七五"普法规划是在党中央作出全面推进依法治国战略布局，明确提出了依法治国的具体目标和要求的时代背景下出台的。它的实施周期正处于我国实现全面建成小康社会奋斗目标的关键时期，具有更为突出的政治意义和实践意义。党中央关于"坚持依法治国、依法执政、依法行政共同推进，坚持法治国家、法治政府、法治社会一体建设，实现科学立法、严格执法、公正司法、全民守法，促进国家治理体系和治理能力现代化"的提出，对进一步做好"七五"普法工作，既指明了方向，也明确了新的更高要求。

二、"七五"普法规划制定的重大意义

制定"七五"普法规划是全面贯彻党的十八大和十八届三中、四中、五中全会精神，深入贯彻习近平总书记系列讲话精神的重要举措。党的十八大以来，以习近平同志为核心的党中央对全面依法治国作出了重要部署，对法治宣传教育提出了新的更高要求，明确了法治宣传教育的基本定位、重大任务和重要措施，为深入开展法治宣传教育指明了方向。

制定"七五"普法规划，是全面依法治国的必然要求。全民普法和守法是依法治国的长期基础性工作。把全民普法工作深入持久地开展下去，进一步增强全民法治观念，推动全社会树立法治意识，对于全面依法治国具有重要意义。

制定"七五"普法规划，是服务"十三五"时期经济社会发展、全面建成小康社会的客观需要。有利于进一步发挥法治的引领和规范作用，为全面实施"十三五"规划、全面建成小康社会营造良好的法治环境。

三、"七五"普法规划制定的总体考虑

全面贯彻落实中央决策部署。规划全面贯彻党的十八大和十八届三中、四中、五中全会精神，深入贯彻落实习近平总书记系列重要讲话精神和对法治宣传教育的重要指示，充分体现党的十八大以来中央关于法治宣传教育的决策部署和一系列政策措施，使其具体化、制度化。

根据"十三五"时期经济社会发展的需要，明确法治宣传教育的主要任务和工作

措施，为创新发展、协调发展、绿色发展、开放发展、共享发展服务。

坚持问题导向。规划认真总结了"六五"普法工作经验，研究把握法治宣传教育工作规律，针对法治宣传教育工作中存在的部分地方和部门对法治宣传教育重要性的认识还不到位、普法宣传教育机制还不够健全、实效性有待进一步增强等问题，提出解决的途径和办法。

坚持创新发展、注重实效。规划适应全面依法治国的新要求，以满足人民群众不断增长的法治需要为出发点和落脚点，坚持学法与用法相结合、法治与德治相结合，创新法治宣传工作理念、机制、载体和方式方法，不断提高法治宣传教育的针对性和实效性。

第二节 "七五"普法规划的主要内容

一、"七五"普法规划的指导思想、主要目标和工作原则

"七五"普法工作的指导思想：高举中国特色社会主义伟大旗帜，全面贯彻党的十八大和十八届三中、四中、五中全会精神，以马克思列宁主义、毛泽东思想、邓小平理论、"三个代表"重要思想、科学发展观为指导，深入贯彻习近平总书记系列重要讲话精神，坚持"四个全面"战略布局，坚持创新、协调、绿色、开放、共享的发展理念，按照全面依法治国新要求，深入开展法治宣传教育，扎实推进依法治理和法治创建，弘扬社会主义法治精神，建设社会主义法治文化，推进法治宣传教育与法治实践相结合，健全普法宣传教育机制，推动工作创新，充分发挥法治宣传教育在全面依法治国中的基础作用，推动全社会树立法治意识，为"十三五"时期经济社会发展营造良好法治环境，为实现"两个一百年"奋斗目标和中华民族伟大复兴的中国梦作出新的贡献。

"七五"普法工作的主要目标：普法宣传教育机制进一步健全，法治宣传教育实效性进一步增强，依法治理进一步深化，全民法治观念和全体党员党章党规意识明显增强，全社会厉行法治的积极性和主动性明显提高，形成守法光荣、违法可耻的社会氛围。

"七五"普法工作应遵循的原则：坚持围绕中心服务大局。围绕党和国家中心

工作开展法治宣传教育，更好地服务协调推进"四个全面"战略布局，为全面实施国民经济和社会发展"十三五"规划营造良好法治环境；坚持依靠群众，服务群众。以满足群众不断增长的法治需求为出发点和落脚点，以群众喜闻乐见、易于接受的方式开展法治宣传教育，增强全社会尊法学法守法用法意识，使国家法律和党内法规为党员群众所掌握、所遵守、所运用；坚持学用结合，普治并举。坚持法治宣传教育与依法治理有机结合，把法治宣传教育融入立法、执法、司法、法律服务和党内法规建设活动中，引导党员群众在法治实践中自觉学习、运用国家法律和党内法规，提升法治素养；坚持分类指导，突出重点。根据不同地区、部门、行业及不同对象的实际和特点，分类实施法治宣传教育。突出抓好重点对象，带动和促进全民普法；坚持创新发展，注重实效。总结经验，把握规律，推动法治宣传教育工作理念、机制、载体和方式方法创新，不断提高法治宣传教育的针对性和实效性，力戒形式主义。

二、"七五"普法规划的主要任务

"七五"普法规划明确了七项主要任务：

（一）深入学习宣传习近平总书记关于全面依法治国的重要论述

党的十八大以来，习近平总书记站在坚持和发展中国特色社会主义全局的高度，对全面依法治国作了重要论述，提出了一系列新思想、新观点、新论断、新要求，深刻回答了建设社会主义法治国家的重大理论和实践问题，为全面依法治国提供了科学理论指导和行动指南。要深入学习宣传习近平总书记关于全面依法治国的重要论述，增强走中国特色社会主义道路的自觉性和坚定性，增强全社会厉行法治的积极性和主动性。深入学习宣传以习近平同志为核心的党中央关于全面依法治国的重要部署，宣传科学立法、严格执法、公正司法、全民守法和党内法规建设的生动实践，使全社会了解和掌握全面依法治国的重大意义和总体要求，更好地发挥法治的引领和规范作用。

（二）突出学习宣传宪法

坚持把学习宣传宪法摆在首要位置，在全社会普遍开展宪法教育，弘扬宪法精神，树立宪法权威。深入宣传依宪治国、依宪执政等理念，宣传党的领导是宪法实施的最根本保证，宣传宪法确立的国家根本制度、根本任务和我国的国体、政体，宣传公民的基本权利和义务等宪法基本内容，宣传宪法的实施，实行宪法宣誓制度，认真组织好"12·4"国家宪法日集中宣传活动，推动宪法家喻户晓、深入人心，提高全体公民特别是各级领导干部和国家机关工作人员的宪法意识，教育引导一切组织和个人都必须以宪法为根本活动准则，增强宪法观念，维护宪法尊严。

（三）深入宣传中国特色社会主义法律体系

坚持把宣传以宪法为核心的中国特色社会主义法律体系作为法治宣传教育的基本任务，大力宣传宪法相关法、民法商法、行政法、经济法、社会法、刑法、诉讼与非诉讼程序法等多个法律部门的法律法规。大力宣传社会主义民主政治建设的法律法规，提高人民有序参与民主政治的意识和水平。大力宣传保障公民基本权利的法律法规，推动全社会树立尊重和保障人权意识，促进公民权利保障法治化。大力宣传依法行政领域的法律法规，推动各级行政机关树立"法定职责必须为、法无授权不可为"的意识，促进法治政府建设。大力宣传市场经济领域的法律法规，推动全社会树立保护产权、平等交换、公平竞争等意识，促进大众创业、万众创新，促进经济在新常态下平稳健康运行。大力宣传有利于激发文化创造活力、保障人民基本文化权益的相关法律法规，促进社会主义精神文明建设。大力宣传教育、就业、收入分配、社会保障、医疗卫生、食品安全、扶贫、慈善、社会救助和妇女儿童、老年人、残疾人合法权益保护等方面法律法规，促进保障和改善民生。大力宣传国家安全和公共安全领域的法律法规，提高全民安全意识、风险意识和预防能力。大力宣传国防法律法规，提高全民国防观念，促进国防建设。大力宣传党的民族、宗教政策和相关法律法规，维护民族地区繁荣稳定，促进民族关系、宗教关系和谐。大力宣传环境保护、资源能源节约利用等方面的法律法规，推动美丽中国建设。大力宣传互联网领域的法律法规，教育引导网民依法规范网络行为，促进形成网络空间良好秩序。大力宣传诉讼、行政复议、仲裁、调解、信访等方面的法律法规，引导群众依法表达诉求、维护权利，促进社会和谐稳定。在传播法律知识的同时，更加注重弘扬法治精神、培育法治理念、树立法治意识。大力宣传宪法法律至上、法律面前人人平等、权由法定、权依法行使等基本法治理念，破除"法不责众""人情大于国法"等错误认识，引导全民自觉守法、遇事找法、解决问题靠法。

（四）深入学习宣传党内法规

适应全面从严治党、依规治党新形势新要求，切实加大党内法规宣传力度。突出宣传党章，教育引导广大党员尊崇党章，以党章为根本遵循，坚决维护党章权威。大力宣传《中国共产党廉洁自律准则》《中国共产党纪律处分条例》等各项党内法规，注重党内法规宣传与国家法律宣传的衔接和协调，坚持纪在法前、纪严于法，把纪律和规矩挺在前面，教育引导广大党员做党章党规党纪和国家法律的自觉尊崇者、模范遵守者、坚定捍卫者。

（五）推进社会主义法治文化建设

以宣传法律知识、弘扬法治精神、推动法治实践为主旨，积极推进社会主义法治文化建设，充分发挥法治文化的引领、熏陶作用，使人民内心拥护和真诚信仰法律。把法治文化建设纳入现代公共文化服务体系，推动法治文化与地方文化、行业文化、企业文化融合发展。繁荣法治文化作品创作推广，把法治文化作品纳入各级文化作品评奖内容，纳入艺术、出版扶持和奖励基金内容，培育法治文化精品。利用重大纪念日、民族传统节日等契机开展法治文化活动，组织开展法治文艺展演展播、法治文艺演出下基层等活动，满足人民群众日益增长的法治文化需求。把法治元素纳入城乡建设规划设计，加强基层法治文化公共设施建设。

（六）推进多层次多领域依法治理

坚持法治宣传教育与法治实践相结合，把法律条文变成引导、保障经济社会发展的基本规则，深化基层组织和部门、行业依法治理，深化法治城市、法治县（市、区）等法治创建活动，提高社会治理法治化水平。深入开展民主法治示范村（社区）创建，进一步探索乡村（社区）法律顾问制度，教育引导基层群众自我约束、自我管理。发挥市民公约、乡规民约、行业规章、团体章程等社会规范在社会治理中的积极作用，支持行业协会商会类社会组织发挥行业自律和专业服务功能，发挥社会组织对其成员的行为导引、规则约束、权益维护作用。

（七）推进法治教育与道德教育相结合

坚持依法治国和以德治国相结合的基本原则，以法治体现道德理念，以道德滋养法治精神，促进实现法律和道德相辅相成、法治和德治相得益彰。大力弘扬社会主义核心价值观，弘扬中华传统美德，培育社会公德、职业道德、家庭美德、个人品德，提高全民族思想道德水平，为全面依法治国创造良好人文环境。强化规则意识，倡导契约精神，弘扬公序良俗，引导人们自觉履行法定义务、社会责任、家庭责任。发挥法治在解决道德领域突出问题中的作用，健全公民和组织守法信用记录，完善守法诚信褒奖机制和违法失信行为惩戒机制。

三、"七五"普法规划的实施

（一）对象和要求

"七五"普法规划明确提出，法治宣传教育的对象是一切有接受教育能力的公民，重点是领导干部和青少年。要坚持把领导干部带头学法、模范守法作为树立法治意识的关键。完善国家工作人员学法用法制度，把宪法法律和党内法规列入党委（党组中心组学习内容，列为党校、行政学院、干部学院、社会主义学院必修课；把法治教育纳入干部教育培训总体规划，纳入国家工作人员初任培训、任职培训的必训内容，在其他各类培训课程中融入法治教育内容，保证法治培训课时数量和培训质量，切实提高领导干部运用法治思维和法治方式深化改革、推动发展、化解矛盾、维护稳定的能力，切实增强国家工作人员自觉守法、依法办事的意识和能力。加强党章和党内法规学习教育，引导党员领导干部增强党章党规党纪意识，严守政治纪律和政治规矩，在廉洁自律上追求高标准，自觉远离违纪红线。健全日常学法制度，创新学法形式，拓宽学法渠道。健全完善重大决策合法性审查机制，积极推行法律顾问制度，各级党政机关和人民团体普遍设立公职律师，企业可设立公司律师。把尊法学法守法用法情况列入作为领导班子和领导干部年度考核的重要内容。把法治观念强不强、法治素养好不好作为衡量干部德才的重要标准，把能不能遵守法律、依法办事作为考察干部的重要内容；要坚持从青少年抓起。切实把法治教育纳入国民教育体系，制定和实施全国青少年法治教育大纲，在中小学设立法治知识课程，确保在校学生都能得到基本法治知识教育。完善中小学法治课教材体系，编写法治教育教材、读本，地方可将其纳入地方课程义务教育免费教科书范围，在小学普及宪法基本常识，在中、高考中增加法治知识内容，使青少年从小树立宪法意识和国家意识。将法治教育纳入"中小学幼儿园教师国家级培训计划"，加强法治课教师、分管法治教育副校长、法治辅导员培训。充分利用第二课堂和社会实践活动开展青少年法治教育，在开学第一课、毕业仪式中有机融入法治教育内容。加强对高等院校学生的法治教育，增强其法治观念和参与法治实践的能力。强化学校、家庭、社会"三位一体"的青少年法治教育格局，加强青少年法治教育基地建设和网络建设；各地区各部门要根据实际需要，从不同群体的特点出发，因地制宜开展有特色的法治宣传教育。突出加强对企业经营管理人员的法治宣传教育，引导他们树立诚信守法、爱国敬业意识，提高依法经营、依法管理能力。加强对农民工等群体的法治宣传教育，帮助、引导他们依法维权，自觉运用法律手段解决矛盾纠纷。

（二）工作措施

第七个法治宣传教育五年规划从2016年开始实施，至2020年结束。各地区各部门要根据本规划，认真制定本地区本部门规划，深入宣传发动，全面组织实施，确保第七个五年法治宣传教育规划各项目标任务落到实处。

1.健全普法宣传教育机制

各级党委和政府要加强对普法工作的领导，宣传、文化、教育部门和人民团体要在普法教育中发挥职能作用。把法治教育纳入精神文明创建内容，开展群众性法治文化活动。人民团体、社会组织要在法治宣传教育中发挥积极作用，健全完善普法协调协作机制，根据各自特点和实际需要，有针对性地组织开展法治宣传教育活动。积极动员社会力量开展法治宣传教育，加强各级普法讲师团建设，选聘优秀法律和党内法规人才充实普法讲师团队伍，组织开展专题法治宣讲活动，充分发挥讲师团在普法工作中的重要作用。鼓励引导司法和行政执法人员、法律服务人员、大专院校法律专业师生加入普法志愿者队伍，畅通志愿者服务渠道，健全完善管理制度，培育一批普法志愿者优秀团队和品牌活动，提高志愿者普法宣传水平。加强工作考核评估，建立健全法治宣传教育工作考评指导标准和指标体系，完善考核办法和机制，注重考核结果的运用。健全激励机制，认真开展"七五"普法中期检查和总结验收，加强法治宣传教育先进集体、先进个人表彰工作。围绕贯彻中央关于法治宣传教育的总体部署，健全法治宣传教育工作基础制度，加强地方法治宣传教育条例制定和修订工作，制定国家法治宣传教育法。

2.健全普法责任制

实行国家机关"谁执法谁普法"的普法责任制，建立普法责任清单制度。建立法官、检察官、行政执法人员、律师等以案释法制度，在执法司法实践中广泛开展以案释法和警示教育，使案件审判、行政执法、纠纷调解和法律服务的过程成为向群众弘扬法治精神的过程。加强司法、行政执法案例整理编辑工作，推动相关部门面向社会公众建立司法、行政执法典型案例发布制度。落实"谁主管谁负责，谁执法谁普法"的普法责任，各行业、各单位要在管理、服务过程中，结合行业特点和特定群体的法律需求，开展法治宣传教育。健全媒体公益普法制度，广播电视、报纸期刊、互联网和手机媒体等大众传媒要自觉履行普法责任，在重要版面、重要时段制作刊播普法公益广告，开设法治讲堂，针对社会热点和典型案（事）例开展及时权威的法律解读，积极引导社会法治风尚。各级党组织要坚持全面从严治党、依规治党，切实履行学习宣传党内法规的职责，把党内法规作为学习型党组织建设的重要内容，充分发挥正面典型倡导和反面案例警示作用，为党内法规的贯彻实施营造良好氛围。

3.推进法治宣传教育工作创新

要创新工作理念，坚持服务党和国家工作大局、服务人民群众生产生活，努力培育全社会法治信仰，增强法治宣传教育工作实效。针对受众心理，创新方式方法，坚持集中法治宣传教育与经常性法治宣传教育相结合，深化法律进机关、进乡村、进社区、进学校、进企业、进单位的"法律六进"主题活动，完善工作标准，建立长效机制。

创新载体阵地，充分利用广场、公园等公共场所开展法治宣传教育，有条件的地方建设宪法法律教育中心。在政府机关、社会服务机构的服务大厅和服务窗口增加法治宣传教育功能。积极运用公共活动场所电子显示屏、服务窗口触摸屏、公交移动电视屏、手机屏等，推送法治宣传教育内容。充分运用互联网传播平台，加强新媒体新技术在普法中的运用，推进"互联网＋法治宣传"行动。开展新媒体普法益民服务，组织新闻网络开展普法宣传，更好地运用微信、微博、微电影、客户端开展普法活动。加强普法网站和普法网络集群建设，建设法治宣传教育云平台，实现法治宣传教育公共数据资源开放和共享。适应我国对外开放新格局，加强对外法治宣传工作。

（三）组织领导

1. 切实加强领导

各级党委和政府要把法治宣传教育纳入当地经济社会发展规划，定期听取法治宣传教育工作情况汇报，及时研究解决工作中的重大问题，把法治宣传教育纳入综合绩效考核、综治考核和文明创建考核内容。各级人大要加强对法治宣传教育工作的日常监督和专项检查。健全完善党委领导、人大监督、政府实施的法治宣传教育工作领导体制，加强各级法治宣传教育工作组织机构建设。高度重视基层法治宣传教育队伍建设，切实解决人员配备、基本待遇、工作条件等方面的实际问题。

2. 加强工作指导

各级法治宣传教育领导小组每年要将法治宣传教育工作情况向党委（党组）报告，并报上级法治宣传教育工作领导小组。加强沟通协调，充分调动各相关部门的积极性，发挥各自优势，形成推进法治宣传教育工作创新发展的合力。结合各地区各部门工作实际，分析不同地区、不同对象的法律需求，区别对待、分类指导，不断增强法治宣传教育的针对性。坚持问题导向，深入基层、深入群众调查研究，积极解决问题，努力推进工作。认真总结推广各地区各部门开展法治宣传教育的好经验、好做法，充分发挥先进典型的示范和带动作用，推进法治宣传教育不断深入。

3. 加强经费保障

各地区各部门要把法治宣传教育相关工作经费纳入本级财政预算，切实予以保障，并建立动态调整机制。把法治宣传教育列入政府购买服务指导性目录。积极利用社会资金开展法治宣传教育。

第三节 "谁执法谁普法"普法责任制

2015年是全面推进依法治国的开局之年，如何让法治理念、法治思维、法治精神、法治信仰入脑入心，成为全民共识，是深入开展普法教育的关键。《中共中央关于全面推进依法治国若干重大问题的决定》提出，实行国家机关"谁主管谁普法，谁执法谁普法"的普法责任制。"谁主管谁普法，谁执法谁普法"，即以法律所调整的社会关系的种类和所涉及的部门、行业为主体，充分发挥行业优势和主导作用，在抓好部门、行业内部法制宣传教育的同时，负责面向重点普法对象，面向社会宣传本部门、本行业所涉及所执行的法律法规。

实行"谁主管谁普法，谁执法谁普法"工作原则，是贯彻落实"七五"普法规划的重要举措，有利于充分发挥执法部门、行业职能优势和主导作用，扩大普法依法治理工作覆盖面，增强法制宣传教育的针对性、专业性，促进执法与普法工作的有机结合，进一步加大普法工作力度，真正形成部门、行业分工负责、各司其职、齐抓共管的大普法工作格局。

一、"谁执法谁普法"是法治国家的新要求

实行国家机关"谁执法谁普法"的普法责任制，建立法官、检察官、行政执法人员、律师等以案释法制度，加强普法讲师团、普法志愿者队伍建设。

执法和司法人员普法具有天然的优势。严格执法、公正司法是法治信仰最好的支撑，也是最好的普法实践。将普法与立法司法执法关联在一起具有重要的现实意义。法的执行力既需要靠执法机关执法办案，也要靠全民守法来实现。法的贯彻执行需要靠大家守法，守法的前提是普法，让百姓知道法律。"谁执法谁普法"体现了法治中国的新要求，凸显了执法主体对普法的重要责任。执法机关对其执法对象、执法内容、执法当中存在的问题最了解，他们开展普法也更具针对性、及时性、有效性。

国家机关的工作涉及人民群众学习、生活、工作的方方面面，由执法者在为群众办事过程中进行普法教育，更具有亲历性和普及性，更利于人民群众接受。如交警部门宣传交通法规，税务部门宣传税法，劳动保障部门宣传劳动保障的相关法律法规。

二、"谁执法谁普法"指导思想

以党的十八大和十八届三中、四中全会精神及习近平总书记系列重要讲话精神为

指导，坚持围绕中心、服务大局，坚持创新形式、注重实效，坚持贴近基层、服务群众，以建立健全法治宣传教育机制为抓手，以开展"学习宪法尊法守法"等主题活动为载体，通过深入开展法治宣传教育，充分发挥法治宣传教育在法治建设中的基础性作用，进一步形成分工负责、各司其职、齐抓共管的普法工作格局，通过实行"谁执法谁普法"教育活动，普及现有法律法规，提升执法人员的法治观念和行政执法水平，增强相关法治主体的法律意识，营造全社会关注、关心法治的浓厚氛围，推动形成自觉守法用法的社会环境，为经济建设营造良好的法治环境。

三、"谁执法谁普法"工作原则

（一）坚持执法办案与普法宣传相结合的原则

将普法宣传教育渗透到执法办案全过程，利用以案释法、以案普法、以案学法等方式普及法律常识，通过文明执法促进深度普法，通过广泛普法促进文明执法。在各行业监管中，以行政执法、公众参与、以案释法为导向，形成行政执法人员以案释法工作长效机制，实行长态化普法。在执法工作中，要加大对案件当事人的法律宣传教育，只有在当事人中积极进行法律知识宣传，只有对典型案例进行宣传，才能起到事半功倍的宣传效果，才能让广大群众更为有效地学习法律知识，才能从实际案件中学法、懂法、用法，有效维护自身权利。

（二）坚持日常宣传与集中宣传相结合的原则

各机关单位根据担负职能和工作特点，在广泛开展法治宣传的同时，以各自业务领域为主要方向，结合"宪法法律宣传月""3·15""12·4"法制宣传日等特殊时段和节点。面向执法对象、服务对象和社会公众开展广泛的群众性法治宣传活动。开展各类重点突出、针对性强的集中法制宣传活动，切实增强工作的实效性。

（三）坚持上下联动和属地管理相结合的原则

强化上级部门对下级部门、主管部门对下属单位的指导，坚持市、县、乡三级联动普法。落实普法工作属地管理责任，强化地方党委政府对部门普法工作的监督考核，努力形成党委领导、人大监督、政府实施、政协支持、各部门协作配合、全社会共同参与的法制宣传教育新格局。

三、"谁执法谁普法"的主要任务

（一）切实落实普法工作责任制

"谁执法谁普法"工作责任主体要结合自身实际，将普法工作纳入全局工作统筹安排，制定切实可行的年度普法工作计划。健全完善普法领导机制，明确领导职责，加强普法办公室的建设，保证普法工作所需人员和经费。

（二）着力强化法律法规宣传教育

一是认真开展面向社会的普法活动。结合"12·4"国家宪法日、"4·7"世界卫生日、"7·11"世界人口日等各种宣传日、宣传周主题活动，通过集中宣传咨询、印发资料、LED屏滚动播出等方式，以及网站、微信、微博、广播、电视、报刊等传播平台，围绕行业普法工作重点以及群众关心的热点问题和行业执法工作的重点，开展面向大众的法治宣传教育活动。

二是扎实做好系统内人员的法治教育。以社会主义法治理念、宪法和国家基本法律法规、依法行政以及反腐倡廉、预防职务犯罪等法律知识为重点，把法治教育与政治理论教育、理想信念教育、职业道德教育、党的优良传统和作风教育结合起来，通过集中办班、举办讲座、召开研讨交流会、组织或参加法律知识考试、自学等方式，加大系统内工作人员法治学习力度，不断增强领导干部和工作人员的法治理念、法律素养和依法行政依法管理的能力。

（三）大力推进普法执法有机融合

寓普法于执法之中，把普法与执法紧密结合起来，使执法过程成为最生动的普法实践，大力促进普法与执法的有机融合。要将法治宣传渗透进执法办案的各环节、全过程，利用以案释法、现身说法等形式向社会大众传播法律、宣传法律，通过深化普法，预防违法行为，减少执法阻力，巩固执法成果。

（四）全面建立以案释法制度体系

一是建立典型案例评选制度。以案释法是利用身边或实际生活中发生的案例诠释法律的过程，要精心筛选具有重大典型教育意义、社会关注度高、与群众关系密切的"身边的案例""成熟的案例""针对性强的案例"，作为"释法"重点。定期开展行政执法案卷质量评查活动，评选出具有行业特点且与社会大众生活健康息息相关的典型案例，以更好的抓好行政执法案例评审工作。

二是建立典型案例发布传播制度。通过在部门网站设立以案释法专栏、免费发放典型案例宣传册等方式，以案释法、以案讲法，让公众进一步了解事实认定、法律适用的过程，了解案件审理、办结的情况。加强与新闻媒体的联系协调，推动落实新闻媒体的公益普法责任，充分发挥新闻媒体的法治传播作用。探索与媒体合作举办以案释法类节目，邀请媒体参与执法，积极引导社会法治风尚，增强法治宣传的传播力和影响力。

三是建立以案释法公开告知制度。在执法过程中，即时告知执法的法律依据，让行政相对人充分了解有关法律规定、知晓自身行为的违法性、应受到的处罚以及维权救济途径。有针对性地分行业定期举办执法相对人法律法规知识培训，通过强化岗前培训、岗位复训、分层培训，切实提高从业人员自身素质和法治意识。与社区合作，通过举办法治讲座、法律讲堂和开展送法进社区等形式，深入浅出地宣传法律及执法情况，释疑解惑，为各类普法对象宣讲典型案例，以身边人说身份事，用身边事教育身边人，推动法治宣传教育贴近基层、贴近百姓、贴近生活。

四、"谁执法谁普法"的工作要求

（一）高度重视，提高认识

充分认识法治宣传教育对全面推进法治建设的重要意义，实行国家机关"谁执法谁普法"的普法责任制是党的十八届四中全会提出的推动全社会树立法治意识的重要举措，也是推动"七五"普法决议落实，全面完成"七五"普法规划的工作要求。要充分认识开展这项工作的重要性和艰巨性，坚持把全民普法和守法作为依法治国的长期基础性工作，常抓不懈，把落实普法责任作为一项基本的职能工作。

（二）加强领导，明确责任

"谁执法谁普法"是一项涉及面广、工作要求高的系统工程，各单位和部门应按照中央的要求，切实加强对"谁执法谁普法"工作的组织领导，具体抓好落实。要明确工作目标、细化工作方案、创新工作举措、落实工作责任，确保"谁执法谁普法"工作落到实处，见到实效。

（三）创新模式，增强实效

充分发挥主导作用和职能优势，全面结合职责范围、行业特点、普法对象的实际情况和依法治理需要及社会热点，及时跟进相关法律法规的重点宣传。发挥广播电视、报刊、网络和移动通讯等大众媒体的重要作用，用群众喜闻乐见、寓教于乐的形式，突出以案释法、以案普法等，通过多种形式创新开展有特色、有影响、有实效的法治宣传。

（四）强化考核，落实责任

将"谁执法谁普法"工作落实情况纳入依法治理好目标绩效考核，同时对普法宣传工作进行督查，对采取措施不得力，工作不到位，目标未完成的单位应予以督促并统一纳入年终考核评价体系，对工作突出的先进集体和先进个人予以表扬。

第六章　中国特色社会主义法律体系宣讲

内容提要

　　1997年党的十五大报告在提出"依法治国，建设社会主义法治国家"基本方略的同时，提出"加强立法工作，提高立法质量，到2010年形成有中国特色社会主义法律体系。"2002年党的十六大报告重申，到2010年形成中国特色社会主义法律体系的立法目标。2007年党的十七大报告继续提出形成和完善中国特色社会主义法律体系的要求。

　　经过历届全国人大及其常委会的努力，2010年中国特色社会主义法律体系业已形成。

　　2012年党的十八大报告进一步明确，中国特色社会主义法律体系是中国特色社会主义制度的重要组成部分。中国特色社会主义法律体系的形成，是我国社会主义民主法制建设史上的重要里程碑，是中国特色社会主义制度逐步走向成熟的重要标志，具有重大的现实意义和深远的历史意义。

第一节　中国特色社会主义法律体系的构成及分类

　　法律体系，即国家法律规范所形成的有机统一的整体，主要内容包括法律规范的构成及其分类。

一、法律体系的构成

　　我国实行的是单一制国家结构形式，人民代表大会制度是我国的根本政治制度。根据宪法和立法法的立法体制规定，我国的法律体系，由宪法，全国人大及其常委会制定的法律，国务院制定的行政法规，最高人民法院和最高人民检察院制定的司法解释，设区的市以上地方人大及其常委会制定的地方性法规，国务院各部委和设区的市以上地方政府制定的规章，民族自治地方的人大及其常委会制定的自治条例和单行条例构成。在这个体系中，宪法是统帅，法律是主干，行政法规、司法解释、地方性法规和规章、自治条例和单行条例是对国家法律的细化和补充。它们由不同立法主体按照宪法和法律规定的立法权限制定，区分不同层次，具有不同效力，都是中国特色社会主义法律体系的有机组成部分，共同构成一个完整的、统一的、分层的体系。

二、法律体系的分类

法的分类，即按照相应标准把法律规范分为若干不同的种类。中国特色社会主义法律体系的分类，是把我国所有的法律规范，按照其所调整的社会关系及调整方法，分为若干部门，每个法律部门之间和法律部门内部都相互协调，内容上不重复、不冲突。根据法律规范调整的社会关系及调整方法的不同，我国现行法律规范共划分为七大类。即宪法和宪法相关法、民法商法、行政法、经济法、社会法、刑法、诉讼与非诉讼程序法。这七个法律部门的划分，既清楚地反映了每个法律部门所调整的特定对象和方法，又很好地使各个法律部门之间相互协调、相互补充、相得益彰，形成了科学严密的法律之网。

截至目前，在中国特色社会主义法律体系中，除宪法外，共制定现行有效法律240多件、行政法规700多件、地方性法规8600多件、自治条例和单行条例700多件。国家经济建设、政治建设、文化建设、社会建设以及生态文明建设的各个方面实现了有法可依，法治政府建设稳步推进，司法体制不断完善，全社会法治观念明显增强。

 第二节 中国特色社会主义法律体系的基本特征

完善以宪法为核心的中国特色社会主义法律体系，是建设中国特色社会主义伟大事业的重要组成部分。建设中国特色社会主义法治体系，坚持依法治国、依法执政、依法行政共同推进，坚持法治国家、法治政府、法治社会一体建设，首先必须坚持立法先行，发挥立法的引领和推动作用，抓住提高立法质量这个关键。研究中国特色社会主义法律体系的基本特征，必须从这一基本前提出发。

一、中国特色社会主义法律体系的本质特征

中国特色社会主义法律体系的本质特征，是由其所承载的法律规范的本质特征所决定，即以坚持人民民主专政的社会主义制度为本质特征。中国特色社会主义法律体系，以宪法和法律的形式，确立了国家的根本制度和根本任务，确立了中国共产党的领导地位，确立了马克思列宁主义、毛泽东思想、邓小平理论和"三个代表"重要思想的指导地位，确立了工人阶级领导的、以工农联盟为基础的人民民主专政的国体，确立了人民代表大会制度的政体，确立了国家一切权力属于人民、公民依法享有广泛的权利和自由，确立了中国共产党领导的多党合作和政治协商制度、民族区域自治制度以及基层群众自治制度，确立了公有制为主体、多种所有制经济共同发展的基本经济制度和按劳分配为主体、多种分配方式并存的分配制度。中国特色社会主义法律体系的形成，从法律制度上确保中国共产党始终成为中国特色社会主义事业的领导核心，确保国家一切权力牢牢掌握在人民手中，确保国家统一、主权和领土完整，确保社会安定和民族团结，确保坚持独立自主的和平外交政策、走和平发展道路，确保国家永远沿着中国特色社会主义的正确方向奋勇前进。

上述本质特征决定了中国特色社会主义法律体系所承载的全部法律规范，必须有利于巩固和发展社会主义的各项制度和体现人民共同意志、维护人民根本利益、保障人民当家作主为本质要求。这也是我国以公有制为基础的中国特色社会主义法律体系与以私有制为基础的资本主义法律体系的本质区别。

二、中国特色社会主义法律体系的时代特征

中国特色社会主义法律体系是在改革开放和社会主义现代化建设的历史进程中不断形成、发展和逐步完善的，因此具有鲜明的时代特征。中国特色社会主义法律体系既是我国改革开放和社会主义现代化建设的经验成果的法律化、制度化，又是改革开放和社会主义现代化建设的法律制度保障。改革开放和社会主义现代化建设实践在客观上要求这一法律体系必须要妥善处理立法与改革的关系。既要能够在矛盾的焦点上"砍一刀"，建章立制、令行禁止、一体遵循；又要具有一定的前瞻性，能够为改革开放留下"腾挪移动"的空间，从而使得这一法律体系必须具有稳定性与变动性、阶段性与前瞻性相统一的特质。在具体的立法实践中，对实践中成功的经验、一致的认同，多作具体的规定，以增强法律的可操作性。对有待实践中继续作深入探索的，多作原则性规定，从而既为实践提供必要的行为规范和法治保障，又为深入实践探索留下空间，待经验成熟后再修改补充。对暂时还不适宜用法律来规范的实践中的新情况新问

题，依法先通过制定行政法规，乃至层级更低的地方性法规和规章的办法，作先行先试，待取得经验、条件成熟时再制定法律。

三、中国特色社会主义法律体系的结构特征

从我国社会主义国家的国情出发，结合各地经济、文化、社会、生态发展的实际，宪法和立法法构筑了一个统一而又分层次的立法体制。所谓统一，即下位法不得与上位法相抵触，所有法律、行政法规、司法解释、地方性法规和规章、自治条例和单行条例都不得与宪法相抵触。所谓分层次，是指在全国人大及其常委会统一行使国家立法权的情况下，国务院依法制定行政法规，最高人民法院、最高人民检察院依法制定司法解释，设区的市以上地方人大及其常委会依法制定地方性法规，国务院各部委和设区的市以上人民政府依法制定规章，自治县以上的民族自治地方依法制定自治条例单行条例，从而在立法体制上，很好地体现了"在中央的统一领导下，充分发挥地方的主动性、积极性"的宪法原则。

 第三节　中国特色社会主义法律体系的基本内容

一、中国特色社会主义法律体系以宪法为统帅

宪法作为国家的根本法，为确保中国共产党始终成为中国特色社会主义事业的领导核心，确保国家一切权力牢牢掌握在人民手中，确保国家永远沿着中国特色社会主义的正确方向奋勇前进奠定了法治根基。因此，宪法在中国特色社会主义法律体系中居于统帅地位。这集中表现在以下几个方面：

（一）宪法具有最高的法律效力

中国特色社会主义法律体系的形成和发展必须以宪法为统帅，这是由宪法的性质地位和内容决定的。我国宪法序言明确规定，宪法是国家的根本法，具有最高的法律效力。宪法的主要内容是规定社会经济制度和国家政治制度等方面的根本原则。宪法所规定的这些根本原则需要其他各项单行的法律加以具体化，宪法在我国法律体系中的统帅作用与统帅地位是必然的和必要的。

为了保证宪法的统帅地位，宪法被赋予了特别的修改程序。从修宪的主体来看，

按照宪法第六十二条的规定，只有全国人大才有权修改宪法，其他任何机关和组织都没有这项权力。而对于法律的修改来说，全国人大及其常委会都有权修改。从提案权来看，全国人大主席团、全国人大常委会、全国人大各专门委员会、国务院、中央军委、最高人民法院、最高人民检察院，全国人大的一个代表团或者三十名以上的代表，可以向全国人大提出修改法律的议案。但宪法的修改则只能由全国人大常委会或者五分之一的全国人大代表联名提议。再从议案的表决来看，宪法修正案须由全国人大以全体代表的三分之二以上的多数通过；而法律案则需全体代表的过半数通过即可。修改程序的差别体现了宪法的稳定和尊严高于一般的法律。

（二）法律制定的根本依据

中国特色社会主义法律体系以宪法为统帅，主要表现在我国政治、经济、文化、社会等各个方面的法律，都以宪法为依据而制定。

（三）社会主义法治统一和尊严的基础

中国特色社会主义法律体系内容极其丰富，涉及面非常广泛。作为法律体系，它是一个层次分明、结构清晰的整体。宪法第五条规定："国家维护社会主义法制的统一和尊严。"党的十六届三中全会曾对宪法作出明确定义："中华人民共和国宪法是国家的根本法，是治国安邦的总章程，是保持国家统一、民族团结、经济发展、社会进步和长治久安的法制基础。"由此可见，法治的统一和尊严最基本的要义是统一于宪法，服从于宪法的尊严，只有在宪法的基础上，才能保障我国法律体系的统一和尊严。

（四）法律体系完善的关键

在中国特色社会主义法律体系形成和发展的过程中，宪法不仅发挥了统帅作用，而且自身也在不断地发展和完善之中。1982年宪法要比过去更为完善。而从1988年到2004年期间，宪法本身又经历了四次部分内容的修正，四版修正案共涉及内容31条。宪法本身的发展和完善定能使宪法在社会主义法律体系中的统帅作用更加明显。

二、中国特色社会主义法律体系的层次

与统一而又分层次的立法体制相适应，中国特色社会主义法律体系在结构上表现为统一而又多层次的特征，既有全国人大制定的宪法、全国人大及其常委会制定的法律，也有国务院制定的行政法规，还有地方人大及其常委会依照法定权限制定的地方性法规，等等。这些法律法规区分不同层次，具有不同效力，都是中国特色社会主义法律体系的有机组成部分，共同构成一个完整的统一体。

（一）法律是中国特色社会主义法律体系的主干

法律是制度的载体，它以法的形式反映和规范国家经济、政治、文化和社会的各项制度。根据宪法和立法法的规定，国家主权的事项、国家机构的产生、组织和职权，民族区域自治制度、特别行政区制度、基层群众自治制度，犯罪和刑罚，对公民政治权利的剥夺、限制人身自由的强制措施和处罚，对非国有财产的征收，民事基本制度，基本经济制度以及财政、税收、海关、金融和外贸的基本制度，诉讼和仲裁制度等只能由法律规定。因此，法律是中国特色社会主义法律体系的主干，发挥着重要的制度建设作用。

（二）行政法规是中国特色社会主义法律体系的重要组部分

制定并实施行政法规是国务院履行宪法和法律规定职责的重要方式，对于形成和完善中国特色社会主义法律体系，确保宪法和法律全面正确实施，规范行政权力运行，维护经济社会稳定，保障和促进改革开放和社会主义现代化建设的健康有序发展，都具有重要意义。

（三）地方性法规是中国特色社会主义法律体系的重要组成部分

改革开放三十多年来，地方人大及其常委会立足地方具体情况，从本地改革开放和经济社会发展的实际需要出发，认真履行宪法和法律赋予的地方立法职权，因地制宜开展立法工作，制定了大量地方性法规，取得了巨大成就。设区的市以上地方人大及其常委会制定的地方性法规、国务院各部委和设区的市以上人民政府制定的行政规章、自治县以上民族自治地区的人大及其常委会制定的自治条例和单行条例，与宪法、法律、行政法规共同构成了中国特色社会主义法律体系的统一整体。

三、中国特色社会主义法律体系的法律部门

中国特色社会主义法律体系的形成为我国法律部门的划分奠定了立法基础。我国法律体系大体划分为七个法律部门，即宪法及宪法相关法、民法商法、行政法、经济法、社会法、刑法、诉讼与非诉讼程序法。

（一）宪法及宪法相关法

在这一法律部门中，宪法是国家的根本大法，规定国家的根本制度和根本任务、公民的基本权利和义务等内容。

宪法相关法是与宪法相配套、直接保障宪法实施的宪法性法律规范的总和。主要包括有关国家机构的产生、组织、职权和基本工作制度的法律，有关民族区域自治制度、特别行政区制度、基层群众自治制度的法律，有关维护国家主权、领土完整和国

家安全的法律，以及有关保障公民基本政治权利的法律。

（二）民法商法

民法商法部门包含了民事活动的一般规范和市场经济的基本准则。1986年颁布的民法通则对民事商事活动的一些共同性问题作了规定，明确了民法的调整对象、基本原则、主体制度、行为制度、权利制度和责任制度，开启了中国民法商法的发展完善之路。经过多年努力，民法商法在财产权、侵权责任、婚姻家庭、知识产权、商事主体、商事行为等各个方面都建立了较为完备的法律制度。

（三）行政法

行政法是关于行政权的授予、行政权的行使以及对行政权的监督的法律规范总和，也是调整国家行政管理活动的法律规范的总和。包括有关行政管理主体、行政行为、行政程序以及行政监督等方面的法律规范。随着行政复议法、行政许可法、行政处罚法和部门行政法以及配套行政法规、地方性法规的先后出台，各级行政机关及其工作人员依法行政有了更全面、更坚实的法律基础。

（四）经济法

经济法是调整因国家从社会整体利益出发对经济活动实行干预、管理或调控所产生的社会经济关系的法律规范的总和。市场经济发展的基本规律表明，只有充分发挥市场配置资源的基础性作用，才能提高效率，充分竞争，经济才富有活力。与此同时，市场本身也存在着相应的自发性、滞后性、盲目性，而并非万能的。改善宏观经济环境，合理利用公共资源，建立公平、公正的竞争秩序，维护有效竞争，保持合理的经济结构，促进经济协调发展，单靠市场是难以解决的，还需要国家通过必要的法律手段进行适度调节。改革开放以来，中国根据市场经济发展的需要，不断总结经验，制定和完善经济方面的法律制度。

（五）社会法

社会法是在国家干预社会生活过程中逐渐发展起来的一个法律门类，是调整劳动关系、社会保障、社会福利和特殊群体权益保障等方面关系的法律规范的总和。制定社会法的目的在于，从社会整体利益出发，对劳动者、失业者、丧失劳动能力的人和其他需要扶助的人的权益实行必需的、切实的保障。它包括劳动用工、工资福利、职业安全卫生、社会保险、社会救济、特殊保障等方面的法律。

（六）刑法

刑法是规定犯罪、刑事责任与刑罚的法律。我国的刑法是国家的基本法律之一，既是中国特色社会主义法律体系中重要的法律部门，也是其中具有支架作用的法律。

（七）诉讼与非诉讼程序法

诉讼与非诉讼程序法是规范解决社会纠纷的诉讼活动与非诉讼活动的法律规范的总和。我国诉讼程序法包括刑事诉讼、民事诉讼、行政诉讼三个方面。非诉讼程序法包括仲裁法、人民调解法等。

四、中国特色社会主义法律体系的发展完善

衡量中国特色社会主义法律体系的形成，主要有四个标志：一是涵盖社会关系的各个方面的法律部门已经齐全；二是各个法律部门中基本的、主要的法律已经制定；三是与法律相配套的行政法规、地方性法规比较完备；四是通过法律法规的清理、修改、废止，使法律部门之间、法律法规之间实现了逻辑严谨、结构合理、和谐统一。用以上标准来衡量，中国特色社会主义法律体系已经形成。

中国特色社会主义法律体系的形成，标志着我国立法工作进入了一个新的起点。但是，由于社会实践永无止境，因此立法工作需要不断推进，法律体系需要不断完善。为此，全国人大常委会除了抓紧立法工作外，特别重点的抓了法律法规的清理工作。2009年在基本完成法律清理后，2010年督促和指导全国范围开展了对现行法规的集中清理工作。国务院和地方各级人大高度重视，按照各自的法规范围，在全面梳理的基础上，到2010年底，共修改行政法规107件，地方性法规1417件，废止行政法规7件，地方性法规455件。通过集中清理，法律体系内部达到了总体协调一致。

第四节 中国特色社会主义法律体系形成的重大意义

中国特色社会主义法律体系的形成，是我国社会主义民主法治建设史上的重要里程碑，是中国特色社会主义制度逐步走向成熟的重要标志，具有重大的现实意义和深远的历史意义。

一、中国特色社会主义法律体系是中国特色社会主义的法治根基

中国特色社会主义法律体系，是以宪法和法律的形式，确立了国家的根本制度和根本任务，确立了中国共产党的领导地位，确立了马克思列宁主义、毛泽东思想、邓小平理论和"三个代表"重要思想的指导地位，确立了工人阶级领导的、以工农联盟

为基础的人民民主专政的国体,确立了人民代表大会制度的政体,确立了国家一切权力属于人民、公民依法享有广泛的权利和自由,确立了中国共产党领导的多党合作和政治协商制度、民族区域自治制度以及基层群众自治制度,确立了公有制为主体、多种所有制经济共同发展的基本经济制度和按劳分配为主体、多种分配方式并存的分配制度。

中国特色社会主义法律体系的形成,夯实了立国兴邦、长治久安的法治根基,从制度上、法律上确保中国共产党始终成为中国特色社会主义事业的领导核心,确保国家一切权力牢牢掌握在人民手中,确保民族独立、国家主权和领土完整,确保国家统一、社会安定和各民族大团结,确保坚持独立自主的和平外交政策、走和平发展道路,确保国家永远沿着中国特色社会主义的正确方向奋勇前进。

二、中国特色社会主义法律体系是中国特色创新实践的法治体现

中国特色社会主义法律体系涵盖了法律调整社会关系的各个方面,一方面反映了中国特色社会主义创新实践在各个方面的发展要求,另一方面也把国家各项工作纳入了法治化轨道,从制度上、法律上解决了国家发展中带有根本性、全局性、稳定性和长期性的问题,为全面落实依法治国基本方略,加快建设社会主义法治国家提供了法治保障。

三、中国特色社会主义法律体系是中国特色社会主义蓬勃发展的法治保障

中国特色社会主义法律体系为社会主义市场经济体制的不断完善、社会主义民主政治的深入发展、社会主义先进文化的日益繁荣、社会主义和谐社会的积极构建,确定了明确的价值取向、发展方向和根本路径,为建设富强民主文明和谐的社会主义现代化国家、实现中华民族伟大复兴奠定了坚实的法治基础。

第七章　　宪法和宪法相关法宣讲

内容提要

　　宪法是规定国家根本制度和根本任务，规定国家机关的组织与活动的基本原则，确认和保障公民基本权利，集中表现各种政治力量对比关系的国家根本法。

　　深入宣传依宪治国、依宪执政等理念，宣传党的领导是宪法实施最根本保证，宣传宪法确立的国家根本制度、根本任务和我国的国体、政体，宣传公民的基本权利和义务等基本内容，推动宪法家喻户晓、深入人心。

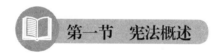

第一节　宪法概述

一、宪法的概念

（一）宪法是国家的根本大法

　　宪法是规定国家根本制度和根本任务，规定国家机关的组织与活动的基本原则，确认和保障公民基本权利，集中表现各种政治力量对比关系的国家根本法。

　　宪法的根本性表现在以下四个方面：

　　第一，在内容上，宪法规定国家的根本制度、政权组织形式、国家结构形式、公民基本权利和基本义务、宪法实施的保障等内容，反映一个国家政治、经济、文化和社会生活的基本方面。

　　第二，在效力上，宪法在整个法律体系中处于最高的地位，具有最高效力。它是其他法律的立法依据，其他的一般法律都不得抵触宪法。

　　第三，在规范性上，宪法是各政党、一切国家机关、武装力量、社会团体和全体公民的最根本的行为准则。

第四，在修改程序上，宪法的制定和修改程序比其他一般法律的程序更为严格。

（二）我国宪法的地位

中华人民共和国成立后，国家先后颁行了四部宪法。我国的现行宪法是在1982年通过的，至今已经进行了四次修改。

宪法以法律的形式确认了我国各族人民奋斗的成果，规定了国家的根本制度、根本任务和国家生活中最重要的原则，具有最大的权威性和最高的法律效力。全国各族人民、一切国家机关和武装力量、各政党和各社会团体、各企业事业组织，都必须以宪法为根本的活动准则，并负有维护宪法尊严、保证宪法实施的职责。

作为根本法的宪法，是中国特色社会主义法律体系的重要组成部分，也是法律体系的最核心和最重要的内容。

二、宪法的指导思想

第一阶段：四项基本原则

1982年现行宪法制定，确立宪法的指导思想是四项基本原则，即坚持社会主义道路，坚持人民民主专政，坚持中国共产党的领导，坚持马克思列宁主义、毛泽东思想。

第二阶段：建设有中国特色社会主义的理论和党的基本路线

1993年第二次修宪，以党的十四大精神为指导，突出了建设有中国特色社会主义的理论和党的基本路线。

第三阶段：增加邓小平理论

1999年第三次修宪，将邓小平理论写入宪法，确立邓小平理论在国家中的指导思想地位。

第四阶段：增加"三个代表"重要思想

2004年第四次修宪，将"三个代表"重要思想载入宪法，确立为其在国家中的指导思想地位。

三、宪法基本原则

（一）人民主权原则

宪法第二条规定："中华人民共和国的一切权力属于人民。""一切权力属于人民"是无产阶级在创建无产阶级政权过程中，批判性地继承资产阶级民主思想的基础上，对人民主权原则的创造性运用和发展。

（二）基本人权原则

我国宪法第二章"公民的基本权利和义务"专章规定和列举了公民的基本权利，

体现了对公民的宪法保护。2004年的宪法修正案把"国家尊重和保障人权"写入宪法，将中国的宪政发展向前推进了一大步。

（三）法治原则

宪法第五条第一款规定"中华人民共和国实行依法治国，建设社会主义法治国家"，在宪法上正式确立了法治原则。宪法还规定，一切国家机关和武装力量、各政党和各社会团体、各企业事业组织都必须遵守宪法和法律；一切违反宪法和法律的行为，必须予以追究；任何组织和个人都不得有超越宪法和法律的特权。

（四）民主集中制原则

宪法第三条第一款规定："中华人民共和国的国家机构实行民主集中制的原则。"这既是我国国家机构的组织和活动原则，也是我国宪法的基本原则。

四、宪法确定的国家根本任务

宪法确定的国家的根本任务是：沿着中国特色社会主义道路，集中力量进行社会主义现代化建设。中国各族人民将继续在中国共产党领导下，在马克思列宁主义、毛泽东思想、邓小平理论和"三个代表"重要思想指引下，坚持人民民主专政，坚持社会主义道路，坚持改革开放，不断完善社会主义的各项制度，发展社会主义市场经济，发展社会主义民主，健全社会主义法制，自力更生，艰苦奋斗，逐步实现工业、农业、国防和科学技术的现代化，推动物质文明、政治文明和精神文明协调发展，把我国建设成为富强、民主、文明的社会主义国家。

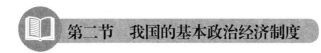

第二节　我国的基本政治经济制度

一、我国的基本政治制度

（一）人民民主专政

宪法所称的国家性质又称国体，是指国家的阶级本质，反映社会各阶级在国家中的地位，体现该国社会制度的根本属性。

我国宪法第一条第一款规定："中华人民共和国是工人阶级领导的、以工农联盟为基础的人民民主专政的社会主义国家。"即人民民主专政是我国的国体。这一国体需要从以下方面理解：

1.工人阶级的领导是人民民主专政的根本标志

工人阶级的领导地位是由工人阶级的特点、优点和担负的伟大历史使命所决定的。工人阶级对国家的领导是通过自己的先锋队——中国共产党来实现的。

2.人民民主专政包括对人民实行民主和对敌人实行专政两个方面

在人民内部实行民主是实现对敌人专政的前提和基础，而对敌人实行专政又是人民民主的有力保障。两者是辩证统一的关系。人民民主专政实质上就是无产阶级专政。

3.共产党领导下的多党合作与爱国统一战线是中国人民民主专政的主要特色

爱国统一战线是指由中国共产党领导的，由各民主党派参加的，包括社会主义劳动者、社会主义事业的建设者、拥护社会主义的爱国者和拥护祖国统一的爱国者组成的广泛的政治联盟。目前我国爱国统一战线的任务是为社会主义现代化建设服务，为实现祖国统一大业服务，为维护世界和平服务。

（二）人民代表大会制度

人民代表大会制度是中国人民民主专政的政权组织形式（政体），是中国的根本政治制度。

1.人民代表大会制度的主要内容

（1）国家的一切权力属于人民。人民行使国家权力的机关是全国人大和地方各级人大。各级人大都由民主选举产生，对人民负责，受人民监督。

（2）人大及其常委会集体行使国家权力，集体决定问题，严格按照民主集中制的原则办事。

（3）国家行政机关、审判机关、检察机关都由人大产生，对它负责，向它报告工作，受它监督。

（4）全国人大是最高国家权力机关；地方各级人大是地方国家权力机关。全国人大和地方各级人大各自按照法律规定的职权，分别审议决定全国的和地方的大政方针。全国人大对地方人大不是领导关系，而是法律监督关系、选举指导关系和工作联系关系。

2.人民代表大会制度的优越性

人民代表大会制度是适合我国国情的根本政治制度，它直接体现我国人民民主专政的国家性质，是建立我国其他国家管理制度的基础。

（1）它有利于保证国家权力体现人民的意志。

（2）它有利于保证中央和地方的国家权力的统一。

（3）它有利于保证我国各民族的平等和团结。

总之，我国人民代表大会制度，能够确保国家权力掌握在人民手中，符合人民当家作主的宗旨，适合我国的国情。

（三）中国共产党领导的多党合作和政治协商制度

中国共产党领导的多党合作和政治协商制度是中华人民共和国的一项基本的政治制度，是具有中国特色的政党制度。这种政党制度是由中国人民民主专政的国家性质所决定的。

1.多党合作制度的基本内容

（1）中国共产党是执政党，各民主党派是参政党，中国共产党和各民主党派是亲密战友。中国共产党是执政党，其执政的实质是代表工人阶级及广大人民掌握人民民主专政的国家政权。各民主党派是参政党，具有法律规定的参政权。其参政的基本点是：参加国家政权，参与国家大政方针和国家领导人人选的协商，参与国家事务的管理，参与国家方针、政策、法律、法规的制定和执行。

（2）中国共产党和各民主党派合作的首要前提和根本保证是坚持中国共产党的领导和坚持四项基本原则。

（3）中国共产党与各民主党派合作的基本方针是"长期共存，互相监督，肝胆相照，荣辱与共"。

（4）中国共产党和各民主党派以宪法和法律为根本活动准则。

2.多党合作的重要机构

中国人民政治协商会议，简称"人民政协"或"政协"，是中国共产党领导的多党合作和政治协商的重要机构，也是中国人民爱国统一战线组织。

中国人民政治协商会议是在中国共产党领导下，由中国共产党、各个民主党派、无党派民主人士、人民团体、各少数民族和各界的代表，台湾同胞、港澳同胞和归国侨胞的代表，以及特别邀请的人士组成，具有广泛的社会基础。

人民政协的性质决定了它与国家机关的职能是不同的。人民政协围绕团结和民主两大主题履行政治协商、民主监督和参政议政的职能。

（四）民族区域自治制度

民族区域自治制度，是指在国家统一领导下，各少数民族聚居的地方实行区域自治，设立自治机关，行使自治权的制度。

1.自治机关

民族自治地方按行政地位，分为自治区、自治州、自治县。自治区相当于省级行政单位，自治州是介于自治区与自治县之间的民族自治地方，自治县相当于县级行政单位。

民族自治地方的自治机关是自治区、自治州、自治县的人大和人民政府。民族自治地方的自治机关都实行人民代表大会制度。

2. 自治权

民族自治地方的自治权有以下几个方面：

（1）民族立法权。民族自治地方的人大有权依照当地的政治、经济和文化的特点，制定自治条例和单行条例。

（2）变通执行权。上级国家机关的决议、决定、命令和指标，如果不适合民族自治地方实际情况，自治机关可以报经上级国家机关批准，变通执行或者停止执行。

（3）财政经济自主权。凡是依照国家规定属于民族自治地方的财政收入，都应当由民族自治地方的自治机关自主安排使用。

（4）文化、语言文字自主权。民族自治地方的自治机关在执行公务的时候，依照本民族自治地方自治条例的规定，使用当地通用的一种或者几种语言文字。

（5）组织公安部队权。民族自治地方的自治机关依照国家的军事制度和当地的实际需要，经国务院批准，可以组织本地方维护社会治安的公安部队。

（6）少数民族干部具有任用优先权。

（五）基层群众自治制度

基层群众自治制度是指人民依法组成基层自治组织，行使民主权利，管理基层公共事务和公益事业，实行自我管理、自我服务、自我教育、自我监督的一项制度。

中国的基层群众自治制度，是在新中国成立后的民主实践中逐步形成的。党的十七大将"基层群众自治制度"首次写入党代会报告，正式与人民代表大会制度、中国共产党领导的多党合作和政治协商制度、民族区域自治制度一起，纳入了中国特色政治制度范畴。

我国的基层群众自治组织主要是居民委员会和村民委员会。

二、我国的基本经济制度

（一）所有制度

1. 我国的所有制结构概述

我国的所有制结构是公有制为主体、多种所有制经济共同发展。这是我国社会主义初级阶段的一项基本经济制度，它的确立是由我国的社会主义性质和初级阶段的国情决定的。

（1）我国是社会主义国家，必须坚持把公有制作为社会主义经济制度的基础。

（2）我国处在社会主义初级阶段，需要在公有制为主体的条件下发展多种所有制经济。

（3）一切符合"三个有利于"的所有制形式都可以而且应该用来为社会主义服务。

（4）我国社会主义建设正反两方面的经验都表明必须坚持以公有制为主体、多种所有制经济共同发展。

2. 公有制

（1）公有制的内容。公有制是生产资料归劳动者共同所有的所有制经济结构形式，包括全民所有制和集体所有制。

全民所有制经济即国有经济，是国民经济的主导力量。国家保障国有经济的巩固和发展。集体所有制经济是国民经济的基础力量。国家保护城乡集体经济组织的合法的权利和利益，鼓励、指导和帮助集体经济的发展。

（2）公有制的地位。公有制是我国所有制结构的主体，它的主体地位体现在：第一，就全国而言，公有资产在社会总资产中占优势；第二，国有经济控制国民经济的命脉，对经济发展起主导作用。国有经济的主导作用主要体现在控制力上，即体现在控制国民经济发展方向，控制经济运行的整体态势，控制重要稀缺资源的能力上。在关系国民经济的重要行业和关键领域，国有经济必须占支配地位。

（3）公有制的作用。生产资料公有制是社会主义的根本经济特征，是社会主义经济制度的基础，是国家引导、推动经济和社会发展的基本力量，是实现最广大人民群众根本利益和共同富裕的重要保证。坚持公有制为主体，国有经济控制国民经济命脉，对发挥社会主义制度的优越性，增强我国的经济实力，国防实力和民族凝聚力，提高我国国际地位，具有关键性作用。

3. 非公有制

非公有制经济是我国现阶段除了公有制经济形式以外的所有制经济结构形式，主要包括个体经济、私营经济、外资经济等。

个体经济，是由劳动者个人或家庭占有生产资料，从事个体劳动和经营的所有制形式。它是以劳动者自己劳动为基础，劳动成果直接归劳动者所有和支配。

私营经济，是以生产资料私有和雇佣劳动为基础，以取得利润为目的的所有制形式。

外资经济，是我国发展对外经济关系，吸引外资建立起来的所有制形式。它包括中外合资经营企业、中外合作经营企业中的境外资本部分，以及外商独资企业。

非公有制经济是我国社会主义市场经济的重要组成部分，国家保护个体经济、私营经济等非公有制经济的合法的权利和利益，鼓励、支持和引导非公有制经济的发展，并对非公有制经济依法实行监督和管理。

（二）分配制度

我国现行的分配制度是以按劳分配为主体、多种分配方式并存的分配制度。这种分配制度是由我国社会主义初级阶段的生产资料所有制结构、生产力的发展水平，以及人们劳动差别的存在决定的，同时也是发展社会主义市场经济的客观要求。

按劳分配的主体地位表现在：

其一，全社会范围的收入分配中，按劳分配占最大比重，起主要作用。

其二，公有制经济范围内劳动者总收入中，按劳分配收入是最主要的收入来源。

除了按劳分配以外，其他分配方式主要还包括按经营成果分配；按劳动、资本、技术、土地等其他生产要素分配。

第三节　公民的基本权利和义务

一、公民的基本权利

公民的基本权利是由一国的宪法规定的公民享有的，主要的、必不可少的权利，故有些国家又把公民的基本权利称为宪法权。

（一）平等权

宪法第三十三条第二款规定："中华人民共和国公民在法律面前一律平等。"这既是我国社会主义法治的一项重要原则，也是我国公民的一项基本权利。其含义有以下几点：第一，我国公民不分民族、种族、性别、职业、家庭出身、宗教信仰、教育程度、财产状况、居住期限、一律平等地享有宪法和法律规定的权利并平等地承担相应的义务；第二，国家机关对公民平等权利的保护，对公民履行义务平等的约束，平等的要求；第三，所有公民在适用法律上一律平等。不允许任何组织和个人有超越宪法和法律之上的特权；第四，法律面前一律平等还包括民族平等和男女平等。

（二）政治权利和自由

1.选举权与被选举权

宪法第三十四条规定："中华人民共和国年满十八周岁的公民，不分民族、种族、性别、职业、家庭出身、宗教信仰、教育程度、财产状况、居住期限，都有选举权和被选举权；但是依照法律被剥夺政治权利的人除外。"选举权与被选举权包含以下内容：（1）公民有权按照自己的意愿选举人民代表；（2）公民有被选举为人民代表的权利；（3）公民有依照法定程序罢免那些不称职的人民代表的权利。

选举权和被选举权是公民参加国家管理的一项最基本的政治权利，也是最能体现人民群众当家作主的一项权利。

2.言论、出版、集会、结社、游行、示威的自由

宪法第三十五条规定："中华人民共和国公民有言论、出版、集会、结社、游行、示威的自由。"

（1）言论自由就是宪法规定公民通过口头或书面形式表达自己的意见的自由。

（2）出版自由是公民以出版物形式表达其思想和见解的自由。

（3）集会自由是指公民享有宪法赋予的聚集在一定场所商讨问题或表达意愿的自由。

（4）结社自由是公民为一定宗旨，依照法定程序组织或参加具有连续性的社会团体的自由。

（5）游行自由是指公民采取列队行进的方式来表达意愿的自由。

（6）示威自由是指通过集会或游行、静坐等方式表达强烈意愿的自由。

我国宪法一方面保障公民享有集会、游行、示威的自由，另一方面公民也应当遵守有关的法律规定。

（三）宗教信仰自由

宪法第三十六条第一款规定："中华人民共和国公民有宗教信仰自由。"尊重和保护宗教信仰自由，是我们党和国家长期的基本政策。

（四）人身自由

宪法第三十七条规定："中华人民共和国公民的人身自由不受侵犯。任何公民，非经人民检察院批准或者决定或者人民法院决定，并由公安机关执行，不受逮捕。禁止非法拘禁和以其他方法非法剥夺或者限制公民的人身自由，禁止非法搜查公民的身体。

人身自由有广义、狭义之分。狭义的人身自由是指公民的身体自由不受侵犯。广义的人身自由还包括：公民的人格尊严不受侵犯、公民的住宅不受侵犯、公民的通信自由和通信秘密受法律保护。

人身自由不受侵犯，是公民最起码、最基本的权利，是公民参加各种社会活动和享受其他权利的先决条件。

（五）监督权

监督权是指宪法赋予公民监督国家机关及其工作人员的活动的权利，包括：

1. 批评权

公民有对国家机关和国家工作人员工作中的缺点和错误提出批评意见的权利。

2. 建议权

公民有对国家机关和国家工作人员的工作提出合理化建议的权利。

3. 控告权

公民对任何国家机关和国家工作人员的违法失职行为有向有关机关进行揭发和指控的权利。

4. 检举权

公民对于违法失职的国家机关和国家工作人员，有向有关机关揭发事实，请求依法处理的权利。

5. 申诉权

公民的合法权益因行政机关或司法机关作出的错误的、违法的决定或裁判，或者因国家工作人员的违法失职行为而受到侵害时，有向有关机关申诉理由，要求重新处理的权利。

（六）社会经济权利

1. 劳动权

劳动权是指有劳动能力的公民有获得工作并取得相应报酬的权利。

2. 休息权

休息权是为保护劳动者的身体健康和提高劳动效率而休息的权利。

3. 退休人员生活保障权

退休人员生活保障权是指退休人员的生活受到国家和社会的保障。

4. 获得物质帮助权

获得物质帮助权是指公民在年老、疾病或者丧失劳动能力的情况下，有从国家和社会获得物质帮助的权利。

（七）文化教育权利

1. 公民有受教育的权利

公民享有从国家接受文化教育的机会和获得受教育的物质帮助的权利。

2.公民有进行科研、文艺创作和其他文化活动的自由

我国宪法规定，公民有进行科学研究、文学艺术创作和其他文化活动的自由。国家对于从事教育、科学、技术、文学、艺术和其他文化事业的公民的有益于人民的创造性工作，给予鼓励和帮助。

（八）对社会特定人的权利的保护

1.国家保护妇女的权利和利益

宪法第四十八条规定："中华人民共和国妇女在政治的、经济的、文化的、社会的和家庭的生活等各方面享有同男子平等的权利。国家保护妇女的权利和利益，实行男女同工同酬，培养和选拔妇女干部。"

2.婚姻、家庭、老人和儿童受国家的保护

宪法第四十九条规定，"婚姻、家庭、母亲和儿童受国家的保护"，"禁止破坏婚姻自由，禁止虐待老人、妇女和儿童"。

3.国家保护华侨、归侨和侨眷的权利和利益

宪法第五十条规定："中华人民共和国保护华侨的正当的权利和利益，保护归侨和侨眷的合法的权利和利益。"

二、公民的基本义务

（一）维护国家统一和各民族团结的义务

宪法第五十二条规定："中华人民共和国公民有维护国家统一和各民族团结的义务。"

（二）遵纪守法和尊重社会公德的义务

宪法第五十三条规定："中华人民共和国公民必须遵守宪法和法律，保守国家秘密，爱护公共财产，遵守劳动纪律，遵守公共秩序，尊重社会公德。"

（三）维护祖国的安全、荣誉和利益的义务

宪法第五十四条规定："中华人民共和国公民有维护祖国的安全、荣誉和利益的义务，不得有危害祖国的安全、荣誉和利益的行为。"

（四）保卫祖国，依法服兵役和参加民兵组织

宪法第五十五条规定："保卫祖国，抵抗侵略是中华人民共和国每一个公民的神圣职责。依照法律服兵役和参加民兵组织是中华人民共和国公民的光荣义务。"

（五）依法纳税的义务

宪法第五十六条规定："中华人民共和国公民有依照法律纳税的义务。"

（六）其他义务

宪法规定的公民基本义务还包括：劳动的义务；受教育的义务；夫妻双方有实行计划生育的义务；父母有抚养教育未成年子女的义务以及成年子女有赡养扶助父母的义务等。

第四节　国家机构的设置及功能

一、国家机构的概述

国家机构是国家为了实现其职能而建立起来的国家机关的总和。

我国国家机构由权力机关、行政机关、军事机关、审判机关、检察机关组成。

我国国家机构的组织和活动有五大原则：一是民主集中制原则；二是联系群众，为人民服务原则；三是社会主义法治原则；四是责任制原则；五是精简和效率原则。

二、权力机关

（一）全国人大

全国人大是全国最高的权力机关、立法机关，不只是在权力机关中的地位最高，而且在所有的国家机关中地位最高。

全国人大由省、自治区、直辖市、特别行政区和军队选出的代表组成。各少数民族都应当有适当名额的代表。全国人大每届任期五年。

全国人大的主要职权：

1. 立法权

修改宪法，制定和修改刑事、民事、国家机构的和其他的基本法律。

2. 任免权

选举、决定和任免最高国家机关领导人和有关组成人员。

3. 决定权

决定国家重大事务。

4. 监督权

监督宪法和法律的实施，监督最高国家机关的工作。

（二）全国人大常委会

全国人大常委会是全国人大的常设机关，是最高国家权力机关的组成部分，在全国人大闭会期间，行使最高国家权力。

全国人大常委会对全国人大负责并报告工作。全国人大选举并有权罢免全国人大常委会的组成人员。

全国人大常委会每届任期同全国人大每届任期相同，它行使职权到下届全国人大

选出新的常委会为止。

（三）国家主席

国家主席是我国国家机构体系中的一个国家机关，和全国人大常委会结合起来行使国家职权的，对外代表中华人民共和国。

国家主席、副主席，由全国人大选举产生，任期是五年，连续任期不得超过两届。

国家主席根据全国人大及其常委会的决定，公布法律，任免国务院总理、副总理、国务委员、各部部长、各委员会主任、审计长、秘书长；授予国家的勋章和荣誉称号；发布特赦令，宣布进入紧急状态，宣布战争状态，发布动员令。

国家主席代表中华人民共和国，进行国事活动，接受外国使节；根据全国人大常委会的决定，派遣和召回驻外全权代表，批准和废除同外国缔结的条约和重要协定。

（四）地方各级人大及其常委会

地方各级人大是地方权力机关。省、直辖市、自治区、县、市、市辖区、乡、民族乡、镇设立人大。县级以上的地方各级人大设立常委会，作为本级人大的常设机关。地方各级人大每届任期五年。

三、行政机关

（一）国务院

国务院即中央人民政府，是国家最高行政机关，是最高国家权力机关的执行机关，统一领导全国各级行政机关的工作。

国务院由总理、副总理、国务委员、各部部长、各委员会主任、秘书长、审计长组成，国务院组成人员的任期为五年。总理、副总理、国务委员的连续任期不得超过两届。

国务院向全国人大及其常委会负责并报告工作，总理领导国务院的工作，副总理、国务委员协助总理工作。

国务院行使以下职权：第一，国务院有权根据宪法和法律规定行政措施，制定行政法规，发布行政决定和命令；第二，对国防、民政、科教、经济等各项工作的领导和管理权；第三，对所属部、委和地方各级行政机关的领导权及行政监督权；第四，提出议案权；第五，行政人员的奖惩权；第六，全国人大及其常委会授予的其他职权。

（二）地方各级人民政府

地方各级人民政府是地方国家行政机关，也是地方各级人大的执行机关。地方各级人民政府对本级人大和上一级国家行政机关负责并报告工作。县级以上的地方各级人民政府在本级人大闭会期间，对本级人大常委会负责并报告工作。地方各级人民政府都受国务院统一领导，负责组织和管理本行政区域的各项行政事务。

四、军事机关

中央军委是中国共产党领导下的最高军事领导机关，统帅全国武装力量（解放军、武装警察部队、民兵、预备役）。

中央军委由主席、副主席、委员组成，实行主席负责制。主席由全国人大选举产生，副主席和军委委员根据主席的提名由大会决定，大会闭会期间，由人大常委会决定。中央军委的每届任期五年，主席和副主席可以终身任职。

中央军委实行主席负责制，军委主席直接对全国人大和全国人大常委会负责。

五、审判机关

人民法院是国家的审判机关，依法独立行使审判权，不受行政机关、团体和个人的非法干预。人民法院组织体系由最高人民法院、地方人民法院（高级法院、中级法院、基层法院）、专门人民法院（军事法院、海事法院、铁路运输法院）构成。

最高人民法院是国家最高的审判机关，地方人民法院是地方的审判机关，专门人民法院是专门审判机关。最高人民法院监督地方各级人民法院和专门人民法院的审判工作，上级人民法院监督下级人民法院的审判工作。

最高人民法院对全国人大和全国人大常委会负责。地方各级人民法院对产生它的国家权力机关负责。

最高人民法院由院长、副院长、庭长、副庭长、审判员等若干人组成。最高人民法院的院长由全国人大选举产生，任期五年，连任不得超过两届。

六、检察机关

人民检察院是国家的法律监督机关，依法独立行使检察权，不受行政机关、社会团体和个人的干涉。

人民检察院组织体系由最高人民检察院、地方人民检察院和军事检察院等专门人民检察院构成。

最高人民检察院是最高检察机关，领导地方各级人民检察院和专门人民检察院的工作，上级人民检察院领导下级人民检察院的工作。

最高人民检察院对全国人大和全国人大常委会负责。地方各级人民检察院对产生它的国家权力机关和上级人民检察院负责。

最高人民检察院由全国人大选举产生的检察长、副检察长、检察员组成，最高检察长任期五年，连任不得超过两届。

第五节　国家宪法日和宪法宣誓制度

一、国家宪法日

（一）国家宪法日的设立

党的十八届四中全会通过的《中共中央关于全面推进依法治国若干重大问题的决定》提出，将每年12月4日定为国家宪法日。

2014年11月1日，十二届全国人大常委会十一次会议通过的《全国人民代表大会常务委员会关于设立国家宪法日的决定》，正式将12月4日设立为国家宪法日。决定在宪法日，国家通过多种形式开展宪法宣传教育活动。

（二）国家宪法日的设立目的及意义

宪法是国家的根本法，是治国安邦的总章程，具有最高的法律地位、法律权威和法律效力。全面贯彻实施宪法，是全面推进依法治国、建设社会主义法治国家的首要任务和基础性工作。全国各族人民、一切国家机关和武装力量、各政党和各社会团体、各企业事业组织，都必须以宪法为根本的活动准则，并且负有维护宪法尊严、保证宪法实施的职责。任何组织或者个人都不得有超越宪法和法律的特权，一切违反宪法和法律的行为都必须予以追究。国家宪法日设立的目的，是为了增强全社会的宪法意识，弘扬宪法精神，加强宪法实施，全面推进依法治国。设立国家宪法日，有助于树立宪法权威，维护宪法尊严；有助于普及宪法知识，增强全社会宪法意识，弘扬宪法精神；有助于扩大宪法实施的群众基础，加强宪法实施的良好氛围，发扬中华民族的宪法文化。

二、宪法宣誓制度

（一）宪法宣誓制度的确立及意义

2015年7月1日，十二届全国人大常委会十五次会议通过了《全国人民代表大会常务委员会关于实行宪法宣誓制度的决定》，以国家立法形式确立了我国的宪法宣誓制度，该决定自2016年1月1日起施行。决定指出，宪法是国家的根本法，是治国安邦的总章程，具有最高的法律地位、法律权威和法律效力。国家工作人员必须树立宪法意识，恪守宪法原则，弘扬宪法精神，履行宪法使命。

宪法宣誓制度的确立及实行，具有非常重要的意义。实行宪法宣誓制度有利于树立宪法权威；有利于增强国家工作人员的宪法观念，激励和教育国家工作人员忠于宪法、遵守宪法，维护宪法。宪法宣誓仪式是庄严神圣的，宣誓人员通过感受宪法的神圣，铭记自己的权力来源于人民、来源于宪法。在履行职务时就可以严格按照宪法的授权行使职权，发现违反宪法的行为，就能够坚决地捍卫宪法、维护宪法。实行宪法宣誓制度也有利于在全社会增强宪法意识。通过宪法宣誓活动，可以强化全体公民对宪法最高法律效力、最高法律权威、最高法律地位的认识，可以提高全体社会成员自觉遵守宪法，按照宪法规定行使权利履行义务。

（二）宪法宣誓制度的适用主体

根据决定的规定，宪法宣誓制度的适用主体主要有：

各级人大及县级以上各级人大常委会选举或者决定任命的国家工作人员，以及各级人民政府、人民法院、人民检察院任命的国家工作人员，在就职时应当公开进行宪法宣誓。

全国人大选举或者决定任命的国家主席、副主席，全国人大常委会委员长、副委员长、秘书长、委员，国务院总理、副总理、国务委员、各部部长、各委员会主任、中国人民银行行长、审计长、秘书长，中央军委主席、副主席、委员，最高人民法院院长，最高人民检察院检察长，以及全国人大专门委员会主任委员、副主任委员、委员等，在依照法定程序产生后，进行宪法宣誓。

在全国人大闭会期间，全国人大常委会任命或者决定任命的全国人大专门委员会个别副主任委员、委员，国务院部长、委员会主任、中国人民银行行长、审计长、秘书长，中央军委副主席、委员，在依照法定程序产生后，进行宪法宣誓。

全国人大常委会任命的全国人大常委会副秘书长，全国人大常委会工作委员会主任、副主任、委员，全国人大常委会代表资格审查委员会主任委员、副主任委员、委员等，在依照法定程序产生后，进行宪法宣誓。宣誓仪式由全国人大常委会委员长会议组织。

全国人大常委会任命或者决定任命的最高人民法院副院长、审判委员会委员、庭长、副庭长、审判员和军事法院院长，最高人民检察院副检察长、检察委员会委员、检察员和军事检察院检察长，国家驻外全权代表，在依照法定程序产生后，进行宪法宣誓。宣誓仪式由最高人民法院、最高人民检察院、外交部分别组织。

国务院及其各部门、最高人民法院、最高人民检察院任命的国家工作人员，在就职时进行宪法宣誓。宣誓仪式由任命机关组织。

地方各级人大及县级以上地方各级人大常委会选举或者决定任命的国家工作人员，以及地方各级人民政府、人民法院、人民检察院任命的国家工作人员，在依照法定程序产生后，进行宪法宣誓。

（三）宪法宣誓誓词内容

根据决定的规定，宪法宣誓誓词为："我宣誓：忠于中华人民共和国宪法，维护宪法权威，履行法定职责，忠于祖国、忠于人民，恪尽职守、廉洁奉公，接受人民监督，为建设富强、民主、文明、和谐的社会主义国家努力奋斗！"

（四）宪法宣誓形式

根据决定的规定，宪法宣誓应举行宪法宣誓仪式，根据情况，可以采取单独宣誓或者集体宣誓的形式。单独宣誓时，宣誓人应当左手抚按《中华人民共和国宪法》，右手举拳，诵读誓词。集体宣誓时，由一人领誓，领誓人左手抚按《中华人民共和国宪法》，右手举拳，领诵誓词；其他宣誓人整齐排列，右手举拳，跟诵誓词。

宣誓场所应当庄重、严肃，悬挂中华人民共和国国旗或者国徽。

负责组织宣誓仪式的机关，可以根据决定并结合实际情况，对宣誓的具体事项作出规定。

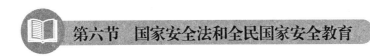

第六节　国家安全法和全民国家安全教育

国家安全是国家发展的最重要基石、人民福祉的最根本保障。

党的十八大以来，习近平总书记站在国家发展和民族复兴的战略高度，准确把握国家安全的新特点新趋势，提出总体国家安全观重大战略思想，谋划走出一条中国特色的国家安全道路，为新形势下维护国家安全确立了重要遵循。以设立全民国家安全教育日为契机，以总体国家安全观为指导，全面实施国家安全法，深入开展国家安全宣传教育，切实增强全民国家安全意识，是加强国家安全的必然要求，具有重要现实意义。

一、总体国家安全观的提出

1992年十四大、1997年十五大、2002年十六大，都曾不同程度地提到了国家安全，但只有2004年9月十六届四中全会通过的《中共中央关于加强党的执政能力建设的决定》，才第一次比较系统地论述了国家安全问题，并首次提出要"抓紧构建维护国家安全的科学、协调、高效的工作机制"。

2007年10月，十七大报告把相关提法概括成"健全国家安全体制"八个字。2012年十八大时，相关内容与"国家安全战略"合为一体，被表述为"完善国家安全战略和工作机制"。

在十八届三中全会上，针对设立国家安全委员会的必要性和迫切性，习近平总书记对我国国家安全形势的概括是：当前，我国面临对外维护国家主权、安全、发展利益，对内维护政治安全和社会稳定的双重压力。各种可以预见和难以预见的风险因素明显增多。鉴于当下形势，十八届三中全会公报正式提出了"完善国家安全体制"。至此，"完善国家安全体制"成了一个最准确的表述。

2013年11月12日，党的十八届三中全会公报指出，中央将设立国家安全委员会，完善国家安全体制和国家安全战略，确保国家安全。设立国家安全委员会，提出"总体国家安全观"是对2004年9月十六届四中全会首次提出并在后来多次强调的"构建"或"健全""国家安全工作机制"及"完善国家安全体制"的落实和发展。

2014年1月24日，中共中央政治局召开会议，研究决定国家安全委员会设置。国家安全委员会作为中共中央关于国家安全工作的决策和议事协调机构，统筹协调涉及国家安全的重大事项和重要工作。至此，我国就拥有了应对国内外综合安全和制定国家安全战略的顶层运作机制。

2014年4月，中央国家安全委员会第一次全体会议召开，习近平将保证国家安全明确列为头等大事，"总体国家安全观"首次被系统地提出。

2014年4月15日，中央国家安全委员会首次会议的召开，标志着富有中国特色的国家安全机制开始正式运转。习近平在国家安全委员会第一次会议上指出，当前我国国家安全内涵和外延比历史上任何时候都要丰富，时空领域比历史上任何时候都要宽广，内外因素比历史上任何时候都要复杂，必须坚持总体国家安全观。

2015年5月，全国国家安全机关总结表彰大会召开，习近平对"国安干部"提出"坚定纯洁、让党放心、甘于奉献、能拼善赢"16个字的标准要求。

2015年7月，十二届全国人大常委会十五次会议通过国家安全法，将每年4月15日确定为全民国家安全教育日。2015年7月通过的国家安全法就是把党中央维护国家安全的这一新方针政策法律化、制度化，赋予其法律约束力。

二、新国家安全法应运而生

党的十八大以来，以习近平同志为核心的党中央团结带领全党全国各族人民，协调推进"四个全面"战略布局，各方面工作都取得新的重大进展，开创了中国特色社会主义建设事业新局面。在新的历史条件下，习近平总书记以强烈的忧患意识和敏锐的洞察力，深刻分析我国国家安全所面临的国际国内形势，提出了总体国家安全观这一重大战略思想。按照党中央的统一部署，全国人大常委会积极稳步推进国家安全立法工作。经过三次审议，十二届全国人大常委会十五次会议通过了新制定的国家安全法。2015年7月1日，国家主席习近平签署第二十九号主席令予以公布，自公布之日起施行。国家安全法的制定和实施，对于完善和发展中国特色社会主义制度，推进国家安全治理体系和治理能力现代化，如期实现全面建成小康社会，实现中华民族伟大复兴的中国梦，具有十分重大而深远的现实意义和历史意义。国家安全法适应了国家安全形势发展变化的迫切需要，具有鲜明的时代特征。国家安全法明确了总体国家安全观的指导地位，为走出一条中国特色国家安全道路奠定了法律基础。国家安全法确立了国家安全工作领导体制机制，为实现维护国家安全各领域任务提供了制度保障。国家安全法为构建中国特色国家安全法律制度体系，推进国家安全各项工作法治化提供了基础支撑。

三、新国家安全法贯彻总体国家安全观

国家安全法作为中国特色国家安全法律制度体系中的一部综合性、全局性、基础性的法律，内容非常丰富，内涵也十分深刻。

（一）坚持中国共产党对国家安全工作的领导

坚持中国共产党的领导，是我国宪法确立的基本原则。坚持走中国特色国家安全道路，最根本的就是旗帜鲜明地坚持党对国家安全工作的领导，这是确保国家安全工作正确政治方向的根本政治原则，任何时候任何情况下都不能动摇。国家安全法第四条规定："坚持中国共产党对国家安全工作的领导，建立集中统一、高效权威的国家安全领导体制。"第五条规定："中央国家安全领导机构负责国家安全工作的决策和议事协调，研究制定、指导实施国家安全战略和有关重大方针政策，统筹协调国家安全重大事项和重要工作，推动国家安全法治建设。"

（二）坚持以总体国家安全观指导国家安全工作

国家安全法第三条规定："国家安全工作应当坚持总体国家安全观，以人民安全为宗旨，以政治安全为根本，以经济安全为基础，以军事、文化、社会安全为保障，

以促进国际安全为依托，维护各领域国家安全，构建国家安全体系，走中国特色国家安全道路。"遵循这一指导原则，国家安全法规定了政治安全、人民安全、国土安全、军事安全、经济安全、文化安全、社会安全、科技安全、信息安全、生态安全、资源安全、核安全，以及新型领域安全等方面的安全任务；规定了国家安全工作应当遵循维护国家安全与经济社会发展相协调和统筹各领域安全的原则。从而，构建起集各领域安全于一体的国家安全体系。

（三）坚持国家安全一切为了人民、一切依靠人民

总体国家安全观强调以人民安全为宗旨。国家安全法第一条开宗明义将"保护人民的根本利益"作为立法目的；将"尊重和保障人权，依法保护公民的权利和自由"作为国家安全工作应当坚持的重要原则；规定了维护人民安全，就是维护和发展最广大人民的根本利益，保卫人民安全，就要创造良好的生存发展条件和安定工作生活环境；并在多处规定要保护人民生命健康、财产安全和公民的其他合法权益。这些规定，充分体现了维护人民安全是国家安全的终极目的。同时也明确了，人民是维护国家安全的中坚力量，做好国家安全工作，必须紧紧依靠人民，取得人民的拥护和支持。国家安全法规定了中国公民有维护国家安全的责任，并专章规定了公民、组织维护国家安全的义务和权利，这是维护国家安全的群众基础和社会基础。

（四）坚持维护国家核心利益和国家其他重大利益安全

习近平总书记强调，"任何时候任何情况下，都决不放弃维护国家正当权益、决不牺牲国家核心利益。""任何外国不要指望我们会拿自己的核心利益做交易，不要指望我们会吞下损害我国主权、安全、发展利益的苦果。"国家安全法第二条科学界定了国家安全的定义。明确规定："国家安全是指国家政权、主权、统一和领土完整、人民福祉、经济社会可持续发展和国家其他重大利益相对处于没有危险和不受内外威胁的状态，以及保障持续安全状态的能力。"这里，既明确了国家安全法的调整范围，又鲜明地亮出了维护国家核心利益和其他重大利益的底线。

我们要着眼于实现国家长治久安和中华民族伟大复兴的中国梦，立足为"十三五"发展提供安全保障，以新发展理念为引领，紧紧围绕党的十八届五中全会确定的目标任务，通盘谋划国家安全各项工作，整体推进国家安全法的全面贯彻实施。依据法定职责权限，落实维护国家安全的责任。要在党中央统一领导下，把贯彻实施国家安全法作为重要政治任务，各司其职，密切配合，勇于担当，认真落实维护国家安全的法定职责。深入开展国家安全宣传教育，不断增强全民国家安全意识。切实增强广大党员干部维护国家安全的法律意识和责任感。抓紧将国家安全教育纳入国民教育体系，

推动国家安全教育进学校、进教材、进课堂。在全社会开展形式多样、群众喜闻乐见的国家安全法宣传教育活动，使国家安全观念深入人心。加强国家安全相关立法，加快形成国家安全法律制度体系，为维护我国国家安全提供坚实的法治保障。

四、增强法治观念 维护国家安全

国家安全法明确了维护国家安全的基本原则、任务和基本制度，不仅确认建立集中统一、权威高效的国家安全领导体制，而且以法律形式确立了国家安全工作的相关制度，规定了国家机关、公民和组织维护国家安全的职责、权利和义务，是一部综合性、全局性、基础性法律，为构建国家安全法律体系奠定了坚实基础和基本遵循。国家安全法确立了党的领导，社会主义法治原则，协调统筹原则，标本兼治、预防为主、专群结合原则，互信、互利、平等、协作原则等基本原则。

国家安全法专章对维护国家安全的任务作了规定，涉及中国特色社会主义建设"五位一体"总体布局的方方面面，涵盖政治、国土、军事、经济、文化、社会、科技、网络、生态、资源、核及海外利益等多个领域；同时提出，根据经济社会发展和国家发展利益的需要，不断完善维护国家安全的任务。

贯彻实施国家安全法，应当增强法治观念，依法维护国家安全。首先，在立法领域，应当抓紧制定配套法律法规，形成覆盖全面、运行良好的国家安全法律体系。当前，网络安全、能源安全、金融安全等问题是国家安全面临的紧迫问题，也是国家安全立法要优先解决的问题。要加快制定网络安全、生物生态安全、核安全和战略资源储备、紧急状态等方面的法律。加强陆地国土安全、海洋安全、科技安全、公共决策的风险评估等方面的立法工作，修改完善各领域法律法规。

其次，在执法领域，所有机构、组织都必须认真实施法律，切实履行法定的职责和义务，依法维护国家安全。对于违反国家安全法的行为，必须严肃追究、严厉惩治。要加大对国家安全各项建设的投入，在国家安全战略物资储备等方面，采取必要措施，提供强有力的保障。

最后，在守法领域，要通过多种形式开展国家安全宣传教育活动，培育全体公民的国家安全意识。与经济快速发展形成对比，我国公民的国家安全意识相对滞后。长期的和平环境使一些人产生了麻痹思想，忧患意识淡化。为此，必须通过国家安全观教育、爱国主义教育、主权意识教育、公民国家责任教育、法律意识教育等方式，牢固树立起国家利益和国家安全高于一切的中华民族集体认同，将国家安全教育纳入国民教育体系和公务员教育培训体系，扩大国家安全意识教育的社会覆盖面，增强全民国家安全意识，动员全社会的力量，共同维护国家安全。

五、将国家安全宣传摆在重要位置

（一）重视国家安全宣传

制定实施国家安全法，是贯彻习近平总书记总体国家安全观的重要举措，是建立和完善中国特色社会主义国家安全法制体系的核心工作。按照中央统一部署，中宣部把国家安全法宣传教育列入2016年宣传思想工作重点，积极调动全系统的力量，为国家安全法的贯彻实施营造良好舆论氛围和社会环境。中央和地方媒体认真做好法律审议通过的程序性报道，深入解读国家安全法主要内容，及时回应外界关切热点。

结合培育和践行社会主义核心价值观、实施"七五"普法规划等工作，在全社会大力弘扬社会主义法治精神，深入开展国家安全形势教育，大力宣传国家安全法等国家安全和公共安全领域的法律法规，普及国家安全法律知识，引导干部群众认清国家安全形势、增强危机忧患意识、树立国家安全观念，积极支持配合国家安全机关履行职责，有效抵制各种危害国家安全的行为。

国家安全法明确将每年4月15日定为全民国家安全教育日，这是宣传普及国家安全法的有利契机。自国家安全法施行以来，中央主要媒体在显著位置刊播习近平总书记重要批示，报道了有关部门披露的一批涉国家安全案件，制作刊播一批短小精悍、活泼易懂的新媒体产品。中央重点新闻网站和主要商业网站推出专题，提高全民国家安全教育日的知晓度，增强全社会对国家安全的关注度。

我们要把国家安全作为头等大事，将国家安全法宣传教育摆到更加重要位置，以总体国家安全观为指导，以全民国家安全教育日活动为契机，创新方式方法，加大工作力度，深入开展国家安全宣传教育，切实增强全民国家安全意识。当前，贯彻落实国家安全法任务艰巨繁重。要紧扣全民国家安全教育日、国家安全法实施周年等重要时间节点，组织开展系列内容丰富、形式多样、注重实效的宣传教育活动，比如主题展览、知识竞赛、影视歌曲、典型评选等，主流媒体集中刊播相关专题报道、评论和理论文章，定期公布有关案例，注重通过多媒体平台提高宣传教育的实际效果，特别注意体现贴近性，让人民群众实实在在体会到国家安全与自己切身相关，提高全民维护国家安全的主动性和参与度。

结合贯彻落实《中组部、中宣部、司法部、人力资源和社会保障部关于完善国家工作人员学法用法制度的意见》，推动各地各部门把国家安全相关法律法规作为领导干部日常学法、用法的重要内容，纳入具体学习计划和法律培训等工作安排，确保学习时间，促进领导干部学习国家安全相关法律法规经常化、制度化。

（二）国家安全法宣传重点

总体国家安全观，是我们党维护国家安全理论和实践的重大创新，是新形势下指导国家安全工作的强大思想武器和行动指南。认真学习、系统宣传总体国家安全观，对于应对我国国内外安全挑战、维护国家长治久安具有深远意义。各级司法行政机关要做好总体国家安全观的学习贯彻和宣传教育工作，深入宣传总体国家安全观提出的时代背景、重大意义和丰富内涵，深入宣传人民安全是国家安全的根本宗旨，进一步坚定贯彻落实总体国家安全观、走中国特色国家安全道路的信心和决心。

1.深入宣传普及国家安全法以及反恐怖主义法、反间谍法等法律法规

深入宣传普及国家安全法以及反恐怖主义法、反间谍法等法律法规，是推动依法维护国家安全的基础性工作。国家安全法等法律颁布以来，司法部、全国普法办结合全国"七五"普法规划的研究制定，推动将国家安全法等法律法规纳入"七五"普法规划重要内容。印发了《关于深入开展〈国家安全法〉宣传教育活动的通知》，对首个全民国家安全教育日系列宣传和国家安全法在全社会的宣传普及作出部署安排。全国普法办组织专家学者录制了国家安全法微视频公开课，会同有关部门编写权威普法资料，准确解读、广泛普及国家安全法律知识。以国家安全法为主要内容，组织开展全国百家网站法律知识竞赛活动、动漫微电影作品征集活动，取得明显效果。各级司法行政机关要推动把国家安全法的宣传普及纳入"七五"普法规划，大力宣传国家安全法的立法宗旨和主要内容，大力宣传反恐怖主义法、反间谍法等与维护国家安全密切相关法律法规。要精心组织好全民国家安全教育日系列宣传活动，坚持日常宣传和集中宣传相结合，推动国家安全法的宣传普及不断深入。

2.强化维护国家安全法治意识是依法维护国家安全的重要前提

强化维护国家安全法治意识是依法维护国家安全的重要前提。各级司法行政机关要在普及国家安全法律知识的同时，更加注重培养维护国家安全法治意识，努力营造全民尊法学法守法用法的良好氛围。要推动国家安全法进机关、进乡村、进社区、进学校、进企业、进单位，促进国家安全法宣传教育向面上拓展、向基层延伸。要抓好国家工作人员特别是领导干部这个"关键少数"，把国家安全相关法律作为国家工作人员学法用法的重要内容，纳入党委（党组）理论学习中心组学习内容，督促国家工作人员学习掌握国家安全相关法律知识，牢固树立总体国家安全观，依法履行维护国家安全职责。要坚持国家安全教育从青少年抓起，通过在各类青少年法治教育基地中增加国家安全法主题内容，组织开展国家安全教育专题活动等，引导青少年从小树立

维护国家安全意识。要注重以案释法，结合公开发布的典型案例，组织开展警示教育，从社会公众易于理解接受的角度，生动直观地普及宣传国家安全法。要积极推进国家安全法律法规宣传方式方法创新，注重综合运用传统媒体和互联网以及微信、微博、客户端等新媒体新技术，扩大覆盖面、增强渗透力，提高针对性和实效性。

（三）把国家安全教育纳入国民教育体系

国家安全法颁布以来，教育部坚持以总体国家安全观为指导，全面加强和深化教育系统国家安全工作。

认真落实"将国家安全教育纳入国民教育体系"的法定要求。把国家安全法教育纳入《青少年法治教育大纲》，编写国家安全教育学生读本，系统规划和科学安排国家安全教育的目标定位、原则要求、实施路径。发挥课堂教学主渠道作用，分阶段、分层次安排国家安全教育内容，构建大中小学有效衔接的国家安全教育教学体系。会同有关部门研究建设国家安全教育教学资源库，已开设15门直接相关的在线开放课程，为学生提供更多的学习资源。深入实施中国特色新型高校智库建设推进计划，组织开展国家安全专题研究，为维护国家安全提供智力支持。

扎实做好教育系统维护国家安全工作。坚持党对国家安全工作的领导，各省级党委教育工作部门和75所直属高校党委全部建立统筹落实本地本校维护国家安全和学校稳定工作的领导小组及办公室。扎实做好学校安全工作，会同公安部每年至少召开一次全国学校安全工作电视电话会议，完善人防、物防、技防措施，2015年发生在校园的危害公共安全事件同比下降35%。切实加强与各有关部门的协调配合，准确把握教育系统国家安全形势，全面开展风险调查评估、监测预警，有效防范和处置各种渗透破坏活动。积极参与国家安全相关重点领域工作协调机制，抓好有关工作落实。教育系统特别是高校连续27年保持稳定，成为全社会维护稳定的积极力量。

加快培养国家安全工作专门人才和特殊人才。开设与国家安全相关的信息安全、信息对抗、保密管理等3个本科专业，共布点115个。2015年设立"网络空间安全"一级学科，29所高校新增列或调整设立博士学位授权点，系统培养高层次网络安全人才。鼓励有关学位授予单位按照有关规定，加强国家安全各领域的人才培养工作。组织国家安全相关专业教学指导委员会，制定完善教学质量国家标准，作为专业准入、专业建设和专业评价的依据。联合有关部门实施"卓越工程师教育培养计划"，建立高校与行业企业联合培养人才的新机制，有针对性地培养适应国家安全工作需要的高素质工程技术人才。

多种形式开展国家安全宣传教育活动。各地各校大力宣传国家安全法，广泛开展国家安全知识竞赛、专题讲座、主题班会等活动，积极参与国家安全法律知识普及周、全国大学生信息安全竞赛等活动，引导师生牢固树立国家安全意识、坚决维护国家安全、坚定拥护中国共产党领导和中国特色社会主义制度。教育部正会同有关部门研究建立面向学生的国家安全校外教育项目和教育基地，进一步增强国家安全教育的针对性和实效性。

第七节　立法法修正解读

2000年3月15日，九届全国人大三次会议通过立法法。2015年3月15日，十二届全国人民代表大会三次会议根据《关于修改〈中华人民共和国立法法〉的决定》进行了修正。

一、立法法修正的必要性和指导思想

立法是国家的重要政治活动，立法法是关于国家立法制度的重要法律。我国现行立法法自2000年颁布施行以来，对规范立法活动，推动形成和完善中国特色社会主义法律体系，推进社会主义法治建设，发挥了重要作用。实践证明，立法法确立的立法制度总体是符合国情、行之有效的。但是，随着我国经济社会的发展和改革的不断深化，人民群众对加强和改进立法工作有许多新期盼，以习近平同志为核心的党中央提出了新要求，立法工作面临不少需要研究解决的新情况、新问题。立法工作关系党和国家事业发展全局，在全面建成小康社会、全面深化改革、全面依法治国、全面从严治党的战略布局中，将发挥越来越重要的作用。为了适应立法工作新形势新任务的需要，贯彻落实党的十八大和十八届三中、四中全会精神，总结立法法施行以来推进科学立法、民主立法的实践经验，适时修改立法法，是十分必要的。这对于完善立法体制，提高立法质量和立法效率，维护国家法制统一，形成完备的法律规范体系，推进国家治理体系和治理能力现代化，建设社会主义法治国家，具有重要的现实意义和长远意义。

修改立法法的指导思想是，贯彻落实党的十八大和十八届三中、四中全会精神，高举中国特色社会主义伟大旗帜，以马克思列宁主义、毛泽东思想、邓小平理论、"三个代表"重要思想、科学发展观为指导，深入学习贯彻习近平总书记系列重要讲话精神，坚持党的领导、人民当家作主、依法治国有机统一，以提高立法质量为重点，深

入推进科学立法、民主立法，更好地发挥立法的引领和推动作用，发挥人大及其常委会在立法工作中的主导作用，完善以宪法为核心的中国特色社会主义法律体系，全面推进依法治国，建设社会主义法治国家。

二、富有时代特征的立法理念

立法法修正案在十二届全国人大三次会议上高票通过，为推进全面依法治国进程提供了立法规范上的直接前提。这次立法法的修改，确立了今后立法工作的理念、体制和程序，需要贯彻实施好。新立法法富有时代特征的立法理念。

法治的理念。立法法着眼进一步增进地方法治的适应性、能动性，突出立法的引领和规范功能。在立法与改革之间的关系上以更加融合的视角看待全面深化改革和全面依法治国之间的依存性、互动性；更加强调法治作为治国理政的基本方略，在调整立法权限、注重立法质量、落实法律保留、实现税收法定、加强立法监督、严格立法边界、约束行政立法、规范司法解释诸方面无不基于法治思维，努力护佑良法产出、调控立法供给。

科学的理念。立法法明确将提高立法质量作为立法的一项基本要求，在总则中作出规定，并以"具有针对性和可执行性"作为立法质量和成效的基本指标。立法法修改还增加法律通过前评估、法律清理、制定配套规定、立法后评估等一系列推进科学立法的措施。

民主的理念。这体现在通过立法规划和计划、先期介入立法起草、协调乃至主持起草等来确保人大主导立法，更加重视和发挥人大代表在立法中的作用，拓宽公民有序参与立法的途径，开展立法协商，完善立法论证、听证、法律草案公开征求意见等制度上。

三、确立更加合理完备的立法体制

立法法的修改着力于从健全立法体制出发激活立法动力、树立立法规矩。进一步强化立法权力和立法权利两轮驱动的格局。对公民的立法知情权、参与权、表达权、监督权予以规定，疏浚和拓宽了立法参与权的表达路径，这方面的一个显豁亮点，是规定了审查请求权等立法监督权利。

（一）在制度层面保证立法主导权归人大

这是对人民代表大会制度的健全。其中还进一步突出人大代表在实现科学立法、民主立法，实现人大主导中的地位和角色，巩固和充实包括税收法定在内的、关系到公民基本权利的最高国家权力机关专门立法权，积极而又审慎地对待地方立法权的普遍扩容，维护宪法权威和法制统一。

（二）严格授权立法体制，实现授权与限权的统一

具体规定了授权决定应当明确包含授权的目的、事项、范围、期限和被授权机关实施授权决定应当遵循的原则。实施授权决定不超过五年，实施期限届满前六个月应当报告实施情况。进一步明确了中央与地方的立法权限，赋予设区的市相应的地方立法权，地方立法体制更加完善。在我们这样一个处于梯度发展和改革深化的大国，地方立法确有必要。一方面，要权力下移、权力释放、立法扩容，使得地方性的事务通过地方立法的途径实现法律的治理、纳入法治的轨道。地方立法绝不是可有可无，许多法律、行政法规需要地方性法规加以细化和补充，使之能够得到更好的贯彻实施。另一方面，"根据本行政区域的具体情况和实际需要"是地方立法最重要的前提，必须坚守"在不同宪法、法律、行政法规相抵触的前提下"这条底线。而"地方性"或曰因地制宜则是地方立法的生命线和活力源。

（三）切实强化了立法监督体制

首先严格界定了部门规章和地方政府规章边界。将部门规章限定在"应当属于执行法律或者国务院的行政法规、决定、命令的事项"，突出了部门规章的执行性，严格明确不得法外设权，既是对公民权利与行政权力关系上的一个刚性标准，又为立法监督中的备案审查、主动审查和申请审查等提供了最基本的衡量标准。立法法还进一步限缩了司法解释的创设空间。

（四）树立民主科学规范的立法程序

首先，在立法法修改过程中，对立法进行全程化的调整，使之切实成为具有社会反映能力、信息收集能力、民意表达能力、利益协调能力、议程设置能力、法案设计能力和意志形成能力的人民意志汇集和凝聚的过程。并由此科学设计了立法提案程序、立法建议程序、法案起草程序、立法规划程序、项目调整程序、立法听证程序、影响评估程序、立法协商程序、立法审议程序和法案表决程序，以及法律公布程序等。

其次，在全国人大及其常委会立法程序上，纳入了立法规划与计划程序，细化了全国人大有关的专门委员会、常委会工作机构的立法程序环节和工作机制方法，规定其可以提前参与有关方面的法律草案起草工作；对涉及综合性、全局性、基础性等事项的法律草案，可以由全国人大有关的专门委员会或者常委会工作机构组织起草，并健全立法机关和社会公众沟通机制，征求人大代表意见建议制度。还针对审议和表决机制进行了富有前瞻性的规定。

再次，在行政法规制定程序上进一步强调其开放性和参与性，进一步防范和破除

部门本位主义的侵扰，突出政府层面的法规创制决定权和政府法制机构的协调、审查权能与职责。

最后，强化了备案审查程序。规定了主动审查报送备案的规范性文件和审查申请人反馈与公开机制这两个更加凸显立法监督权威和效能的重要制度创新。

（五）扎实的新法实施准备工作

在制度建置上，以立法法的"升级版"为依据，进一步修改完善立法机关的议事规则，制定、修订完善各地地方立法条例或地方立法程序规定，注重与民族区域自治法、地方人大和地方政府组织法之间的衔接，深入研究设区的市立法权行使的条件与方案，将立法法的实施与法治政府建设、法治地方建设结合起来。

在实施条件上，切实加强立法工作者队伍建设，加强立法智库建设，加强立法调查研究、代表联系点和基层立法观测点建设，积极探索大数据应用在保障立法的科学化、民主化的方法，夯实包括技术条件在内的立法法实施的社会基础。

更要抓住干部特别是领导干部这个实行法治的"关键少数"，切实强化领导干部对实施立法法的认知和认同，扎实推动立法法的实施，推进法治中国进程。有些修改是总结多年来立法工作中的好经验、好做法，比如一次性表决，多个同类的法律修改可以一并表决或者分别表决等等。有些修改是将原有的规定进一步完善，如授权立法的进一步规范等等。

四、新法修改的六大亮点

十二届全国人大三次会议2015年3月15日举行全体会议，会议经表决通过了关于修改立法法的决定。这是中国15年来首次修改立法法。修改后的立法法关于授予设区的市地方立法权、规范授权立法、明确税收法定原则等六大亮点引发关注。

（一）规范授权立法，使授权不再放任

修改后的立法法规定：授权决定应当明确授权的目的、事项、范围、期限以及被授权机关实施授权决定应当遵循的原则等。授权的期限不得超过五年，被授权机关应在授权期满前六个月，向授权机关报告授权实施情况。

（二）授予设区的市地方立法权

目前，中国设区的市有284个，按照现行立法法规定，享有地方立法权的有49个，尚没有地方立法权的235个。此次立法法修改依法赋予设区的市地方立法权，这意味着具有地方立法权的市实现扩围。

修改后的立法法还相应明确了地方立法权限和范围，明确设区的市可以对"城乡

建设与管理、环境保护、历史文化保护等方面的事项"制定地方性法规。

（三）明确细化"税收法定"原则

中共十八届三中全会决定提出落实税收法定原则的明确要求。修改前的立法法第八条规定了只能制定法律的事项，"税收"是在该条第八项"基本经济制度以及财政、税收、海关、金融和外贸的基本制度"中规定。

修改后的立法法将"税收"专设一项作为第六项，明确"税种的设立、税率的确定和税收征收管理等税收基本制度"只能由法律规定。这意味着，今后政府收什么税，向谁收，收多少，怎么收等问题，都要通过全国人大及其常委会的立法决定。

我国现行的18种税中，只有个人所得税、企业所得税和车船税等3种税是由全国人大及其常委会制定法律开征，其他15种都是国务院制定暂行条例开征的，其收入占税收总收入的70%。

据全国人大常委会法工委介绍，改革开放初期，当时考虑到我国法制建设尚处于起步阶段，建立现代税制的经验和条件都不够，全国人大及其常委会于1984年和1985年先后两次把税收立法权授予国务院，由此，"条例"或"暂行条例"成了大多数税收的征收依据。十八届三中全会、四中全会明确提出落实税收法定原则。

（四）界定部门规章和地方政府规章边界

修改后的立法法对于部门规章和地方政府规章权限进行规范。通过修法，一些地方限行、限购等行政手段就不能那么"任性"了。为进一步明确规章的制定权限范围，推进依法行政，修改后的立法法规定，部门规章规定的事项应当属于执行法律或者国务院的行政法规、决定、命令的事项。没有法律或者国务院的行政法规、决定、命令的依据，部门规章不得设定减损公民、法人和其他组织权利或者增加其义务的规范，不得增加本部门的权力或者减少本部门的法定职责。国务院部门和地方政府制定任何规章，只要没有上位法律、法规依据的，不能减损公民权利，也不能随意增加公民的义务。

（五）加强备案审查

规范性文件备案审查是保证宪法法律有效实施、维护国家法制统一的重要制度。修改后的立法法明显加强了备案审查力度，明确规定主动审查，如规定：有关的专门委员会和常务委员会工作机构可以对报送备案的规范性文件进行主动审查。

再如，新的立法法还提出审查申请人反馈与公开机制，规定全国人大有关的专门委员会和常委会工作机构可以将审查、研究情况向提出审查建议的国家机关、社会团体、企业组织以及公民反馈，并可以向社会公开。

（六）对司法机关制定的司法解释加以规范

针对目前实践中司法解释存在的诸多问题，此次立法法修改，对司法解释也做了约束性规定。

这方面的规定包括：最高法院、最高检对审判工作、检察工作中具体应用法律的解释，应当主要针对具体的法律条文，并符合立法的目的、原则和原意；最高法院、最高检作出具体应用法律的解释，应当报全国人大常委会备案；除最高法院、最高检外，其他审判机关和检察机关，不得作出具体应用法律的解释等。

第八章　　我国行政法律制度宣讲

内容提要

依法行政是我们党为适应全面建设小康社会新形势、推进依法治国进程而提出的一项战略任务。

依法行政是依法治国基本方略的重要组成部分，对建设法治中国具有重大意义。依法行政，是政府行政权运行的基本原则，它要求行政机关行使行政权力必须要有法律授权，强调有权有责，用权受监督，损害须赔偿，违法须纠正。

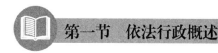

第一节　依法行政概述

一、依法行政的含义

依法行政是指行政机关必须根据法律法规的规定取得、行使行政权力，并对行政行为的后果承担相应的责任。

二、依法行政的基本要求

国务院《全面推进依法行政实施纲要》对依法行政提出了六项基本要求：合法行政、合理行政、程序正当、高效便民、诚实守信、权责统一。

（一）合法行政

合法行政强调的是行政主体在行使行政权力时必须依据法律、符合法律，不得与法律相抵触。凡没有法律、法规、规章的规定，行政机关不得作出影响公民、法人和其他组织合法权益或者增加公民、法人和其他组织义务的决定。

（二）合理行政

合理行政要求行政机关实施行政管理，应当遵循公平、公正的原则，要平等对待行政管理相对人，不偏私，不歧视。合理行政主要适用于自由裁量权领域。合理行政的基本要求包括：行政的目的、动机合理，行政的内容和范围合理，行政的手段和措施合理。

（三）程序正当

行政机关实施行政管理，除法定保密的外，应当公开，注意听取公民、法人和其他组织的意见；要严格遵守法定程序，依法保护行政相对人、利害关系人的知情权、参与权和救济权；行政人员履行职责，与行政相对人存在利害关系时，应当回避。

（四）高效便民

行政机关实施行政管理，应当遵守法定时限，积极履行法定职责，提高办事效率，提供优质服务，方便公民、法人和其他组织。高效便民的具体要求有：首先，行政机关从事行政管理应从方便老百姓办事出发，把为公众提供优质服务作为行政管理的根本宗旨，而不应把行政管理看作是限制老百姓的工具和手段；其次，行政机关实施行政管理应采取积极主动的态度，尤其是对法定职责范围内的行政事务应及时履行；再次，行政机关应遵守法定时限，提高办事效率，对办理的事项不能久拖不决。

（五）诚实守信

诚实守信是依法行政对行政机关及其行政活动的必然要求，也是行政机关及其工作人员的法律义务与责任。按照这一原则，行政机关必须做到：首先，发布的信息必须真实可靠；其次，制定的法规、规章和政策、决定应当保持相对稳定，不能朝令夕改；再次，因国家利益、公共利益或者其他法定事由撤回或者变更已经生效的行政决定，给公民、法人和其他组织造成财产损失，行政机关应当依法予以补偿。

（六）权责统一

行政机关必须依照法律规定的职权、职责行政，行使多大的权力就要承担多大的责任。行政机关违法或者不当行使职权，应当依法承担法律责任。依法做到执法有保障，有权必有责，用权受监督，违法受追究，侵权须赔偿。

三、依法行政的重要意义

推进依法行政，弘扬社会主义法治精神，是党的十七大为适应全面建设小康社会新形势、推进依法治国进程而提出的一项战略任务，对深化政治体制改革、发展社会主义民主政治，对全面实施依法治国基本方略、加快建设社会主义法治国家，对建设富强、民主、文明和谐的社会主义现代化国家，实现党和国家长治久安具有十分重要的意义。

第二节 行政机关组织法律制度

一、行政组织法的概述

行政组织法主要是关于行政组织的设置权、编制权、行政权限、国家公务员录用权和管理权的规则。

我国的行政组织法有三项基本原则：一是民主集中制原则；二是中央与地方行政机关的职权划分，遵循在中央的统一领导下，充分发挥地方的主动性、积极性原则；三是行政机关的组织建设，实行精简的原则。

二、中央国家行政机关

中央行政机关，是指国务院和国务院所属各工作部门的总称。

（一）国务院

国务院即中央人民政府，它的法律性质是最高国家权力机关的执行机关，是最高国家行政机关。

国务院的组成人员是总理、副总理、国务委员、各部部长、各委员会主任、审计长、秘书长。

国务院实行总理负责制，总理全面领导国务院的工作。国务院工作中的重大问题，须经国务院常务会议或者全体会议讨论决定。

（二）国务院行政机构

1.国务院办公厅

国务院办公厅，是协助国务院领导处理国务院日常工作的机构。依据国务院组织法的规定，国务院设立办公厅，由国务院秘书长领导。

2.国务院组成部门

国务院组成部门，包括各部、各委员会、中国人民银行和国家审计署。国务院组成部门实行部长、主任和署长、行长负责制。

3.国务院直属机构

国务院直属机构是国务院主管某项专门业务的行政机构，具有独立的行政管理职能。截至目前，国务院直属机构包括：海关总署、国家税务总局、国家工商行政管理总局、国家质量监督检验检疫总局、国家新闻出版广电总局、国家体育总局、国家统计局、国家林业局、国家食品药品监督管理局、国家安全生产监督管理总局、国家知识产权局、国家旅游局、国家宗教事务局、国务院参事室、国家机关事务管理局。另外，国家预防腐败局列入国务院直属机构序列，在监察部加挂牌子。

4.国务院办事机构

国务院办事机构是协助国务院总理办理专门事项的行政机构，不具有独立的行政管理职能。如国务院侨务办公室、国务院法制办公室、国务院港澳事务办公室、国务院研究室等，原则上属于内部机构，没有制定部门规章的权力。

三、地方国家行政机关

（一）地方国家行政机关

地方国家行政机关，是指在一定行政区域内由该行政区人民代表机关产生的人民政府及其工作部门，管理地方各级所辖范围内的行政事务。

我国地方国家行政机关分为省（自治区、直辖市）、市（自治州、直辖市的区）、县、乡（镇、民族乡）四级。地方国家行政机关的地位具有双重性：一方面，它是地方国家权力机关的执行机关；另一方面，它是国务院统一领导下的国家行政机关。地方各级人民政府在管辖的地域范围内，依照宪法和有关法律规定的权限，管理本行政区域内的各项行政事务，并依法对自己行为所产生的法律后果承担责任。地方国家行政机关的法定行政职权主要是：制定地方规章权或发布决定、命令权；本区域内行政事务的管理权；领导和监督本级政府的职能部门和下级人民政府行政工作权。

（二）地方国家行政机关的组成

省、自治区、直辖市、自治州、设区的市的人民政府分别由省长、副省长，自治区主席、副主席，市长、副市长，州长、副州长和秘书长、厅长、局长、委员会主任等组成。县、自治县、不设区的市、市辖区的人民政府分别由县长、副县长，市长、副市长，区长、副区长和局长、科长等组成。

县级以上普通地方人民政府的工作部门主要有：科学、体育、计划生育、财政、公安、民政、司法、监察、文化、卫生、工作、农业、林业、交通、外贸、教育、等委员会、厅、局（科）。各地方政府根据本地区行政管理的实际需要，按照有关程序设立其他必要的行政机构。

（三）地方行政机关的派出机关和派出机构

派出机关是由有权地方人民政府在一定行政区域内设立，代表设立机关管理该行政区域内各项行政事务的行政机构。派出机构是由有权地方人民政府的职能部门在一定行政区域内设立，代表该设立机构管理该行政区域内某一方面行政事务的行政机构。

派出机关有三类：一是省、自治区人民政府设立的行政公署。设立的主要条件是"在必要的时候"和"经国务院批准"；二是县、自治县的人民政府设立的区公所，设立的主要条件是"在必要的时候"和"经省、自治区、直辖市的人民政府批准"；三是市辖区、不设区的市的人民政府设立的街道办事处，设立的主要条件是"经上一级人民政府批准"。

派出机构是指省、自治区、直辖市和各级市人民政府的职能部门，根据需要所设置的从事某种专门职能的机构。

四、具有行政职权的其他组织

（一）法律、法规授权的组织

1.被授权组织的概念

法律、法规授权的组织是指依具体法律、法规授权而行使特定行政职能的非国家机关组织。包括：（1）事业组织；（2）社会团体；（3）基层群众性自治组织，如居民委员会和村民委员会；（4）企业组织。

2.被授权组织的法律地位

（1）在行使法律法规所授职权时，享有与行政机关相同的行政主体地位；（2）以自己的名义行使法律法规所授职权，并由其本身就行使职权的行为对外承担法律责任；（3）被授权组织在执行其本身的职能时，不享有行政职权，不具有行政主体的地位。

（二）行政机关委托的组织

行政机关委托的组织是指受行政机关委托行使一定行政职能的非国家机关的组织。被授权组织的范围通常与行政机关委托行使行政职权的组织的范围相同。当法律、法规授权这些组织行使行政职权时，它们即为被授权组织；当法律、法规未授权，而是行政机关委托它们行使一定行政职权时，它们即为被委托的组织。

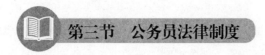

第三节　公务员法律制度

一、公务员制度概述

公务员，是指依法履行公职、纳入国家行政编制、由国家财政负担工资福利的工作人员。国家公务员制度，是关于国家管理国家公务员，调整行政职务关系的制度。

选拔国家公务员制度的基本原则是公开、平等、竞争和择优。

二、公务员的基本权利与基本义务

（一）基本权利

1. 身份保障权

非因法定事由和非经法定程序不被免职、降职、辞退或者行政处分，国家公务员的身份和职务受法律保障。

2. 执行公务权

获得履行职责所必须的权力的权利。

3. 工资福利权

获得劳动报酬和享受保险、福利待遇的权利。

4. 参加培训权

参加政治理论和业务知识的培训，以适应工作岗位需要的权利。

5. 批评建议权

对国家行政机关及其领导人员的工作提出批评和建议的权利，任何人不得进行压制，不得进行打击报复。

6. 申诉控告权

对有关处分决定，例如降职降薪等处理决定，向有关部门提出申诉，对有关机关和负责人滥用职权违法处理的行为提出控告的权利。

7. 辞职权

可以依照国家公务员法规提出辞职，不再继续担任国家公务员的权利。

8. 其他

宪法和法律规定的其他权利。

（二）基本义务

公务员法规定公务员，必须遵守的基本义务包括：模范遵守宪法和法律；按照规定的权限和程序认真履行职责，努力提高工作效率；全心全意为人民服务，接受人民监督；维护国家的安全、荣誉和利益；忠于职守，勤勉尽责，服从和执行上级依法作出的决定和命令；保守国家秘密和工作秘密；遵守纪律，恪守职业道德，模范遵守社会公德；清正廉洁，公道正派；法律规定的其他义务。

三、国家公务员基本管理制度

（一）任职的基本条件

公务员应当具备下列条件：具有中华人民共和国国籍；年满十八周岁；拥护中华人民共和国宪法；具有良好的品行；具有正常履行职责的身体条件；具有符合职位要求的文化程度和工作能力；法律规定的其他条件。

（二）录用与任免

1.录用

录用担任主任科员以下及其他相当职务层次的非领导职务公务员，采取公开考试、严格考察、平等竞争、择优录取的办法。

2.任免

公务员基本任职制度有委任制和聘任制。国家公务员职务主要实行委任制，部分职务实行聘任制。

（1）任职情形主要有：新录用人员试用期满合格的；从其他机关及企业、事业单位调入国家行政机关任职的；转换职位任职的；晋升或者降低职务的；因其他原因职务发生变化的。

（2）免职情形主要有：转换职位任职的；晋升或降低职务的；离职学习期限超过1年的；因健康原因不能坚持正常工作1年以上的；退休的；因其他原因职务发生变化的。

（3）兼职：国家公务员原则上一人一职，确实因为工作需要，经过任免机关批准，可以在国家行政机关内兼任一个实职。国家公务员不得在企业和营利性事业单位兼任职务。

（三）考核与升降

1.考核

（1）考核的内容有德、能、勤、绩、廉五个方面，重点考核工作业绩；考核应坚持客观公正、领导与群众相结合、平时与定期相结合的原则；考核采取平时考核与年度考核相结合的方式；定期考核的结果分为优秀、称职、基本称职和不称职四个等次，定期考核的结果应当以书面形式通知公务员本人。

（2）奖励：奖励原则是精神鼓励与物质鼓励相结合；奖励种类是嘉奖，记三等功、二等功、一等功，授予荣誉称号。

（3）惩戒：惩戒种类有警告、记过、记大过、降级、撤职、开除。

2.职务升降

（1）晋升国家公务员的职务，应当按照规定的职务序列逐级晋升。个别德才表现和工作实绩特别突出的，可以越一级晋升，但是必须按照规定报有关部门同意。

（2）国家公务员在年度考核中被确定为不称职的，或者不胜任现职又不宜转任同级其他职务的，应当按照规定程序予以降职。

（四）退出行政职务

1.退休

男性年满60周岁，女性年满55周岁；或者丧失工作能力即可退休。

2.辞职

公务员向任免机关提出书面申请，任免机关在三十日内予以审批。其中对领导辞去公职的申请，应当自接到申请之日起九十日内予以审批。审批期间申请人不得擅自离职。擅自离职的，给予开除处分。在涉及国家秘密等特殊职位任职或者离开上述职位不满国家规定的脱密期限的，不能辞职。

3.辞退

辞退是国家行政机关单方面解除国家公务员与行政机关之间行政职务的制度，以使不宜继续担任国家行政职务的公务员退出国家行政职务。

第四节　行政许可

一、行政许可的概述

行政许可，是指在法律一般禁止的情况下，行政主体根据行政相对方的申请，经依法审查，通过颁发许可证、执照等形式，赋予或确认行政相对方从事某种活动的法律资格或法律权利的行政行为。

行政许可的原则有合法性原则、公开公平公正原则、便民原则、救济原则、信赖保护原则、行政许可一般不得转让原则、监督原则等。

二、行政许可的范围

行政许可的范围，根据行政许可法第十二条规定："下列事项可以设定行政许可：（一）直接涉及国家安全、公共安全、经济宏观调控、生态环境保护以及直接关系人身健康、生命财产安全等特定活动，需要按照法定条件予以批准的事项；（二）有限自然资源开发利用、公共资源配置以及直接关系公共利益的特定行业的市场准入等，需要赋予特定权利的事项；（三）提供公众服务并且直接关系公共利益的职业、行业，需要确定具备特殊信誉、特殊条件或者特殊技能等资格、资质的事项；（四）直接关系公共安全、人身健康、生命财产安全的重要设备、设施产品、物品，需要按照技术标准、技术规范，通过检验、检测、检疫等方式进行审定的事项；（五）企业或者其他组织的设立等，需要确定主体资格的事项；（六）法律、行政法规规定可以设定行政许可的其他事项。"

可以设定行政许可的事项的例外，根据行政许可法第十三条规定："本法第十二条所列事项，通过下列方式能够予以规范的，可以不设行政许可：（一）公民、法人或者其他组织能够自主决定的；（二）市场竞争机制能够有效调节的；（三）行业组织或者中介机构能够自律管理的；（四）行政机关采用事后监督等其他行政管理方式能够解决的。"

三、行政许可的种类

从行政许可的性质、功能和适用条件的角度来说，大体可以划分为五类：普通许可、特许、认可、核准、登记。

（一）普通许可

普通许可是准许符合法定条件的相对人行使某种权利的行为。凡是直接关系国家安全、公共安全的活动，基于高度社会信用的行业的市场准入和法定经营活动，直接关系到人身健康、生命财产安全的产品、物品的生产及销售活动，都适用于普遍许可，如游行示威的许可，烟花爆竹的生产与销售的许可等。

（二）特许

特许是行政机关代表国家向被许可人授予某种权利或者对有限资源进行有效配置

的管理方式。主要适用于有限自然资源的开发利用、有限公共资源的配置、直接关系公共利益的垄断性企业的市场准入，如出租车经营许可、排污许可等。

（三）认可

认可是对相对人是否具有某种资格、资质的认定，通常采取向取得资格的人员颁发资格、资质证书的方式，如会计师、医师的资质。

（四）核准

核准是行政机关按照技术标准、经济技术规范，对申请人是否具备特定标准、规范的判断和确定。主要适用于直接关系公共安全、人身健康、生命财产安全的重要设备、设施的设计、建造、安装和使用，以及直接关系人身健康、生命财产安全的特定产品、物品的检验、检疫，如电梯安装的核准、食用油的检验。

（五）登记

登记是行政机关对个人、企业是否具有特定民事权利能力和行为能力的主体资格和特定身份的确定，如工商企业注册登记、房地产所有权登记等。

四、行政许可的实施

（一）实施主体

行政许可实施主体是指行使行政许可权并承担相应责任的行政机关和法律、法规授权的具有管理公共事务职能的组织。行政许可的实施主体主要有三种：法定的行政机关、被授权的具有管理公共事务职能的组织、被委托的行政机关。

（二）实施程序

1. 申请与受理

公民、法人或者其他组织向行政机关提出申请，应如实提交有关材料和反映真实情况，并对其申请材料实质内容的真实性负责。行政机关对申请人提出的行政许可申请应当根据不同情况分别作出受理或不受理的处理决定。

2. 审查与决定

行政机关对申请人提交申请材料进行审查。材料齐全、符合法定形式，行政机关能够当场作出决定的，应当当场作出书面的行政许可决定；不能当场作出行政许可决定的，应当在法定期限内按照规定程序作出行政许可决定。

3. 听证

法律、法规、规章规定实施行政许可应当听证的事项，或者行政机关认为需要听证的其他涉及公共利益的重大行政许可事项，行政机关应当向社会公告，并举行听证。

4.变更与延续

行政机关不得擅自改变已经生效的行政许可。行政许可决定所依据的法律、法规、规章修改或者废止，或者准予行政许可所依据的客观情况发生重大变化，行政机关为了公共利益的需要，可以依法变更或者撤回已经生效的行政许可，但应当对由此给公民、法人或者其他组织造成的财产损失依法给予补偿。

被许可人要求变更行政许可事项的，应当向作出行政许可决定的行政机关提出申请；符合法定条件、标准的，行政机关应当依法办理变更手续。需要延续依法取得的行政许可的有效期的，应当在该行政许可有效期届满三十日前向作出行政许可决定的行政机关提出申请。但是，法律、法规、规章另有规定的，依照其规定。行政机关应当根据被许可人的申请，在该行政许可有效期届满前作出是否准予延续的决定；逾期未作决定的，视为准予延续。

第五节　行政处罚

一、行政处罚的概述

行政处罚是指具有行政处罚权的行政主体为维护公共利益和社会秩序，保护公民、法人或其他组织的合法权益，依法对行政相对人违反行政法律规范而尚未构成犯罪的行政行为所实施的法律制裁。

行政处罚的原则包括法定原则，公正公开原则，处罚与违法行为相适应原则，处罚与教育相结合的原则等。

二、行政处罚的种类

行政处罚的种类，主要是指行政处罚机关对违法行为的具体惩戒制裁手段。我国的行政处罚可以分为以下几种：

（一）人身罚

人身罚也称自由罚，是指特定行政主体限制和剥夺违法行为人的人身自由的行政处罚。这是最严厉的行政处罚。人身罚主要是指行政拘留。

行政拘留，也称治安拘留，是特定的行政主体依法对违反行政法律规范的公民，在短期内剥夺或限制其人身自由的行政处罚。

（二）行为罚

行为罚又称能力罚，是指行政主体限制或剥夺违法行为人特定的行为能力的制裁形式。它是仅次于人身罚的一种较为严厉的行政处罚措施。

1.责令停产停业

这是行政主体对从事生产经营者所实施的违法行为而给予的行政处罚措施。它直接剥夺生产经营者进行生产经营活动的权利，只适用于违法行为严重的行政相对人。

2.暂扣或者吊销许可证和营业执照

这是指行政主体依法收回或暂时扣留违法者已经获得的从事某种活动的权利或资格的证书，目的在于取消或暂时中止被处罚人的一定资格、剥夺或限制某种特许的权利。

（三）财产罚

财产罚是指行政主体依法对违法行为人给予的剥夺财产权的处罚形式。它是运用最广泛的一种行政处罚。

1.罚款

这是指行政主体强制违法者承担一定金钱给付义务，要求违法者在一定期限内交纳一定数量货币的处罚。

2.没收财物

没收财物具体包括没收违法所得和没收非法财物。没收违法所得，指行政主体依法没收违法行为人的部分或全部违法所得。没收非法财物，属于将违禁品或实施违法行为的工具收归国有的处罚方式。

（四）申诫罚

申诫罚又称精神罚、声誉罚，是指行政主体对违反行政法律规范的公民、法人或其他组织的谴责和警戒。它是对违法者的名誉、荣誉、信誉或精神上的利益造成一定损害的处罚方式。

三、行政处罚的实施

（一）行政处罚的实施机关

国务院或者经国务院授权的省、自治区、直辖市人民政府可以决定一个行政机关行使有关行政机关的行政处罚权，但限制人身自由的行政处罚权只能由公安机关行使。

法律、法规授权的具有管理公共事务职能的组织可以在法定授权范围内实施行政处罚。

行政机关依照法律、法规或者规章的规定，可以在其法定权限内委托符合法定条件的组织实施行政处罚。行政机关不得委托其他组织或者个人实施行政处罚。

（二）行政处罚的管辖和适用

行政处罚由违法行为发生地的县级以上地方人民政府具有行政处罚权的行政机关管辖。法律、行政法规另有规定的除外。

行政机关实施行政处罚时，应当责令当事人改正或者限期改正违法行为。对当事人的同一个违法行为，不得给予两次以上罚款的行政处罚。

（三）行政处罚的程序

1.简易程序

行政处罚的简易程序又称当场处罚程序，指行政处罚主体对于事实清楚、情节简单、后果轻微的行政违法行为，当场作出行政处罚决定的程序。

适用简易程序的行政处罚必须符合以下条件：（1）违法事实确凿；（2）对该违法行为处以行政处罚有明确、具体的法定依据；（3）处罚较为轻微，即对个人处以50元以下的罚款或者警告，对法人或者组织处以1000元以下的罚款或者警告。

2.一般程序

一般程序是行政机关进行行政处罚的基本程序。一般程序适用于处罚较重或情节复杂的案件以及当事人对执法人员给予当场处罚的事实认定有分歧而无法作出行政处罚决定的案件。

根据行政处罚法的规定，行政机关作出责令停产停业、吊销许可证或者执照、较大数额罚款等行政处罚决定之前，应当告知当事人有要求举行听证的权利。当事人要求听证的，行政机关应当组织听证。

（四）行政处罚的执行

行政处罚决定一旦作出，就具有法律效力，处罚决定中所确定的义务必须得到履行。处罚执行程序有三项重要内容：

1.实行处罚机关与收缴罚款机构相分离

行政处罚决定作出后，除数额在20元以下、事后难以执行或者交通偏远的以外，作出罚款决定的行政机关及其工作人员不能自行收缴罚款，由当事人15日内到指定的银行缴纳罚款，银行将收缴的罚款直接上缴国库。

2.严格实行收支两条线，罚款必须全部上交财政

行政机关实施罚款、没收非法所得等处罚所收缴的款项，必须全部上交国库，财政部门不得以任何形式向作出行政处罚的机关返还这些款项的全部或部分。

3. 行政处罚的强制执行

行政处罚决定作出之后，当事人应当在法定期限内自觉履行义务，如果当事人没有正当理由逾期不履行，将导致被罚款或强制执行。

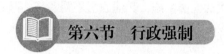

第六节　行政强制

一、行政强制的概述

2011年6月30日，十一届全国人大常委会二十一次会议表决通过了行政强制法，自2012年1月1日起施行。该法规范的行政强制包括两个类型：一类是行政强制措施，一类是行政强制执行。

行政强制的原则包括：法定原则、适当原则、教育与强制相结合原则、权力不得滥用原则、相对人有权要求赔偿原则等。

二、行政强制措施

（一）行政强制措施的概念

行政强制措施，是指行政机关在行政管理过程中，为制止违法行为、防止证据损毁、避免危害发生、控制危险扩大等情形，依法对公民的人身自由实施暂时性限制，或者对公民、法人或者其他组织的财物实施暂时性控制的行为。

（二）行政强制措施的种类和设定

1. 行政强制措施的种类

行政强制措施的种类包括：（1）限制公民人身自由；（2）查封场所、设施或者财物；（3）扣押财物；（4）冻结存款、汇款；（5）其他行政强制措施。

2. 设定

（1）行政强制措施由法律设定。

（2）尚未制定法律，且属于国务院行政管理职权事项的，行政法规可以设定除限制公民人身自由、冻结存款汇款和应当由法律规定的行政强制措施以外的其他行政强制措施。

（3）尚未制定法律、行政法规，且属于地方性事务的，地方性法规可以设定查封场所、设施或者财物，扣押财物的行政强制措施。

法律、法规以外的其他规范性文件不得设定行政强制措施。

（三）实施行政强制措施的基本规则

一是实施行政强制措施的主体为法律、法规规定的行政机关；二是行政强制措施由行政机关在法定职权范围内实施，行政强制措施权不得委托；三是行政强制措施由行政机关具备资格的行政执法人员实施，其他人员不得实施；四是违法行为情节显著轻微或者没有明显社会危害的，可以不采取行政强制措施。

三、行政强制执行

（一）行政强制执行的概念

行政强制执行，是指行政机关或者行政机关申请人民法院，对不履行行政决定的公民、法人或者其他组织，依法强制履行义务的行为。

（二）行政强制执行的方式和设定

1.方式

行政强制执行的方式包括：（1）加处罚款或者滞纳金；（2）划拨存款、汇款；（3）拍卖或者依法处理查封、扣押的场所、设施或者财物；（4）排除妨碍、恢复原状；（5）代履行；（6）其他强制执行方式。

2.设定

（1）行政强制执行由法律设定。

（2）起草法律草案、法规草案，拟设定行政强制的，起草单位应当采取听证会、论证会等形式听取意见，并向制定机关说明设定该行政强制的必要性、可能产生的影响以及听取和采纳意见的情况。

（3）行政强制的设定机关应当定期对其设定的行政强制进行评价，并对不适当的行政强制及时予以修改或者废止。

（三）行政强制执行的基本程序

行政强制执行程序分为行政机关强制执行和申请人民法院强制执行两种。法律没有规定行政机关强制执行的，由作出行政决定的行政机关申请人民法院强制执行。

1.行政机关强制执行

行政机关依法作出行政决定后，当事人在行政机关决定的期限内不履行义务的，具有行政强制执行权的行政机关可以依法强制执行。

（1）行政机关作出强制执行决定前，应当事先催告当事人履行义务。催告应该以书面方式作出。

（2）当事人收到催告书后有权进行陈述和申辩。行政机关应当充分听取当事人的意见，对当事人提出的事实、理由和证据，应当进行记录、复核。当事人提出的事实、理由或者证据成立的，行政机关应当采纳。

（3）经催告，当事人逾期仍不履行行政决定，且无正当理由的，行政机关可以作出强制执行决定。在催告期间，对有证据证明有转移或者隐匿财物迹象的，行政机关可以作出立即强制执行决定。

（4）在执行中或者执行完毕后，据以执行的行政决定被撤销、变更，或者执行错误的，应当恢复原状或者退还财物；不能恢复原状或者退还财物的，依法给予赔偿。

（5）实施行政强制执行，行政机关可以在不损害公共利益和他人合法权益的情况下，与当事人达成执行协议。执行协议应当履行。当事人不履行执行协议的，行政机关应当恢复强制执行。

2.申请人民法院强制执行

当事人在法定期限内不申请行政复议或者提起行政诉讼，又不履行行政决定的，没有行政强制执行权的行政机关可以自期限届满之日起3个月内，依照行政强制的规定申请人民法院强制执行。执行的程序如下：(1)行政机关申请人民法院强制执行前，应当催告当事人履行义务；(2)催告书送达10日后当事人仍未履行义务的，行政机关可以向有管辖权的人民法院申请强制执行；(3)人民法院接到行政机关强制执行的申请，应当在5日内受理；(4)人民法院对行政机关强制执行的申请进行书面审查，对材料齐全，且行政决定具备法定执行效力的，应当自受理之日起7日内作出执行裁定。

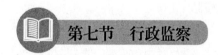

第七节　行政监察

一、行政监察的概述

行政监察是国家行政机构内专门行使监督职权的机关，依法对国家行政机关及其公务员和国家机关任命的其他人员，行使行政权力的行为进行的监督和检查。

行政监察的原则包括：监察独立原则、实事求是原则、教育与惩处相结合原则、依靠群众原则。

二、行政监察机关和监察对象

（一）监察机关

国务院监察机关主管全国的监察工作；县级以上地方各级人民政府监察机关负责本行政区域内的监察工作；县级以上各级人民政府监察机关根据工作需要，经本级人民政府批准，可以向政府所属部门派出监察机构或者监察人员。

（二）监察对象

国务院监察机关的监察对象包括：国务院各部门及其国家公务员；国务院及国务院各部门任命的其他人员；省、自治区、直辖市人民政府及其领导人员。

县级以上各级人民政府监察机关监察对象包括：本级人民政府各部门及其公务员；本级人民政府及本级人民政府各部门任命的其他人员；下一级人民政府及其领导人员。县、自治县、不设区的市、市辖区人民政府监察机关还对本辖区所属的乡、民族乡、镇人民政府的公务员以及乡、民族乡、镇人民政府任命的其他人员实施监察。

三、行政监察机关的职责

行政监察机关的职责包括：第一，检查国家行政机关在遵守和执行法律、法规和人民政府的决定、命令中的问题；第二，受理对国家行政机关及其公务员和国家行政机关任命的其他人员违反行政纪律行为的控告、检举；第三，调查处理国家行政机关及其公务员和国家行政机关任命的其他人员违反行政纪律的行为；第四，受理国家公务员和国家行政机关任命的其他人员不服主管行政机关给予处分决定的申诉，以及法律、行政法规规定的其他由监察机关受理的申诉；第五，法律、行政法规规定由监察机关履行的其他职责。

四、行政监察机关的权限

（一）检查权

对监察对象贯彻执行国家法律、法规和政策的情况，以及违反政纪的行为进行检查。

（二）调查权

对监察对象违反国家法律、法规和政策的行为，以及违反政纪的行为进行调查。

（三）建议权

监察机关可以对国家行政机关违反国家法律、法规和政策的行为，向有处理权的机关提出处理建议，可以对如何提高行政工作效能提出建议。对监察对象模范执行国家法律、法规、政策和遵守政纪的行为，对同监察对象的违法违纪行为进行坚决斗争，作出显著贡献的个人或单位，向有处理权的机关提出奖励的建议。

（四）行政处分权

在监察对象违反国家法律、法规、政策和违反政纪时，监察机关可给予警告、记过、记大过、降级、撤职、开除等行政处分。

五、监察程序

（一）检查程序

首先，对需要检查的事项予以立项，重要检查事项的立项，应当报本级人民政府和上一级监察机关备案；其次，制定检查方案并组织实施；再次，向本级人民政府或者上级监察机关提出检查情况报告；最后，根据检查结果，作出监察决定或者提出监察建议。

（二）调查处理程序

首先，对需要调查处理的事项进行初步审查；认为有违反行政纪律的事实，需要追究行政纪律责任的，予以立案，重要、复杂案件的立案，应当报本级人民政府和上一级监察机关备案；其次，组织实施调查，收集有关证据；再次，有证据证明违反行政纪律，需要给予行政处分或者作出其他处理的，进行审理；最后，作出监察决定或者提出监察建议。

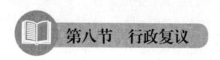

第八节 行政复议

一、行政复议的概述

行政复议是行政系统内部的一种自我纠错机制，是指公民、法人或其他组织认为行政机关的行政行为侵犯其合法权益，按照法定的程序和条件向法定的行政机关提出复议申请，受理申请的行政机关对该行政行为进行复查，并作出复议决定的活动。

行政复议的一般原则主要有合法原则、公正原则、公开原则、及时原则、便民原则等，但最能体现行政复议特殊性的是有错必纠原则。有错必纠原则是指行政复议机关对被申请复议的行政行为进行全面的审查，不论是违法，还是不当，也不论申请人有否请求，只要有错误一概予以纠正，这是行政复议不同于行政诉讼的重要之处。

二、行政复议的范围

根据行政复议法第六条规定："有下列情形之一的，公民、法人或者其他组织可以依照本法申请行政复议：（一）对行政机关作出的警告、罚款、没收违法所得、没收非法财物、责令停产停业、暂扣或者吊销许可证、暂扣或者吊销执照、行政拘留等行政处罚决定不服的；（二）对行政机关作出的限制人身自由或者查封、扣押、冻结财产等行政强制措施决定不服的；（三）对行政机关作出的有关许可证、执照、资质证、资格证等证书变更、中止、撤销的决定不服的；（四）对行政机关作出的关于确认土地、矿藏、水流、森林、山岭、草原、荒地、滩涂、海域等自然资源的所有权或者使用权的决定不服的；（五）认为行政机关侵犯合法的经营自主权的（六）认为行政机关变更或者废止农业承包合同，侵犯其合法权益的；（七）认为行政机关违法集资、征收财物、摊派费用或者违法要求履行其他义务的；（八）认为符合法定条件，申请行政机关颁发许可证、执照、资质证、资格证等证书，或者申请行政机关审批、登记有关事项，行政机关没有依法办理的；（九）申请行政机关履行保护人身权利、财产权利、受教育权利的法定职责，行政机关没有依法履行的；（十）申请行政机关依法发放抚恤金、社会保险金或者最低生活保障费，行政机关没有依法发放的；（十一）认为行政机关的其他行政行为侵犯其合法权益的。"

根据行政复议法第七条规定："公民、法人或者其他组织认为行政机关的行政行为所依据的下列规定不合法，在对行政行为申请行政复议时，可以一并向行政复议机关提出对该规定的审查申请：（一）国务院部门的规定；（二）县级以上地方各级人民政府及其工作部门的规定；（三）乡、镇人民政府的规定。前款所列规定不含国务院部、委员会规章和地方人民政府规章。规章的审查依照法律、行政法规办理。"

三、行政复议的机关

对县级以上地方各级人民政府工作部门的行政行为不服的，由申请人选择，可以向该部门的本级人民政府申请行政复议，也可以向上一级主管部门申请行政复议。对海关、金融、国税、外汇管理等实行垂直领导的行政机关和国家安全机关的行政行为不服的，向上一级主管部门申请行政复议。

对地方各级人民政府的行政行为不服的，向上一级地方人民政府申请行政复议。对省、自治区人民政府依法设立的派出机关所属的县级地方人民政府的行政行为不服的，向该派出机关申请行政复议。

对国务院部门或者省、自治区、直辖市人民政府的行政行为不服的，向作出该行政行为的国务院部门或者省、自治区、直辖市人民政府申请行政复议。对行政复议决定不服的，可以向人民法院提起行政诉讼；也可以向国务院申请裁决，国务院依照本法的规定作出最终裁决。

四、行政复议的程序

（一）申请

1. 申请时效

申请人申请行政复议，应当在知道被申请人行政行为作出之日起六十日内提出，法律另有规定的除外。

2. 申请条件

（1）申请人是认为行政行为侵犯其合法权益的相对人；（2）有明确的被申请人；（3）有具体的复议请求和事实根据；（4）属于依法可申请行政复议的范围；（5）相应行政复议申请属于受理行政复议机关管辖；（6）符合法律法规规定的其他条件。

（二）受理

行政复议机关收到行政复议申请后，应当在五日内进行审查，对不符合行政复议法规定的行政复议申请，决定不予受理，并书面告知申请人；对符合行政复议法规定，但是不属于本机关受理的行政复议申请，应当告知申请人向有关行政复议机关提出。除上述规定外，行政复议申请自行政复议负责法制工作的机构收到之日起即为受理。

（三）审理

1. 审理方式

行政复议原则上实行书面审查办法，但申请人提出要求或复议机关认为有必要时，可以向有关组织和人员调查情况，听取申请人、被申请人和第三人的意见。实行书面审查为原则，口头审查为例外，主要是为了保障行政效率，是行政复议区别于行政诉讼的一个重要方面。

2. 举证责任

行政复议案件的审理中，实行被申请人对行政行为负担举证责任的举证规则。

3. 查阅材料

行政复议法规定了查阅被申请人提供资料的制度，享有资料查阅权的主体是申请人和第三人；资料查阅的内容，是被申请人提出的书面答复和其他有关材料；查阅资料的例外，是涉及国家秘密、商业秘密或者个人隐私的材料。

4.证据的收集

在复议过程中，被申请人不得自行向申请人和其他有关组织或个人收集证据，即行政复议中的证据限于行政行为作出以前收集到的证据。

5.复议申请的撤回

在复议申请受理之后、行政复议决定作出之前，申请人基于某种考虑主动要求撤回复议申请的，经向行政复议机关说明理由，可以撤回。撤回行政复议申请的，行政复议终止。

（四）决定

1.复议决定作出时限

行政复议机关应当自受理行政复议申请之日起六十日内作出行政复议决定；但是法律另有规定的除外。

2.复议决定的种类

（1）决定维持行政行为；（2）决定撤销、变更或者确认原行政行为违法；（3）决定被申请人在一定期限内履行法定职责；（4）决定被申请人在一定期限内重新作出行政行为；（5）决定赔偿；（6）决定返还财产或者解除对财产的强制措施。

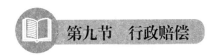

第九节 行政赔偿

一、行政赔偿的概念

行政赔偿是指行政机关及其工作人员在行使行政职权时，违法侵犯公民、法人和其他组织的合法权益造成损害的，国家依法向受害人赔偿的制度。

国家赔偿法规定，国家机关和国家机关工作人员行使职权侵犯公民、法人和其他组织的合法权益造成损害的，受害人有权依法取得国家赔偿的权利。

二、行政赔偿的范围

受害人对国家行政机关及其工作人员侵犯其人身权及财产权的行为，有权要求赔偿。

（一）侵犯人身权的行为

第一，违法拘留或者违法采取限制公民人身自由的行政强制措施的；第二，非法拘禁或者以其他方法非法剥夺公民人身自由的；第三，以殴打等暴力行为或者唆使他人以殴打等暴力行为造成公民身体伤害或者死亡的；第四，违法使用武器、警械造成公民身体伤害或者死亡的；第五，造成公民身体伤害或者死亡的其他违法行为。

（二）侵犯财产权的行为

第一，违法实施罚款、吊销许可证和执照、责令停产停业、没收财物等行政处罚的；第二，违法对财产采取查封、扣押、冻结等行政强制措施的；第三，违法征收、征用财产的；第四，造成财产损害的其他违法行为。

（三）不承担赔偿责任的情形

第一，行政机关工作人员与行使职权无关的个人行为；第二，因公民、法人和其他组织自己的行为致使损害发生的；第三，法律规定的其他情形。

三、行政赔偿请求人和义务机关

（一）赔偿请求人

行政赔偿请求人包括受害的公民、法人和其他组织。受害的公民死亡，其继承人和其他有扶养关系的亲属有权要求赔偿。受害的法人或者其他组织终止，承受其权利的法人或者其他组织有权要求赔偿。

（二）行政赔偿义务机关

其一，行政机关及其工作人员行使行政职权侵犯公民、法人和其他组织的合法权益造成损害的，该行政机关为赔偿义务机关。

其二，两个以上行政机关共同行使行政职权时侵犯公民、法人和其他组织的合法权益造成损害的，共同行使行政职权的行政机关为共同赔偿义务机关。

其三，法律、法规授权的组织在行使授予的行政权力时侵犯公民、法人和其他组织的合法权益造成损害的，被授权的组织为赔偿义务机关。

其四，受行政机关委托的组织或者个人在行使受委托的行政权力时侵犯公民、法人和其他组织的合法权益造成损害的，委托的行政机关为赔偿义务机关。

其五，赔偿义务机关被撤销的，继续行使其职权的行政机关为赔偿义务机关；没有继续行使其职权的行政机关的，撤销该赔偿义务机关的行政机关为赔偿义务机关。

四、行政赔偿的程序

赔偿请求人要求赔偿，应当先向赔偿义务机关提出，也可以在申请行政复议或者提起行政诉讼时一并提出。

（一）单独提出赔偿请求的程序

受害人单独提出赔偿请求的，应当首先向赔偿义务机关提出，赔偿义务机关应当自收到申请之日起两个月内，作出是否赔偿的决定。赔偿义务机关拒绝受理赔偿请求，或者在法定期限内不作出决定的，受害人可以提起行政诉讼。

（二）一并提出赔偿请求的程序

申请人在行政复议中一并提出赔偿请求的受理和审理适用行政复议程序。行政复议机关对符合国家赔偿法的有关规定应当给予赔偿的，在决定撤销、变更行政行为或者确认行政行为违法时，应当同时决定被申请人依法给予赔偿。

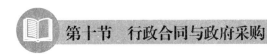

第十节　行政合同与政府采购

一、行政合同

（一）概念和种类

行政合同，是指行政主体为了实现行政管理目标，与相对人之间经过协商一致所达成的协议。

目前，我国的行政合同主要有以下几种：国有土地使用权出让合同、公用征收补偿合同、国家科研合同、农村土地承包合同、国家订购合同、公共工程承包合同、计划生育合同等。

（二）订立和效力

1.行政合同的订立

行政合同原则上应当采用书面形式。行政合同的内容，由当事人约定。但行政机关在合同内容的协商中，不得超越其权限，并符合法律授权的目的和其他要求。

行政合同的订立遵守要约、承诺规则，原则上应当依法采用招标或者其他竞争性方式。不采用竞争方式订立合同的，应当符合法律、法规、规章规定的条件。

2.行政合同的效力

依法成立的行政合同自成立时生效。法律、行政法规规定应当办理批准、登记、备案等手续生效的，应当依照其规定。

行政机关超越法定职权订立的行政合同应当无效；依据无效的具体行政决定订立的行政合同无效。

（三）履行

行政合同的履行需要遵循以下原则：

1. 实际履行原则

严格按照行政合同约定的标的履行，不能任意用其他标的来代替。

2. 本人亲自履行原则

合同签订后，相对人必须自己亲自履行合同，非经行政机关同意，不能随意更换他人或委托他人履行。

3. 全面、适当履行原则

当事人必须按照合同规定的内容全面适当履行合同，包括履行主体、标的、时间、地点、方式等，都必须按照合同的约定履行，不能任意变更。

4. 诚实信用原则

相对人不能只追求个人利益，损害公共利益；行政机关不能因其处于管理者的地位，随意变更和解除合同，损害相对人的利益，即使行政机关因公共利益的需要而变更或解除合同，也要尽量避免或减少可能对相对人所造成的损害。

二、政府采购

（一）概念和原则

政府采购是指各级国家机关、事业单位和团体组织，使用财政性资金采购依法制定的集中采购目录以内的或者采购限额标准以上的货物、工程和服务的行为。

政府采购的基本原则包括：公开透明原则、公平竞争原则、公正原则和诚实信用原则。

（二）当事人

1. 采购人

采购人是依法进行政府采购的国家机关、事业单位、团体组织。单位能否成为独立的采购人，不仅在于它们是国家机关、事业单位和团体组织，还取决于有关法律的规定，例如财政法上有关预算单位的规定。另外，企业不能成为独立采购人。

2. 采购代理机构

采购代理机构，是根据采购人委托办理采购事宜的代理机构。这样的机构主要有两类：一是人民政府设立的集中采购机构，性质上是非营利事业法人；二是政府部门认定资格的采购代理机构，性质上是社会中介组织或者企业。

3. 供应商

供应商是指向采购人提供货物、工程和服务的法人、其他组织或者自然人。政府采购法对供应商的基本资格条件提出了明确要求。

（三）采购方式

政府采购采用公开招标、邀请招标、竞争性谈判、单一来源采购、询价以及国务院政府采购监督管理部门认定的其他采购方式。公开招标应作为政府采购的主要采购方式。

（四）保护制度

政府采购法设置了两类保护制度：一个是保护供应商权利的质疑、投诉制度，一个是保护国家公共利益和第三人利益的监督检查制度。

1.质疑、投诉

质疑，是供应商就权益遭受损害向采购人提出的法律质疑，采购人有义务作出答复。投诉，是供应商因为不满质疑答复结果或者未能得到及时答复向政府采购监督管理部门提出的法律诉求。政府采购监督管理部门应当依法作出处理决定。供应商对有关投诉的行政决定不服或者逾期未作处理的，可以依法申请行政复议或者向人民法院提起行政诉讼。

2.监督检查

监督检查，包括两部分：（1）政府采购监督管理部门对采购人及其采购代理机构进行政府采购活动的行政监督检查；（2）任何单位和个人对政府采购活动中的违法行为提出控告和检举进行的监督。

第九章

党内法规的学习宣讲

内容提要

　　党内法规是管党治党的重要依据，也是建设社会主义法治国家的有力保障。我们党历来高度重视党内法规建设。党的十八届四中全会提出，要加强党内法规制度建设，形成完善的党内法规体系。习近平总书记强调，各级党委（党组）都要把党内法规建设作为事关党长期执政和国家长治久安的重大战略任务，摆到更加突出位置，切实抓紧抓好。《中央宣传部、司法部关于在公民中开展法治宣传教育的第七个五年规划（2016—2020年）》明确要求，将深入学习宣传党内法规作为"七五"普法宣传的一项重要任务，"注重党内法规宣传与国家法律宣传的衔接和协调，坚持纪在法前、纪严于法，把纪律和规矩挺在前面，教育引导广大党员做党章党规党纪和国家法律的自觉尊崇者、模范遵守者、坚定捍卫者。"

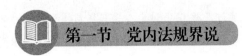

第一节　党内法规界说

一、党内法规的概念

　　党内法规又称"党规党法""党的法规"，2013年5月中共中央颁布的《中国共产党党内法规制定条例》明确规定，党内法规是党的中央组织以及中央纪委、中央各部门和省区市党委制定的规范党组织的工作、活动和党员行为的党内规章制度的总称。

　　归结起来，党内法规有三个基本特征：

　　一是特定性。党内法规不是党的所有组织都有权制定，只能由特定机关，即党的中央组织以及中央纪委、中央各部门和省、自治区、直辖市党委制定，党的省级以下组织无权制定。党的中央组织制定的党内法规，称为中央党内法规。按照党章规定，党的中央组织是指党的全国代表大会、全国代表会议、中央委员会、中央政治局及其常委会、中央军委。实践中，中央政治局、中央政治局常委会制定的中央党内法规较多。中央纪委制定的党内法规称为纪检条规，是维护党风党纪、开展反腐败工作的重要依据。中央各部门制定的党内法规，称为部门党内法规。中央各部门主要包括中央办公厅、中央组织部、中央宣传部、中央统战部、中央对外联络部、中央政法委、中央政研室、中央编办等，其中中央办公厅、中央组织部制定的部门党内法规较多。省区市党委制定的党内法规，称为地方党内法规。

二是普遍性。所谓普遍性，是指党内法规在党内具有普遍适用性和反复适用性。这意味着，党内人事任免、表彰决定、内部机构设置、机关内部工作制度和工作方案等个别适用的文件，工作要点、会议活动通知等较短时间段适用的文件，因不具有普遍适用性和反复适用性，不能称作党内法规。

三是规范性。所谓规范性，是指党内法规以党的纪律作保障，对党组织的工作、活动和党员行为具有强制性和约束力，引领、规范、保障党的建设。请示、报告、情况通报、工作总结等不具有规范性，不属于党内法规。

扩展阅读

党内法规与国家法律的区别

党内法规是一个容易与国家法律混同的概念。它和国家法律的共同点比较多：两者都带有"法"字，都是通过严格程序制定、具有强制性和约束力的行为规范；一些党内法规和国家法律联系密切、相互渗透；条件成熟时党内法规中的某些内容可以通过法定程序上升为国家法律。从根本上说，党内法规和国家法律是一致的，都是党的意志和人民意志的高度统一，都是党的基本理论、基本路线、基本纲领、基本经验、基本要求的具体体现，都是中国特色社会主义法治体系的重要组成部分。但两者的不同之处也比较明显：一是制定主体不同，党内法规由省级以上党组织制定，法律由国家立法机关制定；二是适用范围不同，党内法规适用于各级党组织和广大党员，法律适用于国家机关、社会组织和全体公民，适用范围更广；三是效力不同，党内法规制定必须遵守宪法和法律，其效力低于法律的效力；四是表现方式不同，党内法规的名称分为章程、准则、条例、规则、规定、办法、细则七类，法律主要包括宪法、法律、行政法规、地方性法规等；五是实施方式不同，党内法规依靠党的纪律约束实施，法律以国家强制力作保障；六是行为规范的要求不同，党内法规对党员的要求，通常比法律对普通公民和国家工作人员的要求更为严格。

二、党内法规的由来与发展

党内法规源自于马克思主义基本原理及其实践，是具有中国特色的概念，是中国共产党的一个创造。

我们党是根据马克思主义建党学说的基本原理和列宁的建党原则建立的无产阶级政党。马克思主义认为，对于无产阶级政党来说，为了完成解放全人类、实现共产主义这一艰巨历史使命，需要有正确的路线、纲领、政策，需要把自己组织成为有统一意志、统一行动、统一纪律的高度集中的战斗集体，这就必须制定一个章程。列宁在领导俄共过程中，不仅重视党章的修改完善，而且根据形势任务需要领导制定了一系列党内法规和法规性决议。党的一大召开前，我国早期共产主义者就普遍认识到，建立党组织首先要有一个章程。1921年8月5日，中国共产党第一次全国代表大会通过《中国共产党第一个纲领》，共15条、700多字，这是党的历史上第一个具有党章性质的党内法规，宣告了中国共产党的诞生。1922年7月，党的二大通过的《中国共产党章程》，是中国共产党的第一个党章。

"党内法规"这个概念，是毛泽东同志首次提出的。1938年9月，毛泽东同志在党的六届六中全会上指出，鉴于张国焘严重破坏党内纪律的行为，为使党内关系走上正轨，除了重申个人服从组织、少数服从多数、下级服从上级、全党服从中央四项最重要的纪律外，"还须制定一种较为详细的党内法规，以统一各级领导机关的行动"。在这次会议上，刘少奇同志就起草关于中央委员会工作规则与纪律、各级党部工作与纪律、各级党委暂行组织机构三个决定，并作了《党规党法的报告》，这是党的领导人第一次使用"党规党法"的名称。

扩展阅读

党内法规的提出背景

抗战前后，党内出现两起严重破坏党的民主集中制原则的事件。一是1935年红军长征途中，张国焘不顾中央北上决定，擅自率部南下，宣布另立中央，公开分裂党、分裂红军，最后发展到叛党投降国民党。二是1937年王明受共产国际委派回国，在政治上推行右倾投降主义，组织上闹独立，擅自以中央名义发表宣言、声明，不尊重、不服从以毛泽东为核心的中央领导，造成党内思想上、组织上的混乱。为吸取这两起严重破坏党的民主集中制原则事件的教训，毛泽东在党的六届六中全会上首次提出"党内法规"这一概念。

新中国成立后，我们党根据加强自身建设的需要，比较重视党内法规制度建设。但从总体上说，新中国成立初期制定的党内法规数量较少，比较零散，没有形成相对完整的党内法规制度体系。1957年反右斗争严重扩大化后，党的指导思想出现"左"的偏差，党内法规建设基本上处于停滞状态。"文化大革命"期间，党内法规建设遭到严重破坏，进入了低潮期。

党的十一届三中全会是党内法规建设的重要转折点。在党的十一届三中全会上，邓小平同志第一次把党内法规与国家法律放在同等重要的地位，他强调："国要有国法，党要有党规党法。党章是最根本的党规党法。没有党规党法，国法就很难保障。"为医治"文化大革命"给党的建设造成的巨大创伤，使党内政治生活逐步正常化、规范化，1980年2月，党的十一届五中全会通过了《关于党内政治生活的若干准则》。

1987年10月，党的十三大召开，明确提出在新的历史条件下，要切实加强党的制度建设，走出一条"靠改革和制度建设"的新路子。1990年7月31日，中共中央颁布有党内"立法法"之称的《中国共产党党内法规制定程序暂行条例》，首次界定了"党内法规"概念，党内法规建设从此步入规范化轨道。

为反映党的制度建设的最新成果，1992年党的十四大修改《中国共产党章程》，首次确认了"党内法规"这一概念，这标志着"党内法规"概念得到了党的根本大法党章的正式确认。

2006年1月6日，胡锦涛同志在中央纪委六次全会上指出，要"加强以党章为核心的党内法规制度体系建设"，首次提出建设党内法规制度体系这一重大任务。此后，一系列具有里程碑意义的党内法规相继出台，配套法规建设取得显著进展，全方位、多层次、科学合理、系统配套的党内法规制度体系初步形成。2013年，中央先后发布《中国共产党党内法规制定条例》《中国共产党党内法规和规范性文件备案规定》《中共中央关于废止和宣布失效一批党内法规和规范性文件的决定》三个重要法规文件，全面加强党内法规工作，党内法规建设进入了新阶段。

党的十八大以来，以习近平同志为核心的党中央高度重视党内法规制度建设。他多次强调，要立体式、全方位推进制度体系建设，把权力关进制度的笼子里。2013年11月，中共中央颁布《中央党内法规制定工作五年规划纲要（2013—2017年）》，这是党的历史上第一个党内法规制定工作五年规划，提出建党100周年时全面建成内容科学、程序严密、配套完备、运行有效的党内法规制度体系，标志着党内法规建设进入体系化阶段。

党内法规从最初的党纲党章发展为比较完备的党内法规制度体系，从最初党的领导人的零散提法发展为党的历任领导人普遍采用、社会各界广泛认同的概念，反映了党艰难曲折、依法执政的历史进程，反映了党的领导方式和执政方式的重大转变，标志着我们党逐步走向成熟。

三、党内法规的分类

根据党内法规的调整对象，党内法规可分为以下八类：

（一）党章及相关法规

用以规范党的性质和宗旨、路线和纲领、指导思想和奋斗目标、组织原则和组织机构、党员基本义务和基本权利、党的纪律，以及衍生于党章、与党章相配套、直接保障党章实施，确定党的理论和路线方针政策、确立党内生活基本准则、规定党员基本行为规范、规范党内法规制定活动、规定党的标志象征等的法规，如《中国共产党章程》《关于党内政治生活的若干准则》《中国共产党党内法规制定条例》等。

（二）党的领导和党的工作方面法规

用以调整党在发挥总揽全局、协调各方的领导核心作用时，与人大、政府、政协、司法机关、人民团体、企业事业单位、军队等形成的领导与被领导关系，主要规定党的领导体制机制、领导方式，规范党组工作、纪律检查工作、组织工作、宣传工作、政法工作、统一战线工作、军队工作、群众工作等，为党更好地实施领导、执政治国提供重要制度保证，如《中国共产党党组工作条例（试行）》《中国共产党统一战线工作条例（试行）》等。

（三）思想建设方面法规

用以规范党的思想建设方面的工作和活动，主要包括规范思想建设、理论武装、党性教育、道德建设等的法规，如《中国共产党党校工作条例》《中共中央纪律检查委员会关于共产党员违反社会主义道德党纪处分的若干规定（试行）》等。

（四）组织建设方面法规。

用以规范党的组织建设方面的工作和活动，主要包括规范党的组织制度、组织机构、干部队伍、党员队伍、人才工作等的法规，如《中国共产党地方组织选举工作条例》《党政领导干部选拔任用工作条例》《干部教育培训工作条例》等。

（五）作风建设方面法规

用以规范党的作风建设方面的工作和活动，主要包括规范思想作风、工作作风、领导作风、学风、干部生活作风等的法规，如《十八届中央政治局关于改进工作作风、密切联系群众的八项规定》《党政机关厉行节约反对浪费条例》等。

（六）反腐倡廉建设方面法规

用以规范党的反腐倡廉建设方面的工作和活动，主要包括规范反腐败领导体制机制、反腐倡廉教育、党内监督、预防腐败、惩治腐败等的法规，如《中国共产党廉洁自律准则》《中国共产党纪律处分条例》《中国共产党党内监督条例（试行）》等。

（七）民主集中制建设方面法规

用以规范党的民主集中制建设方面的工作和活动，推动民主集中制具体化、程序化，主要包括规范党员民主权利保障、党的代表大会制度、党的委员会制度等的法规，如《中国共产党党员权利保障条例》《中国共产党地方委员会工作条例》等。

（八）机关工作方面法规

用以规范党的机关运行和服务保障体制机制，主要包括规范党的各级机关公文办理、会议活动服务、综合协调、信息报送、督促检查、法规服务、安全保密、通信保障、档案服务、机关事务管理等的法规，如《党政机关公文处理工作条例》《中国共产党党内法规和规范性文件备案规定》等。

以上八个方面的法规，共同构成党内法规体系。

扩展阅读

党内法规体系已初步形成

新中国成立以来特别是改革开放以来，适应不同历史时期党的建设需要，中央科学谋划、统筹布局，制定颁布了一系列党内法规，初步形成了以党章为核心的党内法规体系，党内生活主要方面基本实现了有规可依。截至目前，我们党制定了1个党章，2个准则，26个条例，约1800个规则、规定、办法、细则；其中，党的中央组织制定的党内法规140多个，中央纪委和中央各部门制定的党内法规约150个，地方制定的党内法规1500多个。

第二节　党章及相关法规

党章是我们党最重要的文献，是最根本的党内法规，是制定其他党内法规的基础和依据。党章相关法规根据党章的有关规定，确立党内政治生活的基本准则，明确党组织的组成和职权，是党内法规制度体系的"四梁八柱"。这里重点介绍党章和《关于党内政治生活的若干准则》。

一、党章

党章是党内根本大法，在党内法规制度体系中具有最高地位和最高效力。党的二大制定了中国共产党第一个党章，之后每一次党的全国代表大会都对党章进行修改，目前共有17个不同版本。现行党章是1982年9月党的十二大通过的，2012年11月党的十八大对其进行了第六次修改。

党章共十一章五十三条，集中阐述了党的性质和宗旨、路线和纲领、指导思想和奋斗目标、中国特色社会主义事业总体布局和党的建设总体要求，规定了入党条件、党员义务和权利、党员发展和管理，规定了党的中央组织及其职权、地方组织及其职权，以及基层组织的范围、作用和基本任务，规定了党的各级领导干部的基本条件，并对党的纪律处分的种类、程序、原则，以及党的纪律检查机关的产生和领导体制等作了明确规定，是立党、管党、治党的总章程和总规矩。

党章规定党的性质和宗旨、路线和纲领、指导思想和奋斗目标，是一面公开树立的旗帜，是一扇对外展示形象的窗口；党章宣示党的理论基础和政治主张，规范党的领导和执政行为，保证了全党在思想上、政治上、组织上、作风上、行动上的一致，为全党统一思想、统一行动提供了根本准绳，为实现党的政治路线、现实目标和最终目标提供了基本保证；党章规定党内生活准则和各项纪律，是全面从严治党的根本依据；党章阐述党的基本知识，规定党员条件及其义务和权利，规定党的各级领导干部的基本条件，是对党员进行教育的最好教材。在90多年的奋斗历程中，我们党认真总结革命建设改革的成功经验，及时把党的实践创新、理论创新、制度创新的重要成果体现到党章中，使党章在推进党的事业、加强党的建设中发挥了重要指导作用。

扩展阅读

党章史上的第一次

1922年7月，党在二大通过的《中国共产党章程》，第一次提出反帝反封建的民主革命纲领。党的三大党章适应同国民党建立革命统一战线、要求提高党员素质的需要，第一次对党员的候补期作了规定。党的四大党章第一次称党的领导人为总书记。党的五大党章第一次规定民主集中制为指导原则，第一次规定中央政治局和中央政治局常委会的设置，第一次对入党年龄作了规定，第一次规定党的纪检监察机构监察委员会，第一次规定党组。党的六大党章第一次确立了退党制度。党的七大党章第一次增写了总纲，第一次把毛泽东思想确立为党的指导思想，第一次设立中央书记处。党的十二大党章第一次对改革开放作出阐述，第一次确立社会主义初级阶段理论，第一次提出中国特色社会主义理论体系，第一次规定"党必须在宪法和法律的范围内活动"。党的十四大党章第一次将我国经济体制改革的目标确定为建立社会主义市场经济体制。党的十五大党章第一次把邓小平理论确立为全党指导思想。党的十六大党章第一次把"三个代表"重要思想写入党章，第一次规定其他社会阶层的先进分子可以入党，第一次写入依法治国，建设社会主义法治国家。党的十七大第一次写入中国特色社会主义事业总体布局。党的十八大第一次把科学发展观确立为党的指导思想。党章史上的第一次，反映了我们党革故鼎新、与时俱进的实践品格。

党章是党的总章程，集中体现了党的性质和宗旨、党的理论和路线方针政策、党的重要主张，规定了党的重要制度和体制机制，是全党必须共同遵守的根本行为规范。认真学习党章、严格遵守党章，是加强党的建设的一项基础性经常性工作，也是全党同志的应尽义务和庄严责任。全党同志都要全面了解和掌握党章的基本内容。要把党章学习教育作为经常性工作来抓，通过日常学习、专题培训等形式，组织党员学习党章。要把学习党章作为各级党校、干校培训党员领导干部的必备课程。要把检查学习和遵守党章情况作为组织生活会、民主生活会的重要内容。要严格遵守党章各项规定。全党要牢固树立党章意识，真正把党章作为加强党性修养的根本标准，作为指导党的工作、党内活动、党的建设的根本依据，把党章各项规定落实到行动上、落实到各项事业中。要加强对遵守党章、执行党章情况的督促检查，对党章意识不强、不按党章规定办事的要及时提醒，对严重违反党章规定的行为要坚决纠正。党员领导干部要做学习党章、遵守党章的模范。各级领导干部要把学习党章作为必修课，走上新的领导岗位的同志要把学习党章作为第一课，带头遵守党章各项规定。

二、关于党内政治生活的若干准则

我们党在长期的革命斗争中，十分重视思想、作风建设，保证了党在组织上的先进性纯洁性，逐步形成了以实事求是、理论联系实际、密切联系群众、批评和自我批评、民主集中制等为主要内容的政治生活准则。这些政治生活准则，保证了我们党具有强大的战斗力凝聚力，使我们党领导全国人民取得了新民主主义革命的胜利，始终成为中国特色社会主义事业的坚强领导核心。但是，由于党和国家的民主集中制不够健全，党内脱离实际、脱离群众、主观主义、官僚主义、独断专行、特权思想等不良倾向有所发展，党内正常的政治生活在一定程度上受到损害。特别是在"文化大革命"期间，林彪、"四人帮"肆意践踏党规党法，取消党的领导，使党的组织、党员的党性观念、党的优良传统和作风遭到了严重破坏。为全面恢复和进一步发扬党的优良传统和作风，健全党的民主生活，维护党的团结统一，提高党的战斗力凝聚力，1980年2月29日，党的十一届五中全会通过了《关于党内政治生活的若干准则》。

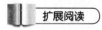

准则的制定背景

"文化大革命"结束后，经过一段时间的拨乱反正，全党全国基本上呈现出安定团结、生动活泼的政治局面。怎样才能维护安定团结的政治局面，是邓小平、陈云等中央领导同志十分关注的问题。为使全党全国人民深刻汲取民主集中制原则和国家民主法制受到破坏的惨痛教训，使类似事件永远不再重演，中央决定重申党内政治生活的一些基本准则。由于此时党的十一届三中全会召开不久，修改党章来不及，根据邓小平、陈云等中央领导同志意见，先搞一个准则指导当时工作，作为党章的具体补充，实际上起党纲作用。这就是党的十一届五中全会通过的《关于党内政治生活的若干准则》。

准则分为引言、正文、结束语三部分。引言主要阐述了准则制定的背景和意义。正文共十二条：一是坚持党的政治路线和思想路线；二是坚持集体领导，反对个人专断；三是维护党的集中统一，严格遵守党的纪律；四是坚持党性，根绝派性；五是要讲真话，言行一致；六是发扬党内民主，正确对待不同意见；七是保障党员的权利不受侵犯；八是选举要充分体现选举人的意志；九是同错误倾向和坏人坏事作斗争；十是正确对待犯错误的同志；十一是接受党和群众的监督，不准搞特权；十二是努力学习，做到又红又专。结束语主要对各级党员干部学习贯彻准则提出要求。

《关于党内政治生活的若干准则》是我们党经过十年动乱、遭受惨重损失后，根据马克思列宁主义、毛泽东思想的建党原则，按照党的十一届三中全会精神，汲取建党以来的经验教训制定出来的。准则作为党章的补充和细化，是一部比较全面系统的党规党法，既概括了历史上处理党内关系和整顿党风的经验，又提出了体现时代特征的党的建设任务和要求，对提升党员特别是党员领导干部的思想政治水平、加强党的建设具有重要意义。

严格的党内生活，是党的优良传统和政治优势，是解决党内矛盾、加强党员干部党性的有效途径，也是保持党的团结统一、增强党的生机活力的重要措施。虽然准则发布已经30多年，党员队伍结构和状况发生了显著变化，中国特色社会主义事业和党的建设取得了巨大成就，但准则确定的党内政治生活原则仍然是广大党员干部的行为准绳。在十八届中央纪委二次全会上，习近平总书记强调，党员干部特别是领导干部要认真重温学习准则，坚决贯彻执行准则。全体党员要认真学习准则，完整领会和正确掌握准则的精神实质，对照准则的各项规定，认真检查自己的工作、思想和作风，把准则运用到民主生活会和民主评议中，体现在日常政治生活中。党的各级领导机关和领导干部要做学习准则、遵守准则的模范，自觉按照党的组织原则和党内政治生活准则办事。每个党员干部都要增强言党忧党为党意识，落实爱党兴党护党行为，敢于同形形色色违反党内政治生活原则和制度的现象作斗争。

第三节　党的组织建设法规

建党90多年来，党的组织工作适应不同历史时期的形势任务，不断总结经验教训，并以制度形式固定下来，形成了以党章为根本，以干部工作、组织建设、人才工作和组织部门自身建设法规制度为主要内容的组织工作法规制度体系，为组织工作创新发展提供了重要制度保障。改革开放以来制定发布的组织工作法规文件有很多，这里重点介绍

《党政领导干部选拔任用工作条例》。

治国之要，首在用人。我们党历来高度重视选贤任能，始终把选人用人作为关系党和人民事业的关键性、根本性问题来抓。习近平总书记多次强调，好干部要做到信念坚定、为民服务、勤政务实、敢于担当、清正廉洁（简称好干部"20字"标准）。

把好干部选好用好，需要科学有效的用人机制。2002年7月中共中央颁布《党政领导干部选拔任用工作条例》，在规范干部选任工作、建立健全科学的选拔任用机制、防止和纠正选人用人上不正之风等方面，发挥了重要作用。但随着干部工作形势任务和干部队伍状况的变化，条例已不能完全适应新的要求。主要表现在以下三方面：一是中央对干部工作提出了新要求。党的十八大以来，以习近平同志为核心的党中央对干部工作的指导思想、目标任务、基本原则等提出了一系列新思想新要求，标志着党对干部工作规律的认识达到了新的高度。这些新思想新要求需要通过条例的修订转化为具体制度规定。二是干部选拔任用工作中出现了一些新情况新问题，如民主质量不高、评价使用干部唯GDP、唯票、唯分、唯年龄等问题突出，公开选拔和竞争上岗、破格提拔等亟需从制度层面加以改进。三是干部人事制度改革积累了新经验，干部政策有新变化新调整，这些也需要对条例进行修订。2014年1月，中共中央印发了修订后的条例。

扩展阅读

"最年轻代县长"风波

2011年8月，河北省某市公布了一份所属19个区县（市）的人事调整名单。时年29岁的闫某拟提拔为某县委副书记、代县长。"80后代县长"迅速成为舆论焦点，各种爆料层出不穷，传播最多的版本称闫某出自官员世家，近亲中有两个厅级高官、三个县级领导、不少科级干部。此后有网友发现，在县政府网站上找不到闫某的相关信息。"县长的简历是机密，不便对外公开。"该县政府一名工作人员在回应外界质疑时的这句话引起轩然大波，更多媒体加入到对闫某的"围观"队伍。直到9月21日下午，该县政府网站才挂出闫某的简历。简历显示，从1999年9月闫某参加工作开始算起，12年间其职位共变迁9次。网友们对闫某21岁提为副科级干部并在三四年间频繁转岗乃至受到重用的原因感到不解，对其家庭背景更加好奇。12月26日，闫某在巨大的舆论压力下提出辞职。闫某的辞呈很快得到批复。

《共产党领导干部选拔任用工作条例》共十三章、七十一条，对党政领导干部选拔任用工作作了全方位规定。一是确立了干部选拔任用工作的指导思想、基本原则、基本要求、适用范围，鲜明地将好干部"20字"标准写入总则，将其作为干部选拔任用工作的重要遵循；坚持党管干部原则，在原则标准和程序方法等多方面强调党组织的领导和把关作用。二是明确了党政领导干部应当具备的基本条件和任职资格，规定了提出启动干部选拔任用工作的权限。三是规定了民主推荐的方式、程序和范围，考察的条件、内容和程序，以及讨论决定和任职程序。在合理定位和改进方法的基础上，强调根据知情度、关联度和代表性原则合理确定参加民主推荐的人员范围，着力提高民意表达的真实性，减少民主推荐的失真失实；强调加强对政治品质和道德品行、科学发展实绩、作风表现、廉政情况的考察，防止简单以GDP评价政绩。四是规范公开选拔和竞争上岗。合理确定范围、严格资格条件的设置、加强组织把关，坚持实践标准，突出实绩竞争，防止简单以分数取人。五是从严规范破格提拔。规定特别优秀或者工作特殊需要的干部才可以破格提拔，强调破格不能降低干部标准，不能破基本条件，不能破有关法律、章程规定的资格，并规定破格提拔干部在讨论决定前，必须报经上级组织人事部门同意。六是严明选拔纪律，严肃责任追究，对党组织、领导干部和选拔对象都提出了严格要求。

新修订条例体现了中央有关干部工作的新精神新要求，吸收了干部人事制度改革的新经验新成果，改进了干部选拔任用制度，是新时期做好领导干部选拔任用工作的基本遵循，也是从源头上预防和治理选人用人不正之风的有力武器。条例的颁布实施，对于把新时期好干部标准落实到干部选拔任用工作中去，建立健全科学的干部选拔任用机制和监督管理机制，解决干部工作中的突出问题，建设高素质的党政领导干部队伍，保证党的路线方针政策全面贯彻执行和中国特色社会主义事业顺利进行，具有十分重要的意义。

各级党委（党组）及其组织（人事）部门一定要认真学习、大力宣传、严格执行新修订的条例。党政主要领导同志要增强政治纪律、组织人事纪律观念，带头遵守条例，规范行使选人用人权。组织（人事）部门要坚持公道正派、依规办事，把好选人用人关。要坚持党管干部原则，完善干部选拔任用方法，发挥党组织在干部选拔任用工作中的领导和把关作用。要坚持干部工作的群众路线，坚持群众公认，充分发扬民主，改进民主推荐和民主测评，提高干部工作民主质量，防止简单以票取人、以分取人。要全面准确贯彻民主、公开、竞争、择优方针，完善公开选拔、竞争上岗等竞争性选拔方式，进一步推进干部人事制度改革，努力做到选贤任能、用当其时，知人善任、人尽其才，把好干部及时发现出来、合理使用起来。

第四节 党的作风建设法规

党的作风关系党的生死存亡。健全的制度是党风建设的基本保证。我们党历来高度重视作风制度建设。改革开放以来，中央出台了20多件作风建设方面的党内法规，中央纪委、中央各部门印发了一批配套党内法规。这里重点介绍中央八项规定。

一个政党，一个政权，其前途和命运最终取决于人心向背。党群关系的密切程度，始终都是党的执政能力强弱的根本指标。历史经验表明，如果一个政党脱离它所代表的民众，就会失去执政根基，就会在历史的拐点上为人民所抛弃。所以说脱离群众是我们党执政后的最大危险。在新形势下，党所处历史方位和执政条件、党员队伍组成结构都发生了重大变化，党面临的执政考验、改革开放考验、市场经济考验、外部环境考验和精神懈怠风险、能力不足风险、脱离群众风险、消极腐败风险是长期的、复杂的、严峻的。处理好党同人民群众的关系、始终保持密切联系群众的作风，是我们党长期执政面临的重大课题。

2012年12月4日，习近平总书记主持召开中央政治局会议，审议通过了《十八届中央政治局关于改进工作作风、密切联系群众的八项规定》。规定要求：

一要改进调查研究，到基层调研要深入了解真实情况，总结经验、研究问题、解决困难、指导工作，向群众学习、向实践学习，多同群众座谈，多同干部谈心，多商量讨论，多解剖典型，多到困难和矛盾集中、群众意见多的地方去，切忌走过场、搞形式主义；要轻车简从、减少陪同、简化接待，不张贴悬挂标语横幅，不安排群众迎送，不铺设迎宾地毯，不摆放花草，不安排宴请。

二要精简会议活动，切实改进会风，严格控制以中央名义召开的各类全国性会议和举行的重大活动，不开泛泛部署工作和提要求的会，未经中央批准一律不出席各类剪彩、奠基活动和庆祝会、纪念会、表彰会、博览会、研讨会及各类论坛；提高会议实效，开短会、讲短话，力戒空话、套话。

三要精简文件简报，切实改进文风，没有实质内容、可发可不发的文件、简报一律不发。

四要规范出访活动，从外交工作大局需要出发合理安排出访活动，严格控制出访随行人员，严格按照规定乘坐交通工具，一般不安排中资机构、华侨华人、留学生代表等到机场迎送。

五要改进警卫工作，坚持有利于联系群众的原则，减少交通管制，一般情况下不得封路、不清场闭馆。

六要改进新闻报道，中央政治局同志出席会议和活动应根据工作需要、新闻价值、社会效果决定是否报道，进一步压缩报道的数量、字数、时长。

七要严格文稿发表，除中央统一安排外，个人不公开出版著作、讲话单行本，不发贺信、贺电，不题词、题字。

八要厉行勤俭节约，严格遵守廉洁从政有关规定，严格执行住房、车辆配备等有关工作和生活待遇的规定。

好作风是我们党长期探索形成的根本工作方法，是我们党最大的政治优势和执政资源。八项规定充分体现了党中央带头改进作风的坚定决心，体现了从严治党的要求，体现了对人民期待的尊重和回应，是党中央应对执政风险的战略思考，是新一届中央领导集体的庄严政治承诺，是聚党心得民心的重大举措，是对党的各级领导干部提出的政治要求。

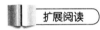

扩展阅读

八项规定改变中国

八项规定是党的十八大后全面从严治党的第一个举措。三年来，中央率先垂范、以上率下，各地区各部门积极响应、全面跟进，党风政风民风发生了根本改变。

——政府官员出门自己开车、晚上回家吃饭，已经逐渐成为常态。人们切身感受到了"三公消费"大减，"舌尖浪费"被遏制，"会所歪风"停刮。

——从2013年起，每逢春节、中秋节、教师节等节假日，中央都专门出台文件，严刹送礼之风。浙江省义乌市某地是挂历集散地。2013年前，每年都有全国各地的党政机关、企事业单位人员到此采购挂历，少则几千份，多则几万份。2013年中央纪委发出《关于严禁公款购买印制寄送贺年卡等物品的通知》后，所有公家人都"爽约"了，经营挂历的企业多多少少都赔了钱。

——中央纪委网站每月更新一次月报，从未间断。截至2015年10月31日，全国累计查处违反八项规定问题104934起，处理人数138867人，其中55289人受到党纪政纪处分。在被处理的干部中，省部级7人，地厅级678人，县处级7389人，乡科级130793人。黑龙江省副省级干部付某因私公款消费，大量饮酒并造成陪酒人员一死一伤的严重后果，被处以留党察看一年处分，由副省级降为正局级。

——社会风气有了很大改观。久治不下的高价烟酒、高价月饼、高价花卉、高价宴请、高价娱乐，突然间销声匿迹。

贯彻八项规定这三年，是党风廉政建设取得显著成效的三年，是取信于民、赢得民心的三年，是重树党的威信、重塑党的形象的三年，是深刻改变中国面貌的三年。

八项规定的颁布实施，向全党发出了转变工作作风改进党风政风的号召。各级党政机关和领导干部要认真学习领会八项规定的深刻内涵和重大意义，增强宗旨意识、忧患意识和使命意识，坚持以人为本、执政为民，带头改进工作作风，带头深入基层调查研究，带头密切联系群众，带头解决实际问题，始终把人民放在心中最高位置，始终保持共产党人清正廉洁的政治本色。

第五节　党的反腐倡廉建设法规

腐败是侵蚀党的肌体的毒瘤。保持党的先进性纯洁性，必须坚决惩治和有效预防腐败。制度建设是反腐倡廉建设的治本之策。我们党历来高度重视反腐倡廉制度建设，制定发布了一大批反腐倡廉建设法规，教育、监督、改革、纠风、惩治等反腐倡廉建设各个方面基本实现了有规可依，反腐倡廉法规制度体系已基本形成。据统计，改革开放以来，中央制定发布了20多件反腐倡廉建设方面的党内法规，同时中央纪委印发了130多件配套法规制度。这里重点介绍《中国共产党廉洁自律准则》和《中国共产党纪律处分条例》。

一、中国共产党廉洁自律准则

办好中国的事情，关键在党。我们党是靠革命理想和铁的纪律组织起来的马克思主义政党，组织严密、纪律严明是党的优良传统和政治优势，是我们党的力量所在。全面从严治党，必然要求全体党员特别是党员领导干部坚定理想信念，坚持根本宗旨，发扬优良作风，始终走在时代前列，始终成为中国特色社会主义事业的坚强领导核心。

2001年中共中央印发的《中国共产党党员领导干部廉洁从政若干准则》，对于促进党员领导干部廉洁从政，保持党的先进性纯洁性发挥了重要作用。党的十八大以来，随着全面从严治党实践的不断深化，准则已不能完全适应新的实践需要。主要表现在：一是适用对象过窄，仅对党员领导干部提出要求，未能涵盖

8700多万党员；二是缺少正面倡导，许多条款与修订前的党纪处分条例和国家法律重复；三是廉洁主题不够突出，一些内容与廉洁主题无直接关联。鉴于以上原因，有必要对准则予以修订。2015年10月18日，中共中央印发了新修订的《中国共产党廉洁自律准则》。准则共八条，包括导语、党员廉洁自律规范和党员领导干部廉洁自律规范三部分。主要内容源自于党章和党的几代领导人特别是习近平总书记的重要论述，可以概括为"四个必须""八条规范"。准则在导语部分提出"四个必须"，体现了准则的制定目的和目标要求，即全体党员和各级党员领导干部必须坚定共产主义理想和中国特色社会主义信念，必须坚持全心全意为人民服务根本宗旨，必须继承发扬党的优良传统和作风，必须自觉培养高尚道德情操，努力弘扬中华民族传统美德，廉洁自律，接受监督，永葆党的先进性和纯洁性。在党员廉洁自律规范部分，准则围绕如何正确对待和处理"公与私""廉与腐""俭与奢""苦与乐"的关系提出"四条规范"，即坚持公私分明，先公后私，克己奉公；坚持崇廉拒腐，清白做人，干净做事；坚持尚俭戒奢，艰苦朴素，勤俭节约；坚持吃苦在前，享受在后，甘于奉献。在党员领导干部廉洁自律规范部分，针对党员领导干部这个"关键少数"，围绕廉洁从政，准则从公仆本色、行使权力、品行操守、良好家风等方面，对党员领导干部提出要求更高的"四条规范"，即廉洁从政，自觉保持人民公仆本色；廉洁用权，自觉维护人民根本利益；廉洁修身，自觉提升思想道德境界；廉洁齐家，自觉带头树立良好家风。

任何一个社会、任何一个公民不能都踩到法律的底线上，党员更不能站在纪律的边缘。准则以党章作为根本遵循，坚持依规治党与以德治党相结合，针对现阶段党员和党员领导干部在廉洁自律方面存在的主要问题，为党员和党员领导干部树立了一个看得见、够得着的高标准，展现了共产党人高尚道德追求，体现了古今中外道德规范从高不从低的共性要求。

修订后的廉洁自律准则，是党执政以来第一个坚持正面倡导、面向全体党员的廉洁自律规范，是向全体党员发出的道德宣示和对全国人民的庄严承诺。各级党组织要切实担当和落实好全面从严治党的主体责任，抓好准则的学习宣传和贯彻落实，把各项要求刻印在全体党员特别是党员领导干部的心上。各级党员领导干部要发挥表率作用，以更高更严的要求，带头践行廉洁自律规范。广大党员要加强党性修养，保持和发扬党的优良传统作风，使廉洁自律规范内化于心、外化于行，坚持理想信念宗旨"高线"，永葆共产党人清正廉洁的政治本色。

二、中国共产党纪律处分条例

坚持党要管党、从严治党，是实现"两个一百年"奋斗目标和中华民族伟大复兴中国梦的根本保证。全面从严治党，必须围绕坚持党的领导这个根本，注重依规依纪治党，切实加强党的纪律建设。

原党纪处分条例是在1997年《中国共产党纪律处分条例（试行）》基础上修订而成的，2003年12月颁布实施，对维护党章和其他党内法规，严肃党的纪律等发挥了重要作用。随着党的建设深入推进，条例也呈现一些不相适应的地方：一是对违反党章、损害党章权威的违纪行为缺乏必要和严肃的责任追究；二是纪法不分，近半数条款与刑法等国家法律规定重复，将适用于全体公民的法律规范作为党组织和党员的纪律标准，降低了对党组织和党员的要求；三是有必要将党的十八大以来从严治党的实践成果制度化，将严明政治纪律和政治规矩、组织纪律，落实中央八项规定精神，反对"四风"等内容吸收进条例。为把党规党纪的权威性在全党树起来、立起来，切实唤醒广大党员干部的党章党规党纪意识，有必要对党纪处分条例进行修订。2015年10月18日，中共中央颁布了新修订的《中国共产党纪律处分条例》。

修订后的条例共三编、十一章、一百三十三条，分总则、分则、附则三部分。主要内容有以下五方面：一是对条例的指导思想、基本原则和适用范围作出规定，增加了党组织和党员必须自觉遵守党章，模范遵守国家法律法规的规定；二是对违纪概念、纪律处分种类及其影响等作出规定，将严重警告的影响期由原来的一年修改为一年半；三是对纪律处分运用规则作出规定，将在纪律集中整饬过程中不收敛、不收手列为从重或者加重处分的情形；四是对涉嫌违法犯罪党员的纪律处分作出规定，实现党纪与国法的有效衔接；五是将原条例规定的十类违纪行为整合修订为六类，分别为：对违反政治纪律行为的处分、对违反组织纪律行为的处分、对违反廉洁纪律行为的处分、对违反群众纪律行为的处分、对违反工作纪律行为的处分、对违反生活纪律行为的处分。在这6种违纪行为的规定中，增加了拉帮结派、对抗组织审查、组织或者参加迷信活动、搞无原则一团和气以及违反党的优良传统和工作惯例等党的规矩的违纪条款；不按照有关规定或者工作要求向组织请示报告重大问题，不如实报告个人有关事项，篡改、伪造个人档案资料，隐瞒入党前严重错误等违纪条款；搞权权交易，对亲属和身边工作人员管教不力，赠送明显超出正常礼尚往来的礼品、礼金、消费卡，违规出入私人会所，搞权色交易和钱色交易等违纪条款；超标准、超范围向群众筹资筹劳，在办理涉及群众事务时故意刁难、吃拿卡要等侵害群众利益的违纪条款；党组织不履行全面从严治党主体责任，违规干预和插手市场经济活动，违规干预和插手司法活动、执纪执法活动等违纪条款；生活奢靡，违背社会公序良俗等违纪条款。

条例贯彻党的十八大和十八届三中、四中全会精神，坚持依规治党与以德治党相结合，围绕党纪戒尺要求，开列负面清单，重在立规，是对党章规定的具体化，划出了党组织和党员不可触碰的底线，对于贯彻全面从严治党要求，把纪律和规矩挺在前面，切实维护党章和其他党内法规的权威性严肃性，保证党的路线方针政策和国家法律法规的贯彻执行，深入推进党风廉政建设和反腐败斗争，具有十分重要的意义。

各级党委（党组）要按照中央要求，切实担当和落实好全面从严治党的主体责任，认真贯彻执行党纪处分条例，严明党纪戒尺，把党的纪律刻印在全体党员特别是党员领导干部的心上。要坚持问题导向，把严守政治纪律和政治规矩放在首位，通过严肃政治纪律和政治规矩带动其他纪律严起来。要坚持把纪律和规矩挺在前面，落实抓早抓小，绝不允许突破纪律底线。党员领导干部要以身作则，敢于担当、敢于较真、敢于斗争，确保把党章党规党纪落实到位。广大党员要牢固树立党章党规党纪意识，做到讲规矩、守纪律，知敬畏、存戒惧，自觉在廉洁自律上追求高标准，在严守党纪上远离违纪红线，在全党逐渐形成尊崇制度、遵守制度、捍卫制度的良好风尚。

内容提要

普法讲师团在法治宣传教育中充分发挥了骨干作用，为推动全社会树立法治意识、全面推进依法治国作出了积极贡献。

普法讲师团成员主要从立法、司法、行政执法、法律监督、法律服务、法学科研教育以及普法依法治理工作机构中选聘。主要任务是，受聘为邀请单位宣讲法律，对党和国家及各级政府法治建设重大战略部署进行解读，对开展法治宣传教育提出意见建议，参加法治宣传教育理论研讨、调研活动，承担有关普法依法治理课题研究，参与编写法治宣讲教材、资料，向社会公民提供法律咨询。

第一节　概　述

新中国成立以来，伴随着一部部事关国家权力、公民权利、经济民生的法律不断出台，中国特色社会主义法律体系，从无到有、从粗到细、从分散到构成体系，最后正式形成。通过全民普法的形试，将社会主义法治之树深深扎根于广大人民群众的沃土之中这一伟大创举。

一个国家，只有公民具备法律信仰的心理基础，并从内心真正地尊重法律，进而以之作为行动准则，才有可能迈进法治社会的门槛。从这个意义上说，法律既不是刻在大理石上也不是刻在铜器上的条文，而是铭刻在公民心里的文化精神。而要实现这一目标，离不开建设一支具备较高法律素质的普法宣传队伍，普法讲师团正由此应运而生。

一、历史沿革

（一）培训一支合格的宣传员队伍的提出

1985年11月，中共中央、国务院批转中宣部、司法部《关于向全体公民基本普及法律常识的五年规划》，全国人大常委会作出《关于在公民中基本普及法律常识的决议》。"一五"普法由此启动。

"一五"普法，开创性地提出了在全体公民中开展法制宣传教育，要求在全体公民中普及法律常识；建立了一支既懂得法律知识，又有讲解能力，精干有力的普法宣传骨干队伍，编写适合不同层次需要的普法教材，注意逐步形成法制宣传阵地。

到1990年底，全国各地基本完成了第一个五年规划所确定的任务，取得了显著成效。从全国情况看，五年普法工作的进展是扎实的、健康的，成效是显著的。据统计，截至1990年底，全国7.5亿多普法对象中（占全国总人数的70%），有7亿多人参加了普法学习，占普法对象总数的93%。取得如此显著的成绩，离不开《关于向全体公民基本普及法律常识的五年规划》中培训一支合格的宣传员队伍的要求。

（二）普法讲师团工作制度的形成

遵照第七届全国人大常委会第十八次会议《关于深入开展法制宣传教育的决议》和中共中央、国务院批转的《中央宣传部、司法部关于在公民中开展法制宣传教育的第二个五年规划》的要求，以宪法为核心、以专业法为重点的"二五"普法活动，在党中央、全国人大常委会、国务院的领导、关怀和监督下，经过各地区和中央国家机关各部门广大普法教育工作者的共同努力，工作进展顺利。在1991年，各地区、各系统用一年的时间，认真开展了"二五"普法的各项准备工作。各省、自治区、直辖市和中央国家机关各部门根据中央和全国人大常委会的要求，普遍制定了本地区、本部门的普法工作具体实施规划，各级人大常委会也相应作出了决议；中央和国家机关以及中国人民解放军、武警部队各部门下达了本系统的普法规划；省以下地（市）、县普遍制定下达了普法规划；全国各乡镇、村也普遍对普法工作作出了安排。此外，培训普法骨干也成了各地区、各部门的重点工作。中央国家机关多数部门举办了厅局长和普法宣讲骨干培训班。全国各省、地（市）、县也都按照规划要求，培训了普法骨干，为普法工作的展开创造了有利条件。

"二五"普法期间，全国人大常委会决议把各级领导干部作为普法教育的重点对象，这也是党中央和国务院提出的要求。为适应中高级领导干部系统学习法律知识的需要，中宣部、司法部、中国法学会在1993年四月联合组建了"国家中高级干部学法讲师团"，并举办了中央国家机关部级领导干部专题法制讲座，帮助他们学习有关市场经济的法律知识。

在此期间，全国曾掀起两次领导干部学法高潮。第一次在1991年下半年至1992年上半年，全国90%以上的党政干部参加了《中华人民共和国宪法讲话》和《社会主义法律建设若干问题讲话》两本书的学习。第二次是1994年底和1995年初在党中央两次举办法制讲座之后，在全国范围内掀起了领导干部学习法制理论和社会主义市场经济法律法规的热潮。1995年8月30日和10月31日，全国人大常委会连续两次举办宪法和法律知识讲座，把这次学法高潮推向深入。全国30个省、自治区、直辖市都举办了省级领导干部法制讲座。地、市、县也普遍采取各种形式学习法律知识。在学法的基础上，越来越多的领导干部对法制建设的作用有了新的认识，单纯靠行政命令的领导方式开始向依法决策、依法管理、依法办事的新的领导方式转变，"改革、发展、稳定要靠法制"的观念逐步确立。

也正因如此，普法讲师团在公民中基本普及法律常识的作用开始凸显。

到了"三五"普法期间，一支具备较高法律素质的专、兼职相结合的法制宣传员队伍已经形成，全国总人数达到700多万。全国25个省（自治区、直辖市）成立了省级普法讲师团，成员700多人，地（市）、县（市、区）成立的普法讲师团成员达6.1万人。普法讲师团成为了我国法治宣传教育的中坚力量。

二、普法讲师团工作制度的现状

普法讲师团是推进全民普法的一支重要力量，具有不可替代的优势。它为推进全民学法尤其是领导干部学法用法努力工作，为全民法律意识的提高尤其是领导干部法律素质和依法执政能力的增强，作出了积极贡献。

"四五"普法期间，全国已有二十六个省、自治区、直辖市建立了省级普法讲师团。吉林、山东、江苏、福建、湖南、青海、四川、贵州等省已初步建立健全了从省到市、县的普法讲师团网络。

"五五"普法期间，重点突出学习宣传了宪法，各项法律法规也得到了广泛传播。以"维护宪法法律权威、促进社会和谐稳定"为主题，组织普法讲师团开展宪法学习巡回报告786万多场次，现场听众达2600多万人次。在全国组织开展法律进机关、进乡村、进社区、进学校、进企业、进单位"法律六进"活动，是"五五"普法的一项重要创新。2006年，中宣部、司法部和全国普法办联合下发通知，精心部署，制定实施细则，组织召开现场经验交流会，推进"法律六进"活动深入开展。各地区、各部门结合实际，认真制定实施方案，加强考核和监督，确保"法律六进"活动扎实开展、取得实效。"法律六进"活动丰富了普法内容,拓展了普法途径和方式,扩大了覆盖面和影响力,增强了针对性和实际效果,使法治宣传教育更加深入基层,更好地服务群众。普法讲师团在这其中取到了至关重要的作用。

"六五"普法期间,为深入学习宣传中国特色社会主义法律体系各地各部门深入学习宣传宪法相关法、民法商法、行政法、经济法、社会法、刑法、诉讼与非诉讼程序法等各个法律部门的法律法规,重点学习宣传与促进经济发展、维护社会稳定、保障改善民生等相关的法律法规,及时学习宣传新颁布、新修订的法律法规。为此,司法部会同有关部门组织"六五"普法讲师团成员,举办中国特色社会主义法律体系巡回宣讲活动,并制发系列法治讲座光盘,供全国学习使用。

在此期间,各地各部门把法治宣传教育工作摆上重要位置,建立完善党委领导、人大监督、政府实施的领导体制,主要负责同志积极履行法治建设第一责任人职责。"六五"普法期间,310多名省(部)级干部参加启动会议,112名省(部)级干部参加总结验收。认真落实国家机关"谁执法谁普法"的普法责任制,推动建立各部门各负其责、全社会共同参与的工作机制,制定普法责任制实施意见,建立责任清单制度,把法治宣传教育纳入年度目标考核。切实加强普法队伍建设,全国成立普法讲师团8250个、成员达13.4万名,为普法工作顺利开展提供了有力保障。

三、普法讲师团工作制度发展与完善

全民普法,一直与社会主义现代化建设相适应,随社会主义现代化建设的发展而发展;一直与国家经济发展相适应,随经济发展而发展;一直与国家民主法治建设进程相适应,随民主法治建设的发展而发展;一直与人民群众不同阶段的法律需求相适应,随人民群众不断增加的法律需求而发展。

从"一五"到"六五",全民普法实现了从普及法律常识到推进依法治国。今天,依法治村、依法治校、依法治企、依法治县、依法治市、依法治省等,这些不同层次、不同形式,但已生根、开花、结果的各项依法治理活动,最初都是在普法的基础上被提出来并得到发展的。

从"一五"到"六五",全民普法实现了从法治启蒙教育到培育法治文化入心入脑。习近平总书记在中共中央政治局就全面推进依法治国进行第四次集体学习时强调,要深入开展法治宣传教育,在全社会弘扬社会主义法治精神,引导全体人民遵守法律、有问题依靠法律来解决,形成守法光荣的良好氛围。

党中央、全国人大、国务院高度重视法治宣传教育工作。党的十八大以来,党中

央对全面推进依法治国作出了重要部署，对法治宣传教育提出了新的更高要求。习近平总书记多次对法治宣传教育作出重要指示，为法治宣传教育工作指明了方向，提供了根本遵循。广大讲师团成员应切实按中央的要求和普法宣传的需要，采取有效措施，进一步加强法治宣传教育，努力为实现"十三五"时期经济社会发展目标、全面建成小康社会营造良好法治环境。

一是深入学习宣传习近平总书记关于全面依法治国的重要论述，增强走中国特色社会主义法治道路的自觉性和坚定性，增强全社会厉行法治的积极性和主动性。

二是突出学习宣传宪法，坚持把学习宣传宪法摆在首要位置，在全社会普遍开展宪法教育，弘扬宪法精神，树立宪法权威。

三是深入宣传中国特色社会主义法律体系，大力弘扬法治精神，引导全体公民自觉守法、遇事找法、解决问题靠法。

四是深入宣传党内法规，突出宣传党章，教育引导广大党员尊崇党章，以党章为根本遵循，坚决维护党章权威，坚持纪在法前、纪严于法，始终把纪律和规矩挺在前面。

五是切实加强重点对象的法治宣传教育，坚持把领导干部带头学法、模范守法作为树立法治意识的关键，坚持从青少年抓起，推动全体公民尊法学法守法用法。

六是推进社会主义法治文化建设，充分发挥法治文化的引领、熏陶作用，使人民内心拥护和真诚信仰法律。

七是推进多层次多领域依法治理，深入开展法治城市、法治县（市、区）、民主法治示范村（社区）等法治创建活动，不断提高社会治理法治化水平。

八是进一步强化工作措施，健全普法宣传教育机制和普法责任制，积极推进法治宣传教育工作创新，不断增强法治宣传教育的实效。

第二节　加强普法讲师团队伍建设

党的十八大以来，以习近平同志为核心的党中央对全面依法治国作出了重要部署，对法治宣传教育提出了新的更高要求，明确了法治宣传教育的基本定位、重大任务和重要措施。十八届三中全会要求"健全社会普法教育机制"；十八届四中全会要求"坚持把全民普法和守法作为依法治国的长期基础性工作，深入开展法治宣传教育"；十八届五中全会要求"弘扬社会主义法治精神，增强全社会特别是公职人员尊法学法守法用法观念，在全社会形成良好法治氛围和法治习惯"。习近平总书记多次强调"领导干部要做尊法学法守法用法的模范"，要求法治宣传教育"要创新宣传形式，注重宣传实效"，为法治宣传教育工作指明了方向。与新形势新任务的要求相比，有的地方和部门对法治宣传教育重要性的认识还不到位，普法宣传教育机制还不够健全，实效性有待进一步增强。深入开展法治宣传教育，增强全民法治观念，对于服务协调推进"四个全面"战略布局和"十三五"时期经济社会发展，具有十分重要的意义。为做好第七个五年法治宣传教育工作，中共中央批准转发了《中央宣传部、司法部关于在公民中开展法治宣传教育的第七个五年规划(2016-2020年)》。

规划要求，各级党委和政府要加强对普法工作的领导，宣传、文化、教育部门和人民团体要在普法教育中发挥职能作用。把法治教育纳入精神文明创建内容，开展群众性法治文化活动。人民团体、社会组织要在法治宣传教育中发挥积极作用，健全完善普法协调协作机制，根据各自特点和实际需要，有针对性地组织开展法治宣传教育活动。积极动员社会力量开展法治宣传教育，加强各级普法讲师团建设，选聘优秀法律和党内法规人才充实普法讲师团队伍，组织开展专题法治宣讲活动，充分发挥讲师团在普法工作中的重要作用。因此，建设一支高素质的普法讲师团队伍，是新形势下进一步加强法治宣传教育工作的重要举措。

一、深入学习宣传习近平总书记关于全面推进依法治国的重要论述

党的十八大以来，习近平总书记站在坚持和发展中国特色社会主义的高度，对全面推进依法治国作出一系列重要论述，为全面推进依法治国提供了科学理论指导和行动指南，也为法治宣传教育指明了方向。中宣部、司法部、全国普法办先后多次印发通知，认真组织学习宣传习近平总书记在首都各界纪念现行宪法公布实施30周年大会上的重要讲话、在中央政治局第四次集体学习时的重要讲话、在省部级主要领导干部学习贯彻十八届四中全会精神全面推进依法治国专题研讨班上的重要讲话等。党的十八届四中全会后，司法部、全国普法办专门召开全国法治宣传教育工作座谈会，对学习宣传习近平总书记关于全面推进依法治国重要论述、做好新形势下法治宣传教育工作作出部署安排。

广大讲师团成员要切实加强学习，用习近平总书记关于关于全面推进依法治国重要论述和党中央的部署要求武装头脑、指导工作。

二、突出学习宣传宪法，促进全社会尊崇宪法、学习宪法、遵守宪法、维护宪法权威自觉性的提高

坚持把学习宣传宪法作为全民普法首要任务，在全社会普遍开展宪法学习宣传。中央宣传部、司法部在全国组织开展"学习宪法，尊法守法"主题活动，各地各部门通过举办宪法学习报告会、讲座、知识竞赛和宪法进家庭等活动，推动宪法家喻户晓。司法部、全国普法办、中央电视台在每年"12·4"全国法治宣传日都评选全国十大法治人物，制播宪法宣传特别节目，推动各地各部门集中开展宪法学习宣传。12月4日被确定为国家宪法日后，中央宣传部、全国人大常委会办公厅、司法部每年联合举办学习宣传宪法座谈会、报告会，教育部、司法部在全国40万所中小学开展"晨读宪法"活动，地市级以上党报党刊统一刊登宪法宣传公益广告，营造学习宣传宪法的浓厚氛围。各地把宪法学习纳入党员干部法治培训必修课，作为党员干部远程教育、网上学法课堂的重要内容，推动宪法学习不断深入。许多地方在公共场所、学校和农村免费赠送宪法文本。

2016年中共中央、国务院转发的《中央宣传部、司法部关于在公民中开展法治宣传教育的第七个五年规划(2016－2020年)》明确要求要突出学习宣传宪法，坚持把学习宣传宪法摆在首要位置，在全社会普遍开展宪法教育，弘扬宪法精神，树立宪法权威。广大讲师团成员要在深入学习宣传法律的基础上，切实加强对宪法法律的宣讲，既要讲清法理，更要结合实务，努力使全社会对宪法的重要地位和作用有更加深刻认识，尊崇宪法、学习宪法、遵守宪法、维护宪法权威的自觉性进一步提高，为宪法的贯彻实施奠定良好基础。

三、深入学习宣传中国特色社会主义法律体系，增强全民法律意识和法律素质

各地区各部门深入学习宣传宪法相关法、民法商法、行政法、经济法、社会法、刑法、诉讼与非诉讼程序法等法律法规，重点学习宣传与促进经济发展、维护社会稳定、保障改善民生等相关的法律法规，及时学习宣传新颁布、新修订的法律法规。在"六五"普法期间，司法部会同有关部门组织"六五"普法讲师团成员，举办中国特色社会主义法律体系全国巡回宣讲活动，并制发讲座光盘。各地各部门利用各项法律颁布实施日等时间节点，设立相关法律宣传月、宣传周、宣传日，集中宣传有关法律，形成了财政宣传月、税法宣传月、中国水周、"三·八"妇女维权周、知识产权宣传周、"3·15"消费者权益保护日等法治宣传平台。大力弘扬社会主义核心价值观，把

社会主义核心价值观的要求贯穿到法治宣传教育的全过程。在宣传法律法规知识的同时，注重弘扬法治精神，积极引导人们内心拥护和真诚信仰法律。

国家"七五"普法规划又一次明确将深入宣传中国特色社会主义法律体系作为"七五"普法在主要任务。要求坚持把宣传以宪法为核心的中国特色社会主义法律体系作为法治宣传教育在基本任务；大力宣传宪法相关法、民法商法、行政法、经济法、社会法、刑法、诉讼与非诉讼程序法等法律法规。广大讲师团成员要在认真总结"六五"普法工作经验的基础上，多层次、多角度、多平台地做好法律宣讲工作，宣讲内容要生动活泼，宣讲形式要灵活多样。通过学习宣传，切实加强广大公民的法律意识，提高公民的法律素养。

四、坚持以重点对象学法用法带动全民普法

全国"七五"普法规划明确提出，"法治宣传教育的对象是一切有接受教育能力的公民，重点是领导干部和青少年。"

实践表明，领导干部能否带头学法、模范守法，是法治意识能否树立的关键。为此，"七五"普法规划明确要求，要完善国家工作人员学法用法制度，把宪法法律和党内法规列入党委（党组）中心组学习内容，列为党校、行政学院、干部学院、社会主义学院必修课；把法治教育纳入干部教育培训总体规划，纳入国家工作人员初任培训、任职培训的必训内容，在其他各类培训课程中融入法治教育内容，保证法治培训课时数量和培训质量，切实提高领导干部运用法治思维和法治方式深化改革、推动发展、化解矛盾、维护稳定的能力，切实增强国家工作人员自觉守法、依法办事的意识和能力。规划还明确提出，要加强党章和党内法规学习教育，引导党员领导干部增强党章党规党纪意识，严守政治纪律和政治规矩，在廉洁自律上追求高标准，自觉远离违纪红线。讲师团成员应根据上述部署和要求组织宣讲内容，并在此基础上发挥讲师团的自身优势，进一步做好拾遗补缺的工作。

法治宣传教育从青少年抓起，是我国历次法制宣传教育实践的经验总结，也是深入开展普法宣传教育、切实增强法治宣传效果的重要途径。为此，根据"七五"普法规划的部署，国家将切实把法治教育纳入国民教育体系，制定和实施青少年法治教育大纲，在中小学设立法治知识课程，确保在校学生都能得到基本法治知识教育。完善中小学法治课教材体系，编写法治教育教材、读本，纳入义务教育免费教科书范围，在小学普及宪法基本常识，在中、高考中增加法治知识内容，使青少年从小树立宪法意识和国家意识。将法治教育纳入"中小学幼儿园教师国家级培训计划"，加强法治

课教师、分管法治教育副校长、法治辅导员培训。充分利用第二课堂和社会实践活动开展青少年法治教育，在开学第一课、毕业仪式中有机融入法治教育内容。加强对高等院校学生的法治教育，增强其法治观念和参与法治实践的能力。讲师团成员应善于利用好法治宣讲平台，发挥自身优势，营造良好宣传效果。

营造全民守法良好氛围，是深入贯彻落实党中央全面推进依法治国战略部署的重要抓手。为此，"七五"普法规划明确要求，各地区各部门要根据实际需要，从不同群体的特点出发，因地制宜开展有特色的法治宣传教育。突出加强对企业经营管理人员的法治宣传教育，引导他们树立诚信守法、爱国敬业意识，提高依法经营、依法管理能力。加强对农民工等群体的法治宣传教育，帮助、引导他们依法维权，自觉运用法律手段解决矛盾纠纷。讲师团成员要结合"七五"普法规划的部署和要求，在认真总结"六五"成功做法的基础上，开展普法宣讲工作，为营造全民守法的良好氛围助力。

第三节　普法讲师团成员能力素质提升

随着"六五"普法规划的顺利实施，全国人大常委会普法决议得到全面贯彻落实，法治宣传教育工作取得了明显成效。以宪法为核心的中国特色社会主义法律体系得到深入宣传，法治宣传教育主题活动广泛开展，多层次多领域依法治理不断深化，法治创建活动深入推进，全社会法治观念明显增强，社会治理法治化水平明显提高，普法讲师团在法治宣传教育中发挥了重要作用。

"七五"普法工作已经全面展开，为更好地服务于新时期的普法需求，普法讲师团要把提升其成员的法治素养和法治能力作为一项政治要求，作为贯彻落实依法治国的长期性基础性工作。

一、加强学习，不断提高自身的综合素质

一是要通过加强学习，提高自身的能力素质。当今世界是一个知识迅速增加、不断更新的信息时代，新情况、新问题不断出现。作为普法讲师团成员，在普法工作中，可能随时面临"能力危机"和"本领恐慌"，只有不断学习新知识，掌握新本领，开阔新思路，才能牢牢抓住工作的主动权，才能更好地为人民服务，做好本职工作。

加强学习，首先是加强政治理论学习。培根说得好："有实际经验的人虽然能够办理个别性的事物，但若要综观整体，运筹全局，却唯有掌握理论知识才能办到。"

加强学习，首先要认真学习邓小平理论、"三个代表"重要思想、科学发展观和习近平总书记的系列重要讲话，深刻领会和全面把握其科学内涵及精神实质，努力提高理论素养，提升思想境界。

加强学习，还必须加强业务知识的学习。要加强对相关法律法规、现代教育理论、信息技术等方面知识的学习，不断完善自己的知识结构，拓宽自身的知识领域，熟悉掌握本岗位的专业业务知识。

加强学习，还必须要在思考和实践上下功夫。"学而不思则罔，思而不学则殆。"只有把认真学习和勤于思考结合起来，才能把各种知识融会贯通。要发扬理论联系实际的学风，坚持实践第一的观点，深入总结普法宣讲工作实践经验，切实提高宣讲质量和能力素质。

二是要不断强化责任意识，切实履行好自己的岗位职责。认真执行"七五"普法规划的路线、方针、政策，促进全面推进依法治国战略的贯彻落实，是广大普法讲师团成员在政治上负责任的重要体现。必须注重培养强烈的政治责任感和使命感，努力成为普法决策的坚定执行者和忠实维护者。

三是要不断强化业务能力素质。广大讲师团成员要结合将是团工作开展的需要，深入学习法律、法规、规章理论知识，拓展业务知识面，不断提升能力素质。要注意参加相关的学习、培训，注重把握各项法律法规的程序规定、注意事项及精神实质。要注重将理论用于实践，再将实践中遇到的问题和困惑，结合学习找答案，不断提高自身思想理论素养和业务能力水平。

四是要保持严谨的工作作风，努力提高自身的人格品位。普法工作需要培养一种严谨的工作作风，在规范上下功夫，在严谨上求实效。要进一步规范普法实效考评机制，严格工作程序。讲师团成员在日常工作中，要保持谦虚谨慎的作风，用自己的行为树立良好形象，不断提高自身的人格品位。

二、健全规章制度

情况表明，健全的规章制度，不仅是普法讲师团规范有序开展工作的制度保障，而且也是讲师团成员能力素质提升的重要途径。从以往的实践看，各级普法讲师团建立健全完善的制度主要包括：

一是队伍管理制度。应对普法讲师团成员登记造册，按专业特长、研究方向，实行分类动态管理，对于难以胜任或不能继续履行职责的，应及时予以调换，并于第一时间将调换人员基本信息上报市普法办备案。

二是工作例会制度。普法讲师团一般每季度召开一次例会，通报工作开展情况，交流做法经验，查找薄弱环节，安排部署下步工作任务。

三是业务培训制度。按照统筹规划、分级负责原则，各级普法办要建立培训制度，坚持每年组织一次业务培训，不断提升讲师团成员的业务能力。

四是考核奖惩制度。坚持每年对普法讲师团成员的工作进行评估，及时总结经验，宣传推广先进典型。对不履行职责、群众反映较差、经教育仍不改正的成员，要劝其退出或除名。

五是情况通报制度。各级普法办可通过建立信息平台，定期通报各地工作进展情况，明显成效和成功经验，及时向讲师团成员传递法治宣传教育工作动态，编发有关宣传材料，收集意见和建议。

三、创新普法工作方式

习近平总书记高度重视法治宣传教育工作，多次就深入开展法治宣传教育作出重要指示，系统深刻地阐述了新时期法治宣传教育的重大理论和实践问题，提出了一系列新思想、新论断，为新形势下法治宣传教育工作指明了方向，提供了基本遵循。广大普法讲师团成员要按照习近平总书记的重要指示，以改革创新精神谋划和推进法治宣传教育工作，努力提高全民法律素质和全社会法治化水平。

一是要深入学习贯彻习近平总书记重要指示精神，按照坚持依法治国、依法执政、依法行政共同推进，法治国家、法治政府、法治社会一体建设的要求，进一步明确法治宣传教育工作的方向和目标任务。紧紧围绕全面推进依法治国，普及法律知识，培育法治信仰。要按照"七五"普法规划的要求，突出宣传宪法，让广大人民群众全面深刻理解宪法的基本原则和精神，使宪法家喻户晓、深入人心，牢固树立宪法和法律的权威。要大力宣传中国特色社会主义法律体系，使全社会了解掌握中国特色社会主义法律体系的框架和基本内容，引导人民群众信仰法律，形成办事依法、遇事找法、解决问题用法、化解矛盾靠法的良好法治环境。

二是要深入学习贯彻习近平总书记重要指示精神，积极创新法治宣传形式。在大力开展常规宣讲、知识灌输的同时，要更多、更广泛地利用警示教育、以案说法等生动直观的宣传形式，注重在案件审判、纠纷调解中进行法治宣传教育。

三是要深入学习贯彻习近平总书记重要指示精神，努力增强法治宣传教育的实效性。要紧紧围绕党和国家工作大局，紧紧围绕人民群众生产生活需要开展法治宣传教育，使法治宣传教育围绕党和国家中心工作，融入人民群众日常生活。要坚持以人为本，根据不同人群的实际和特点开展法治宣讲，要坚持以领导干部和青少年作为重中之重，有针对性地采取普法措施，以重点对象学法用法带动全民普法深入开展。

四、加强组织领导

加强普法讲师团建设，是深入开展法治宣传教育，全面推进依法治国的重要举措，也是普法讲师团建设的重要前提。各级各部门应高度重视，大力支持推荐优秀人选加入普法讲师团，并为他们开展工作提供便利条件和必要保障。各级普法办应积极发挥组织协调职能，明确专人负责普法讲师团工作，加大监督指导力度，统筹安排活动任务，努力把讲师团的知识优势转化为法治宣传教育实践，形成强大合力，推动法治宣传教育实现新发展、取得新成效。

第四节 普法讲师团经验介绍

加强普法讲师团队伍建设

余姚市司法局

为推进我市"六五"普法规划全面落实，促进法治宣传教育工作的深入开展，进一步提高广大群众的法律意识和法律素质，积极推进"法律六进"，市普法办适时调整"六五"普法讲师团成员和宣讲课题，为提升公民法律素质和法律意识发挥了积极作用。

一是广泛吸纳人才资源，精心挑选普法讲师团成员。为进一步深化法治宣传教育，根据工作需要和讲师团人事变动情况，市普法办重新梳理既有讲师团人员，并在全市普法教育领导小组成员单位中，通过个人自荐、单位推荐等方式，经过严格筛选补充专业水平高、热心于法治宣讲的小组人员。新的"六五"普法讲师团来自我市24家单位，由从事法律教学的老师、法治实践的专家、政法系统和市直重点执法单位具有一定专业知识的执法人员、知名律师、热心普法工作的27名法律工作者组成。新的"六五"普法讲师团的成立，极大地充实了我市法治宣传教育的中坚力量，为深入贯彻落实"六五"普法规划各项任务提供了队伍保障。

二是完善普法讲师团日常管理工作，为讲师们宣讲工作营造良好的氛围。建立讲师团日常联系点，由市普法办工作人员负责，为普法讲师团制定工作职责、指导宣讲工作、加强与讲师团成员的联系、做好各乡镇街道市直部门、各企事业单位对于讲师的约请与讲课事宜安排。

三是用心宣讲，充分发挥讲师理论专长。普法讲师团以"法律六进"为载体，积极发挥法治宣传教育主力军作用，深入全市各地开展法治讲座。通过知识问答、法治课堂、座谈交流等群众易于接受的方式，采用生动活泼、通俗易懂的平实语言，为群众讲授法律知识，普及法治观念。

四是扩展讲师团工作范围，充分发挥他们在普法宣传中的作用。普法讲师团成员按照我市"六五"普法规划和年初确定的宣讲课题进行精心准备，应邀到机关、乡村、社区、学校、企业、单位宣讲法律知识，传播法治精神，同时普法讲师团成员还经常参与到各种法治宣传咨询活动中去，如参加"学雷锋"纪念日广场法律咨询，3·15消费者权益日广场宣传等活动，讲师们在为群众解释法律问题提供法律帮助的同时，也第一时间了解了群众对法律的现阶段不同的需求，便于以后调整宣讲内容，更好地开展普法宣讲活动。

加强讲师团队伍建设　推动普法工作深入开展

贺成瑞

各位领导，同志们：

作为普法讲师团的成员，很荣幸能在这里向各位领导汇报一下一年来的普法宣传工作，并和各位讲师团的同仁们交流一下授课心得。

今年以来，受领导的委派，本着高度的社会责任感，通过精心设计法治讲稿，我相继走进我区乡镇中小学校和驻地武警部队等地进行普法宣传，受到学校师生和武警官兵们的一致好评。从学校反馈过来的信息看，由于课业的繁重、传统分数观念的根植、盲目追求升学率等因素影响，大多数学校并没有开设法律课，学生知法、守法、依法的意识非常淡薄。许多在校学生和社会不良少年混在一起，校园内各种不良现象时有发生，在听过法治报告或者法律讲堂课以后，校园秩序有了一定程度的改变，各种不良习气有所收敛，学校方面纷纷表示，希望普法讲师进学校作法治报告或开法律讲堂课能够经常化，这是最值得我们普法讲师欣慰的一件事。我觉得，普法讲师团在繁重的教学、办案或行政工作之余，就各种领域的法律法规问题进行研究、备课、宣讲，为公民法律意识和法治观念的进一步增强，为各级领导干部依法决策、依法行政、依法管理、依法办事能力和水平的进一步提高，为依法治理工作的进一步推进，作出了应有的贡献。同时，相信其他讲师也和我一样，通过授课普法，感悟了更多道理，也学到了方方面面的知识。因为面对受众的不同，研究他们的心理，结合自己的实际办案经验，选择有针对性的、带有引导和借鉴性意义的典型案例，引起受众的共鸣，更大程度地提升自己的授课效果，达到普法宣传的预期目标。这个过程，将自己的工作经验、法律专长和宣讲口才紧密结合起来，激发了自身的潜能，对自身也是一种历练和提高，同时，这个过程积淀下来的心智成熟和理性分析，对指导我所从事的审判工作也有一定的积极意义。

个人认为，随着"六五普法"的临近，普法讲师团作为我市普法工程的中坚力量，对我们进一步深化法治宣传教育，提高全体市民法律素质，进一步提高领导干部和公务员依法行政的能力和水平以及提高各级政府和社会组织依法管理和服务的水平必将起到积极的促进作用。

普法依法治理工作既是一项长期复杂的社会系统工程，又是一项需要不断探索创新的工作，不断加强讲师团队伍的自身建设，提高普法讲师团的整体素质，以期更加广泛深入地开展法治宣传教育，更好完成普法讲师团肩负的使命，为明年"六五普法"规划开好头、起好步，适应新形势发展的需要，推进普法宣传工作深入开展。为此，我提三点意见，不当之处，敬请各位领导和同志们指正：

一是及时扩充普法讲师团队伍。随着市场经济的蓬勃发展，社会对民主与法治建设的需求度越来越高，现有的讲师团队伍远远不能满足社会发展和形势变化的需求，需要充实吸纳一批政治素质好、专业水平高、有丰富工作经验和较高思想文化素质、热爱法治宣传工作的中青年法律工作者，不断壮大普法讲师团队伍。

二是注重提高讲师团的自身素质。讲师团成员要紧密结合当前形势，加强理论学习，用先进的理论和知识，不断武装自己、充实自己、提高自己。普法讲师团不但承担着普法教育的重要任务，还应作为普及依法治理部门的智囊团，发挥为推进民主法治建设出谋划策的重要作用。因此，要求讲师团成员加强对社会主义民主法治建设的理论研究。

针对一些事关全局的政治性、社会性问题，特别是涉及群众切身利益的法律问题开展调查研究；结合如何运用法律手段促进和保障经济发展开展调查研究；针对工作中的难点和难以把握的政策开展调查研究。从而把理论同实际紧密结合起来，为普及依法治理的深入开展提供对策和建议。实践中对法治宣传教育的内容、方法和途径，大胆摸索，不断创新，增强工作的针对性和实效性。同时，也期望各级领导能够为讲师团成员们创造一些提高自身法律素养的机会，走进政法学校及时充电，或者聆听法律学者、专家的讲座，时刻站在法律法规和政策的前沿，更好地适应时代和形势的需求。

三是希望法治宣传教育能够经常化。提高普法受众获得普法教育的频率，让普法教育经常化。让法律法规成为市民的基本素养，而不是偶尔吃几次法律大餐。目前，普法教育进学校、机关和企业的频率和机会比较多，法律进社区、进乡村的几率较小，而偏远的乡村尤其是普法宣传的盲点，从我历年来的审判工作中发现，盗窃、抢劫、抢夺等多发性刑事犯罪，犯罪嫌疑人多半是没有受过法治教育的农民。因此，提高农民的法律意识，远离违法和犯罪，更好地维护农民的合法权益不受侵害，是我们讲师团成员义不容辞的义务和责任，让我们积极努力，使法律进乡村能够经常化、普遍化。

在今后的实际普法工作中，我们将按照普法规划规定的普法内容，并结合自身的优势和工作特点，把开展法治宣传教育融入到法律服务、法律监督、依法治理等法治实践的各个环节中去，渗透到社会各个领域、各个层面，并注重在内容上更加贴近实际、贴近党和政府的中心工作；在工作目标上更加注重广大公民特别是学生、公务员和领导干部法律素养的提高；在方法和措施上更加强调学用结合，以学习指导实践，以实践促进普法。努力使广大公民特别是各级领导干部、公务员、青少年、企业经营管理人员、农民和进城务工人员的法律素质有一个明显的提高，为促进我区国民经济和社会发展、构建和谐台儿庄营造良好的法治环境。

法律进社区工作经验

东升司法所

为深入贯彻"五五"普法规划，进一步推进"法律进社区"工作的开展，结合我所五年来工作经验，特总结如下。

一、协调服务工作机制,全力执行工作方案

我所结合街道实际,按照有关文件要求,明确思路,统一思想,对辖区内各社区的实际情况进行了解,形成了以"街道为主体,各社区服务中心为阵地,全体辖区居民广泛参与"的工作机制,为"法律进社区"工作的开展创造良好有效的局面。严格按照文件指示精神,认真落实任务,在"法律进社区"工作中按照要求做到"十个一"标准,加强对社区居民特别是重点对象的法治宣传教育以达到法治社区的要求。

(一)加大法律宣传力度

各社区根据各自实际情况,开展了不同内容的法治宣传。在"法律进社区"普法工作中,尝试了一些新颖活泼、为群众所喜闻乐见的普法形式。如采用橱窗、黑板报、公示预约法律服务联系电话等形式的进行法治宣传,成立法律读书角和"每周一题"板报为辖区百姓普及法律知识提供便利。同时,我们加强对青少年法治教育,经常性、有针对性地开展普法教育;坚持对适龄应征青年进行普法宣传,讲授"宪法""国防法""刑法"等内容,对外来暂住人员的普法工作也同时进行告知其权利和义务,及遇到问题通过法律途径解决的办法和途径,坚持做到全面普法不留死角。

(二)开展法律服务、增强法治观念

我所通过展板、发放宣传资料、各社区定时以黑板报的形式为广大居民群众提供法律方面的知识。努力营造良好的舆论氛围。针对各社区居民的不同情况,充分利用社区法治宣传阵地,发挥社区法治宣传员的作用,因人而异、深入浅出地抓好普法工作,就群众身边发生的案件或者是百姓关注的焦点问题进行讲解以达到普法的目的,实现普法工作的经常化、制度化。

(三)完善法律保障、积极维护社会稳定

各社区形成社会法律保障体系,积极维护青少年、妇女、老年人及残疾人的合法权益;建立纠纷调解室,及时调解居民的纠纷;针对刑释解教人员成立一个帮教小组,落实帮教对象和帮教措施。组织一支法治宣传教育自愿者队伍,积极开展法治宣传、法律服务工作。及时的发现问题处理问题,将矛盾减小到最小化,避免矛盾激化,为社区创造良好的法治环境。

二、大力开展有针对性的活动,为社区居民提供便捷优质的法律服务

对于辖区内的各中小学,我们一直采取送法进课堂的形式来实现未成年人的普法工作。未成年人的法律意识很淡薄,很容易被社会上的不良风气所诱导,所以说对未成年人的普法工作是既严肃又刻不容缓的。对于构建和谐社会也起着至关重要的作用。

可以说孩子学了法懂了法就变相等于家长也跟着学了法懂了法，对于普法的全面开展有着积极的推动作用。针对这一情况我们开展了"我与父亲同学法"活动，保证青少年在社区内得到良好的法治教育，不断提高青少年的法律素质，使其成为遵纪守法的"小公民"。

我所一直坚持不懈地以举办培训班的形式对普法队伍自身的法律素质进行提高，聘请业内专业人士，结合当前热点法律法规及政策，有针对性地进行宣传，通过对重大案例，疑难案件的探讨分析，法律法规知识的综合测评，强化普法效果，使普法骨干，人民调解骨干，社区矫正专干的综合素质得以全面提升，加强普法队伍建设。坚持组织严密不留死角原则切实的将普法工作全面而有效地做到实处。

社会闲散人员也是我们工作的一个重点。离退休人员、下岗职工这类特殊群体，对普法活动有很大的影响，处理得好他们的问题，就使我们"法律进社区"多了一支生力军；一个处理不当就会让他们成为普法活动的阻力。这类人由于长时间闲置在家或因待业在家等因素，导致他们很容易受封建迷信活动诱惑，如法轮功这类邪教组织。我所辖区内有很多离退休人员及下岗人员，其中就有好多人受法轮功组织诱惑走上违法犯罪道路，对于这些影响社会安定团结，影响社会和谐的邪教组织成员，我所抱着发现一个及时引导一个，杜绝发生串联现象，坚持运用科学合理的手段对其进行法治教育，使其走上正确的道路。对于那些离退休老人和下岗工人做好法律宣传工作，对在生活中出现纠纷的人员组织骨干了解实际困难，尽可能的提供法律帮助，进行人民调解，并通过走进老年活动中心或者是老年人经常聚集的场所进行集中法律宣传，对老年人关心的问题如赡养问题医疗保险问题等有针对性的进行普法活动，确保这部分人的合法权益不受到侵害。

三、完善法律保障、积极维护社会稳定

（一）各级领导重视，加强工作指导

为了"法律进社区"活动能有效的开展，完善社区法律服务组织结构。从区司法局到办事处各部门负责人都十分重视"法律进社区"工作，在办事处党工委统一领导下民政、计生、综合治理、文化和劳动保障等部门参与、司法所具体承办，指导各社区委员会法律服务工作站人员义务解答社区群众法律咨询。局领导多次深入社区视察"法律进社区"工作，指导基层广泛、深入地开展"法律进社区"工作。

（二）加强法律制度建设

我所严格按照《关于深入开展"法律进社区"活动的实施方案》的精神，建立健

全组织制度、内部工作制度、民主监督制度，要与"五五"普法活动相结合起来，努力创出特点，抓出成效，我街道各社区都配有一个调解委员会，调解小组成员30人，解答各类法律咨询36件、调解各类矛盾纠纷25件，基层工作者、志愿者26人。

（三）建立健全社区治安防范体系

"法律进社区"活动的另一个重点就是关于刑释解教人员的安置问题。而帮教工作难开展也是众所周知的，其主要原因就是两放人员的不配合。以我们辖区为例，经过我们的走访排查发现有一部分两放人员在刑期满后不愿意来所里报道，也有很大一部分中青年两放人员选择外出打工。出现这种情况的主要原因就是两放人员内心对社会的排斥和恐惧以及为了自己和家属的面子考虑，担心会遭到周围人的歧视。首先，外出的两放人员给我们的帮教工作带来了不便和阻力，同时也加大了外出地的治安隐患和相关部门的工作难度，由于背井离乡更容易使这些两放人员走上二次犯罪的道路。针对这一问题，我们所推出"换位思考"工作方法，不再单纯坐在办公室里等，而是主动走出去，深入到社区街道主动到两放人员家中去了解情况，帮扶帮教消除他们的难言之隐，设身处地的站在他们的位置上去考虑尽可能的去帮助他们消除思想上的包袱，并且主动帮助他们解决实际困难，对解决不了的困难上报局里并帮助联系相关部门给与帮助。如办理低保、失业证、沟通医院对个别特殊情况的两放人员减免医疗费用等。真正的帮助他们解决实际困难。6月9日我市提出"双延伸"活动及7月12日市局举行的"举办刑释解教人员培训班活动"对服刑人员提前进行帮教使之在出狱后能更快更好的融入社会，对已出狱的两放人员免费提供学习劳动技能的机会，为他们就业提供一定的保障。这都是我们应该提倡的，也是留住这部分特殊人群的重要手段，给予两放人员更多的关怀、理解和包容，使他们感到社会的温暖，不再让这部特殊人群流失，是我们所一直努力的方向。在帮扶帮教过程中我认为最重要的就是"帮"也就是了解他们，知他们之所想，急他们之所急。只有真正的站在他们的角度看待问题才能更好的开展工作，然后才是"教"，教会他们生活技能，让他们能够独立生活并融于社会。这才是我们帮扶帮教的最终目的，也是"法律进社区"工作能够顺利开展的一个很重要因素。"法律进社区"工作是维系社会安定，构建和谐社会的必要保障，法律进社区工作开展的成效决定着社会基层的稳定，为了保一方平安、维护了社会治安秩序，今后法律进社区工作还将长期有效的继续开展，为南岔区的社会稳定，人民安居乐业奠定良好坚实的基础。我所在活动中开辟了司法工作的新领域、新舞台，形成了为民办实事具体窗口、在今后的工作中，我们将继续做好人民调解工作，切实解决辖区居民反应的热点难点问题，努力化解人民内部矛盾纠纷，防止矛盾升级和激化，切实把各种不稳定因素消除在萌芽状态。我们将继续大力推进"法律进社区"活动，加强法治教育宣传力度，为促进社会稳定和发展作出积极贡献。

安化普法讲师成为普法战线亮丽的风景线

安化县司法局

2013年以来，安化县充分发挥律师、基层法律服务工作者的职业优势，组建县普法讲师团，深入全县县直部门、乡镇、村组、社区、学校和医院等单位，开展"订单式"普法巡回宣讲活动，已累计授课200余场，成为了全县普法战线最亮丽的一道风景线，有效推进了"六五"普法的深入开展。

一、精心挑选组成人员

2013年，县委法治办决定组建安化县普法讲师团，与县司法局多次协调，发动全体律师、基层法律服务工作者积极报名参与，最终选聘7位优秀律师、1名基层法律服务工作者，组建安化县普法讲师团，并由县委政法委书记担任团长。8名成员均有较高的法律知识理论水平，在安化从事法律服务多年，有丰富的法治实践经验，且长期与群众打交道，是当地最接地气的"法律专家"。普法讲师团每季度召开1次例会，相互交流总结经验，共同提高授课水平。2015年3月25日，县政府常委会议举办法治讲座，县普法讲师团成员梁跃平律师应邀主讲，45分钟的授课受到一致好评。县长熊哲文当即明确指出，县政府常委会议法治讲座要形成制度，坚持每月一次，主讲任务交由县普法讲师团承担。

二、合理制定宣讲计划

县委法治办每年年初下发《并于开展年度重点法律巡回宣讲活动的通知》，明确各单位每年要邀请县普法讲师团举办1至2期法治讲座，时间与内容可由各单位自报计划、自下"订单"。县委法治办根据各单位的计划，统筹安排讲师团成员到单位巡回宣讲。这种"订单式"普法模式，能够满足不同单位、不同对象的内容需求，增强了普法的针对性与实用性。2014年5月21日，冷市镇换届选举新上任的75名村支两委干部召开第一次大会，便邀请县普法讲师团陈德华律师上了一场《基层干部预防职务犯罪法律知识》的法治课，深受好评。

三、科学安排宣讲内容

县普法讲师团的授课内容全部经过精心选择和安排，既有针对普通公民法治培训的宪法、刑法、民法等基础课件，也有针对各类特殊人群法治培训的特定课件。其中专门为村、社区干部法治培训准备了《基层干部预防职务犯罪法律知识》等课件，为中、小学生法治培训准备了《预防青少年犯罪法律知识》等课件，为外出农民工法治培训准备了《人身伤害赔偿法律知识》等课件。党的十八届四中全会召开后，及时增加了《法治建设业务知识》的课题。2015年4月13日，县政府召开全县环境保护工作大会，县普法讲师团梁跃平律师应邀主讲《环境保护法治讲座》，深受与会人员欢迎。

四、切实加强制度保障

为充分发挥县普法讲师团的作用，县委法治办制定了《安化县普法讲师团日常管理办法》，对讲师团的管理运行进行规范。明确讲师团成员每年进行一次调整。讲师无故拒绝授课2次以上的、年内没有完成5场以上授课的、邀请授课单位对授课人满意率达不到70%的，不再聘请为下年度县普法讲师团成员。建立了讲师考核奖励机制，坚持对授课质量、效果等进行认真的考评登记，每年评选出2至4名优秀讲师，给予表彰奖励。为在全县广泛推动普法讲师团的宣讲工作，县委法治办协调相关部门，把各单位邀请普法讲师团开展法治培训的完成情况，纳入了全县综治考核与绩效考评的内容。

培养法治思维，增强普法实效疑心聚力建设特色法治文化名城

扬州市司法局

2012年，我们坚持以弘扬法治精神为引领，以加快推进法治文化名城建设为中心，以品牌打造、互动普法、文艺推进、媒体助力四轮驱动，突出重点，强势督查，狠抓落实，法治宣传教育各项工作稳步发展，为加快建设"三个扬州"营造了良好法治环境。我们的主要做法是：

一、项目推进，激发活力，积极打造法治文化名城建设亮点

着力从理论研究、阵地建设、法治文艺三个层面打造法治文化名城建设亮点品牌，提升名城建设品质，增强法治文化渲染力、创新力和影响力。一是举办高层法治文化论坛。以法治江苏高层论坛召开为契机，围绕法治文化名城解读主题，举办法治文化名城建设高层论坛，邀请省内外专家学者通过主题报告、大会发言、专题交流以及实地考察等形式，加强对法治文化名城建设理论和实践问题的研究，论坛收到论文1182篇，为全面深化法治文化名城建设提供了理论支持。二是打造精品法治文化阵地。我市以项目化的方式推动市县两级法治宣传教育中心建设。市精心打造2000平米集文物、文化、文博于一体的法治文化体验馆，司法部副部长张苏军为体验馆揭牌，并要求将扬州经验在全国推广。与此同时，三次召开法治文化名城重点项目推进会，加大各县（市、区）法治文化特色阵地建设督查指导力度。各地500平米以上法治宣传教育中心相继建成，曲江法治文化公园、仙女法治文化公园、黄泥沟石刻法治文化风光带、铁桥法治文化长廊等一批有规模、有影响的法治文化阵地先后落成。截至目前，市级法治文化教育基地达30个。2013年初，在全省政法工作会议上，省委常委、政法委书记李小敏要求在全省推广扬州法治文化阵地建设经验。三是繁荣大众法治文艺。以"法治改变生活，文化凝聚力量"为主题，举办扬州市第三届法治文艺调演。从各地、各部门和基层单位选送的200多个节目中，层层选拔出的12个节目以案"说"法，以戏"演"法，集中展现法治文化名城建设丰硕成果，各级领导和社会群众予以好评。国家司法部、省司法厅发来贺信祝贺。各地也先后举办法治文艺调演汇报演出、广场演出等，为广大群众送上了丰盛的法治文化大餐。

二、服务中心，关注民生，努力彰显"六五"普法工作职能

服务扬州特色发展、融合发展、协调发展和加快建设更高水平小康社会，围绕中心工作开展"六五"普法。一是围绕学习贯彻党的十八大精神开展主题宣传。在全市开展十大主题宣传活动，利用网上学法考试，举办"喜迎十八大，百万市民网上学法考试竞赛"活动，广大市民踊跃参赛。组织"法治改变生活、文化凝聚力量"曲江法治文化公园周末广场系列活动，围绕收入分配、社会保障、安全生产、医疗卫生等百姓关注的热点问题组织法治文化活动，促进社会和谐稳定。二是围绕加强和创新社会管理组织专题讲座。邀请南大教授作《社会管理创新与维护社会稳定》专题讲座，240多名基层信访和矛盾调处人员参加，提升了基层矛调信访工作者的法律素质和业务水平。各地、各部门还通过广场法律咨询、送法进村入户等活动，努力畅通和规范群众诉求表达、利益协调保障渠道。三是围绕服务和保障民生开展送法活动。坚持关注民生、改善民生、保障民生，开展春节送法送福活动。举办"百名普法讲师团成员百场宣讲"活动，直接服务基层、服务群众。为保证活动实效，市司法局、普法办等对近百个市直和驻扬单位"双百"活动开展情况进行集中检查。

三、创新平台，突出重点，全力增强法治宣传教育工作实效

立足基层，深入群众，扎实开展生动活泼的法治宣传教育活动，切实增强法治宣传教育工作实效。一是创新开展基层普法"接力棒"活动。突出"传递普法'接力棒'，法律知识同分享"主题，在全市部署"接力棒"活动，活动以点带面层层传递，有效扫除普法死角和盲区，营造学法用法"比学赶帮超"的浓郁氛围。活动期间，共举办各类普法"接力棒"活动1850余场，提升了普法知晓率和普及率，打造了富有实效、颇具影响力的"法律六进"品牌。二是突出抓好重点对象学法用法。坚持把领导干部、公务员和青少年学用法作为重中之重。坚持集中培训制度，举办两期全市普法骨干、法治副校长培训班；建立在线学法治度，明确提出领导干部、公务员和在校青少年每年在线学法考试不低于两次；推进任职资格考试制度，会同市纪委、组织部等对全市50多位非人大任命县处级领导干部进行法律知识任职资格考试；坚持集中考试制度，组织市县两级机关公务员"12·4"集中普法考试。三是法治新闻体系得到加强。我们加强了与各类新闻媒体的协调联动，全市各级媒体新增法治栏目24个，充分发挥了媒体普法主阵地作用，打造创设了系列普法宣传的载体，涌现出一批优秀法治作品、栏目。《扬州"先民后刑"案例示范全国》荣获全国法治好新闻二等奖。四是基层民主法治建设稳步推进。树立共建共享理念，强化以村（居）民依法自治为核心的基层民主法治建设。2012年全市新创2个国家民主法治示范村，74个省级民主法治示范村（社区）。同时，还命名表彰了109个市级民主法治村（社区）。

2013年，我们将瞄准中期考核领先目标，坚持以深入推进法治文化名城建设为抓手，在增强普法工作实效和领导干部法治思维上下功夫，在创新和彰显法治文化名城特色上出成效，为服务"三个扬州"和世界名城建设再做新贡献。

（一）突出重点，以推进法治文化名城建设为切入点，着力培养领导干部法治思维能力。一是实施领导干部法治思维提升工程。举办领导干部法治思维能力专题讲座和典型案例评选活动，在各级党校中、短期培训中，增加法治文化和领导干部法治思维教学内容，配发领导干部学法笔记本、开通普法短信、在办公楼宇播放法治动漫等，促进领导干部法治思维能力提升。二是深化"法律六进"活动。举办全市

普法"接力棒"大赛，评选普法接力之星；开展校园法治文化节和校园法治文化创意活动；实施企业经营管理人员普法轮训工程；建立健全农民、流动人口集中区域法治学校和舆情采集制度等。

（二）培优亮点，以法治文化阵地集聚升级为着力点，构建更为完整的法治文化名城工作体系。一是加强法治文化名城建设体系研究推广。依托高校、社会科学研究组织组建扬州市法治文化名城建设理论研究会，出版法治文化名城建设理论研究专辑。二是实现法治文化阵地集聚升级。认真实施基层法治文化"313"示范工程，全市重点打造30个乡镇法治文化示范中心、100个单位法治文化示范角、300个村居法治文化示范站。实施法治文化体验工程，组织各类普法重点对象参观市法治文化体验馆和法治文化教育基地。三是狠抓法治文化品牌提炼创新。继续推进法治文化名城解读工程，精选扬州法治历史人物和事件，在其旧居、遗址挂牌立碑。成立市级法治文化创作工作室，编撰出版法治文化名城美文美图系列期刊《春》《夏》《秋》《冬》。利用公交移动电视平台播放法治文化形象片和法治动漫作品，打造"法治文化公交线路"和"法治文化班车"。组织开展"法在我身边"随手拍摄影大赛、法治文化阵地建设年度十佳等活动，运用品牌效应推广传播法治文化。

（三）推进节点，以"六五"普法中期检查为契机，不断提升法治文化名城建设水平。一是大力推进创新创优。按照"一地一品牌、一类多亮点"的工作要求，每类新培植8—10个亮点典型，打造既具地方特色、又具指导意义的普法工作品牌。命名一批市级法治文化教育基地，推介一批特色做法和成功经验。二是认真总结阶段工作。对照省、市"六五"普法考核验收办法和目标任务分解表，统筹安排中期自查和迎查准备工作，确保现阶段法治宣传教育各项任务圆满完成。三是积极开展成果展示。举办法治文化名城建设成果展，各地、各部门按照"六个一"的要求（一部专题片、一本画册、一份总结、一套档案、一系列典型、一批展板），集中展示"六五"普法和法治文化建设成果。四是进一步优化组织保障。建立工作班子，制定具体方案，召开动员大会，对中期考核进行全面部署，努力形成全市上下一级抓一级、层层有压力、人人有责任、事事抓落实的工作局面。以"六五"普法中期考核验收为契机，实现扬州"六五"普法和法治文化名城建设的新成效、新突破。

默默坚守普及法治

大连律师协会党员普法讲师团

一年来，在律协党委的领导下，党员律师普法讲师团根据部队、市民、中小企业、大学生和中学生的特点，有针对性地开展义务普法宣传活动，引导部队官兵、普通市民和大学生、中学生树立社会主义法治理念和宪法意识，营造学法守法用法的良好社会氛围，推进依法治国基本方略深入实施，同时参与社区矫正工作，维护社会和谐稳定，讲师团先后在我市驻连部队、街道社区、大学和中学进行义务普法活动，参加听课的解放军战士、市民和学生约3万余人，参与社区矫正50余人次，取得了预期目的。党员普法讲师团的公益活动，展现了大连党员律师良好的社会形象和崇高的社会责任感，受到社会广泛的好评，现将有关情况报告如下：

一、一年来义务普法工作回顾

（一）坚持大学和中学义务普法，依法、依规创建和谐校园

目前，普通大学和中学都没有设立专门的法治教育课，家庭、学校和整个社会环境都对学生的知识学习抓得很紧，但对学生法律意识方面培养却几乎是一片空白，加之社会中存在的一些自私功利思想逐渐渗进校园，容易导致有些学生因为法律意识不强、为了一己之利或逞强斗狠而走上犯罪道路。党员律师结合自己办理过的大学生和中学生故意伤害、盗窃、抢劫等典型案件，走进课堂为学生进行一次生动、直观的普法讲座，深入浅出地讲解了聚众斗殴、故意伤害、盗窃、抢劫等学生常见的一些犯罪构成、一旦构成犯罪对今后人生的影响，教育学生树立法律意识，远离犯罪。同时，针对校园暴力步频发的社会现状，还就学生在社会上遇到危险如何自我防范进行讲解，并遇到危险如何规避进行示范，提高学生学习法律的兴趣。另外，以全国人大通过我国第一个宪法日为契机，从下半年开始，着重向学生讲解宪法知识，引导学生树立宪法意识，强化党中央提出的"依法治国"理念。

从学校反馈的情况看，许多学生听完党员律师的普法后，法律意识普遍提高，有些同学说，没想到偷拿别人价值2000元以上的财物就能构成盗窃罪，一旦犯罪后，将来即使大学毕业，也无法考取国家公务员，也不能当教师、律师、法官和检察官等自己心仪的工作，甚至连国有公司财务人员岗位都向自己关上大门，对今后人生的负面影响非常大，听了党员律师的义务普法，心灵很震撼，使自己明白了许多道理。还

有的同学说，宪法自己看了许多遍，总感觉很空泛，感觉离自己的生活很遥远，但听了党员律师的讲解后，对国家的宪法有了更深刻的了解，理解了"法律面前人人平等"，"契约必须遵守"的平等、守约思想，树立了从我做起，每个人、每行业都有法律意识和规则意识，依法办事，就能达到依法治国目标

一年来，协会党员律师普法讲师团把普及宪法和法律知识，维护公平正义，构建和谐校园作为自己的神圣使命和社会责任，以一堂堂生动鲜活的法治教育课，拂去学生在日常生活中涉法问题的种种迷惘，收获对知识孜孜不倦的追求和良好的校纪学风。

（二）解开被矫正人员心结，担当构建和谐社区义务

社区矫正是指将符合法定条件的罪犯置于社区内，由司法行政机关及其派出机构在相关部门和社会力量的协助下，在判决、裁定或决定确定的期限内，矫正其犯罪心理和行为恶习，并促进其顺利回归社会的非监禁刑罚执行活动。党员律师承担义务帮教工作体现了社会主义核心价值理念，取得了可喜成果。通过专业律师义务参加社区矫正工作，积极预防和解决社会问题，更有利地促进了社会和谐。今年，大连市西岗区北京街道聘请朱君莉、王金海、马建华、安星、冯丹丹等5名党员律师担任其义务社区矫正员；中山区司法局聘请王金海、马建华、李纲、冯丹丹、刘春莹、安星、许俊、唐迎秋、杨柳等9名同志担任其义务社区矫正员，参与社区矫正工作。党员律师先后到北京街道司法所、老虎滩街道司法所对缓刑、假释人员进行"一对一"帮扶，对矫正人员在思想观念、社会态度、心理、行为、社会交往、社会适应、家庭、社会支持、社会功能等方面进行法治教育，矫正被帮扶人员的犯罪意识和行为恶习，避免因心里的"疙瘩"解不开而重新走上违法犯罪的道路，从而再次危害社会。

"明明属于见义勇为，我怎么成犯罪了呢？""已经赔了钱，并得到对方家属的谅解，为啥还要判我？"，被矫正人员刚进司法所接受管制时，总认为自己"点背"、"撞枪口上了""运气不好"等，在党员律师依法耐心疏导下，认识到自己犯罪的根源是法律意识不强，只有好好改造，才能重新做人，解开了矫正人员认为自己"冤"的心结。

"人总是要长大的，虽然我为'长大'付出了惨重的代价，是你们党员律师的一番话，让我彻底领悟一个道理，就是法律的底线不能碰。谢谢你们解开了我的心结，让我知道过度消沉有时也是犯罪。是你们让我明白，一个人在生活中不知法不行，不仅要知法，更要守法。"这是信用卡诈骗罪被判处有期徒刑二年、缓期执行三年的高某某对党员律师的心里话。经过党员律师的耐心解释和街道工作人员的细致教育，50多名被矫正人员都能慢慢地认识到自身的错误，大家都决心认真改造，争取重新做人。从一年的经验来看，党员律师参与社区矫正工作的效果非常好，党员律师参与社区矫

正工作的两个街道没有一名被矫正人员发生再次犯罪现象。

(三) 送法到军营、共筑连心桥

党员律师普法讲师团注重与驻连部队加强合作，积极开展"送法到军营、共筑连心桥"活动，并积极参与部队涉法问题的处理，为部队建设提供法律支持。今年7月16日下午，大连市法律援助中心和大连党员律师普法讲师团的12名党员律师来到驻连某部，为解放军指点员举办了一次以"法律进军营、共筑连心桥"为主题的联谊活动，党员律师为500余名官兵送去一场内容丰富、生动实用的法律知识讲座，同时还向官兵捐赠了一批法律书籍。

党员律师与部队共建活动很有针对性，他们结合部队实际，紧紧围绕"弘扬法治精神，普及法律知识，共建和谐军营"这一主题，通过义务普法活动，促使官兵的法律意识和法律素质进一步提高，军营的法治化建设进一步健全。王金海、刘升、冯丹丹、冯娜等四名律师还精心选取了发生在官兵身边的一些真实案例，分别为部队官兵讲授了军人权益保护和现役军人如何远离违法犯罪等法律知识，并就官兵在日常生活中遇到的涉及婚姻家庭、人身伤害、交通肇事和落实军人、军属权益保护政策时如何寻求法律帮助作了精彩的讲座，不时引来官兵阵阵掌声。授课完毕后，其他党员律师又与官兵进行了互动，"法律对现役军人婚姻有无特殊保护？军人驾车交通肇事与地方交通事故处理一样吗？军人在遭受侵害时又该怎样维护自己的合法权益？"的互动，一问一答，场面十分热烈。官兵们就自己关心的法律问题纷纷向律师咨询，律师们耐心细致地一一予以解答。

官兵们纷纷表示，党员律师的讲解通俗易懂，剖析的案例贴近生活，听后很受教育和启发，今后将进一步加强法律知识的学习，依法规范自己的言行，树立军人的社会良好形象，为部队指战员做一个知法、懂法、守法的军人奠定了良好的基础。

除此之外，党员律师还义务参与部队涉法问题的处理，为部队领导决策提供法律支持。王金海、马建华律师参与部队战士与地方青年因让座发生的伤害纠纷、部队战士在军营发生交通事故、部队战士老家在征收土地方面的涉法问题处理，向部队领导提出解决问题的法律意见。马建华律师还义务到鞍山市协助部队处理军地纠纷，深受部队官兵的好评。

党员律师义务送法进军营，帮助部队解决涉法问题，提高了驻地官兵的法律意识和法律素质，增强驻地官兵依法维权意识，有利于加强法治建设，创建和谐军营。今后，我们还将与驻地部队密切协作，将送法进军营、义务帮助部队处理涉法问题的活动持续开展下去，以实际行动为支援部队国防建设提供法律保障。

（四）积极为中小企业义务法律服务，为大连市经济建设提供法律支持

推动中小企业又好又快发展，不仅是一个现实的经济问题，也是一个重大民生问题，更是一个关系到社会和谐稳定的政治问题。中小型企业吸收职工就业、提高大连市经济发展的基础性力量，同时，中小型企业经营者以及管理者本身的法律意识淡薄，对企业所面临的法律环境缺乏清醒的认识，经营决策时不考虑相关的法律后果，甚至有时为了追求利益最大化，不惜以身试法、损害职工利益等。党员律师充分发挥律师职能作用和专业优势，义务为企业进行法制教育，维护企业发展利益，服务企业经营发展，努力为推进中小企业法治环境建设提供法律服务保障。

今年3月份，党员律师张积才、王金海、高伟、冯丹丹、李纲、李龙江、唐迎秋律师在北京街道，与大连市消费者协会联合为辖区中小企业业主、居民进行了"消费者权益保护法"宣讲活动；今年8月份，党员律师王金海、冯丹丹、曲黎和刘升律师为大连市甘井子区中小企业创业中心进行义务法律讲座，为该中心的30多家中小企业管理人员进行法律培训。

党员律师通过提供专业化的法律服务和法律保障，推进法律服务与中小企业生产经营、内部管理活动的有效融合，为中小企业发展提供了便捷高效的法律服务平台，帮助中小企业破解发展难题，创新发展优势。通过党员律师参与疏导化解因企业债权债务、劳资纠纷等引发的各类纠纷案件，引导当事人通过正常途径依法表达诉求，减少了不稳定因素的发生，有效维护了企业合法权益。今后，党员律师普法讲师团将进一步推进以中小企业为重点的义务普法工作，引导中小企业学法、知法、守法、用法，为我市中小企业健康发展营造了良好法治环境。

二、司法局和协会党委重视，党员律师义务普法工作取得骄人成绩

（一）党委重视、呵护、引导，党员律师践行社会主义核心价值观理念

党的十八大以来，习近平总书记站在党和国家事业发展全局的高度，多次就全面推进依法治国、建设社会主义法治国家发表重要讲话，明确提出了全面推进依法治国的总体布局、主要任务和总的要求，为我国法治建设指明了方向。孟子曰："徒法不足以自行"，也就是说，法律除了规范以外，要真正发挥法律作用，离不开主体的素质、法律体制、人们的法律意识等，这就需要有一支公益普法律师队伍。宪法、法律能否真正深入社会生活，不仅靠法律适用，更需要法律宣传。司法局党委和协会党委非常重视大连党员律师普法讲师团的义务法律宣传工作，给予重视、呵护和指导，加强党员律师的党性教育，引导党员律师坚定理想信念，讲党性、重品行、作表率，模范践行社会主

义核心价值观。充分发挥党员律师的示范带动作用，推动我市全面落实"六五"普法规划，坚持围绕中心、服务大局，坚持贴近实际、贴近生活、贴近群众，传播法律知识，弘扬法治精神，为建设富庶美丽文明大连提供优质高效的法律服务和法律保障。

（二）组织得力，党员律师义务普法，展现了大连律师的社会形象，为建设法治社会提供了足够的"正能量"

由于党员律师义务普法完全是义务的，不收学校、部队、社区和中小企业任何报酬，还耽搁自己的工作时间和精力，党员律师的无私奉献精神深受市民和学生的钦佩。为搞好对学生的义务普法活动，讲师团今年先后组织二次业务培训，张积才监事长亲自授课，着重从法律视角解读学生遇到的热点法律问题，盛赞党的十六大以来我国取得的辉煌成就，统一思想，提高认识，明确义务普法的目的。同时，针对一些学校反映少数学生夜不归宿、逃课旷课、聚众斗殴等现象，由于未做到防微杜渐，导致个别学生自觉性越来越差，自我控制能力越来越弱，很容易突破道德的防线而走上犯罪歧途的情况，党员普法讲师团在普法时，认真研究，统一讲稿，使讲座更有针对性，在具体普法过程中，注重加强对学生理想信念的教育培养，增强其公德意识，引导学生正确认识社会，增强对大事大非问题的认知能力，逐步养成遵守与维护公共场所秩序的良好习惯，取得了预期效果。

在党员律师队伍建设方面，李龙江律师今年近七十岁了，身先士卒，率先垂范，是授课最多的律师之一；马建华律师在义务帮助部队处理与地方涉法问题时，亲自到鞍山市帮助部队进行协调工作，圆满化解了军地纠纷，受到部队官兵的好评；安星、刘海娇、杨柳、李纲、田雄英、曲黎、冯娜、盛群、冯丹丹、陈宏业、唐迎秋等年轻律师，积极参加义务普法活动，成为党员普法讲师团的中坚力量。党员律师每次义务普法，均自行解决交通问题，不怕耽搁自己的工作，不给学校增添任何麻烦，深受市民、学生和好评。

（三）党员律师义务普法的意义和影响

通过一年的义务普法活动，先后在我市驻连部队、街道社区、大学和中学进行义务普法活动，参加听课的解放军战士、市民和学生约3万余人，参与社区矫正50余人次，取得了预期目的。大连日报、辽宁法制报、大连晚报、半岛晨报和新商报均多次报导了协会党员律师普法讲师团的事迹，人民网、普法网和中国律师网也给予大版面报导，扩大了大连律师在全省仍至全国的影响。今年，大连团市委、青教办聘请了讲师团8名党员律师担任大连市12355青少年服务台专家，任期三年，并给予每位律师每次普法60元的补贴，大力支持党员律师为学生义务普法活动。大连市律师协会党委以"党员律师普法讲师团"为创先争优的载体，成为大连律师党建活动的一张名片，党员律师普法讲师团广泛向社会开展宪法和法律宣传活动，践行了律师是中国特色社会主义法律工作者使命，树立了大连党员律师的良好社会形象，扩大了大连市律师这一集体的社会影响力。

大连青松律师事务所王金海律师说：对于中学生来说，宪法条文比较陌生，但通过党员律师逐条宣讲，同学们都能理解。法治的核心在宪法，于基本法规已渐不陌生之后，再来强调对于宪法的全社会把握，这既昭示着依法治国理念的前行，亦是一次对于法治出发点的回归。

大连育明高中德育处的孙颖主任说，党员律师到学校为师生们义务宣讲宪法，急学校所急，通过党员律师的宣讲，同学们对国家宪法有了更深入的理解，"国家宪法日"在我校师生中实至名归，师生们重温敬畏和权利，守宪成为师生一种笃定的生活方式。

加强普法队伍建设　落实"六五"普法规划

广安司法局

普法讲师团是开展法治宣传教育工作的一支重要力量，广安市按照"六五"普法规划要求，组建"六五"普法讲师团，加强讲师团规范化和制度化建设，大力开展法治宣传教育，为提升公民法律素质和法律意识发挥了积极作用。

一、精挑细选，组建专业普法队伍

为充分调动社会资源，发挥法学专家学者在法治宣传教育中的优势作用，进一步深化法治宣传教育。在"六五"普法实施之初，经过单位推荐和个人自荐，广安市法治建设领导小组在全市党群和教育系统、政法和行政执法部门、以及法律服务机构，挑选了一批政治素质好、专业水平高、热心于法治宣传教育工作的法学专家、学者和法律实务工作者，组建一支专业普法队伍广安市"六五"普法讲师团，广安市法建办主任、司法局局长王正力任讲师团团长。该普法讲师团成员有法学副教授2人，法律硕士6人；19人通过国家法律资格考试，占讲师团成员50%。

二、关心支持，切实提升宣讲能力

关心爱护好这支队伍并促进规范化和制度化建设是提升讲师团成员工作能力的重要前提。为此，广安市委、市政府隆重举行"六五"普法讲师团成员聘任仪式，广安市委常委、政法委书记肖雷出席仪式为讲师团成员颁发聘书，要求讲师团全体成员进一步认清形势，在找准定位中明确工作方向；进一步创新思路，在把握重点中发挥职能作用。各级各有关部门要切实加强对讲师团的组织领导，在强化保障中推动工作落实，切实把普法讲师团建设好，把普法讲师团作用发挥好，为全市普法工作注入新的活力。省法建办副主任、省司法厅法制宣传处处长赵敏结合对开展法治宣传教育工作的认识和感悟，围绕"六五"普法、法治城市创建、社会主义法治理念等内容，以身边人、身边事，向讲师团成员阐述了牢固树立社会主义法治理念、深化普法工作的重要性和必要性，为提高宣讲科学性、针对性和实效性提出了建议，有效地提升了宣讲能力。

三、发挥专长，扎实开展普法教育

为全面落实"六五"普法规划，不断增强公民的法律意识和民主法治观念，推动形成全民学法尊法守法用法良好氛围，普法讲师团积极发挥熟悉法律知识专长和法治宣传教育主力军作用，以"法律六进"为载体，深入全市各地开展巡回法治讲座。开展"送法进企业"活动，四川鑫泰律师事务所副主任律师周虎为四川铁路集团水泥有限责任公司干部职工，讲授安全生产、劳动保护相关法律；开展"送法进社区"活动，四川信和信律师事务所律师苏翔志深入邻水县鼎屏镇，为社区干部和居民深入解读《婚姻法》《物权法》等法律法规；开展"送法进机关"活动，四川信和信律师事务所主任律师刘才伟在武胜县党校，与该县各单位及乡镇副科级以上干部，共同探讨了如何树立社会主义法治理念，加强依法行政等问题；开展"送法进农村"活动，四川爱众律师事务所律师李昌彬积极主动为广安区彭家乡机关干部、两委干部、村民宣讲与农村生产生活息息相关的法律知识。

截至目前，广安市"六五"普法讲师团举办法治讲座83场、开展法治宣传活动230余次，受教育人数近20万人。

　　普法讲师团是开展法治宣传教育工作的一支重要力量，按照各阶段的普法要求，相关部门组建了相关的普法讲师团。本章主要选取了一些普法讲师团在履职期间的一些资料和讲稿，以期能对正在此工作岗位和即将走上该工作岗位的人员有所帮助。

普法讲师团讲稿之一

 法制进校园宣讲稿

尊敬的各位老师、亲爱的同学们：

　　大家下午好！今天很荣幸能被邀请到咱们苍山县实验中学，来跟大家一起探讨和交流有关平安校园建设这一话题。说真的，坐在这儿，面对几千名师生，我现在的心情除了激动和高兴以外，还掺杂着另外一种心情，那就是宛如龚琳娜曾经唱红的那首神曲——充满"忐忑"。为什么呢？首先是因为我有自知之明，自己究竟能吃几碗干饭，究竟是半斤还是八两，自然相当清楚。应该说，在咱们教学一流、学识渊博的老师们面前班门弄斧，光有勇气和胆量是不行的，还要有真功夫。可惜隔行如隔山，自己的确不是教书育人的料。其次，我说出了大家千万不要生气，我知道在咱们几千名学生当中，有为数不少的学生是十分反感和厌烦听什么法治报告的。

　　好了，现在正式切入正题，言归正传。首先，我向大家提一个简单的问题吧。我们知道，咱们中国有句成语叫"众口难调"，什么意思呢？就是说，一人一个口味，有的吃咸，有的吃淡；有的吃荤，有的吃素；萝卜白菜，各有所爱。那么，我的问题来了。请问在座的有没有不吃鱼的？如果有的话，请积极、踊跃、大胆举手，说不准你越不吃鱼，我今天偏偏给你送礼，送礼不送脑白金，送礼就送大鲤鱼。你不吃鱼不要紧，可以送人啊，也可以到咱们西侧的农贸市场去卖掉，挣点"银子"请同学客！好，我终于发现咱们在座的好像不吃鱼的不多呵，那我准备的礼物就省下来了。那么，第二个问题来了，咱们有谁从小到大没捉过鱼啊？我想这个问题就不劳大家举手了。因为除了我们老师和部分生活在库区的同学以外，我知道绝大多数的同学都没有亲手逮过鱼，因为河沟都被污染了，哪里还有什么鱼虾。现在，给大家一分钟的思考时间，你可以尽情的想象和发挥一下，咱们盘中的美味佳鱼究竟是怎么被捉来的。我敢冒昧打赌，有些手段保准有你想不全的。不信，大家就利用这一分钟的时间好好思考一下。平日里咱们考试时，老师要求不准交头接耳，对于这个问题，今天大家可以进行热烈的讨论！

好了，一分钟时间到。我就不再让大家站起来发言了。因为这个问题我先提前思考了。接下来，我说说捕鱼的几种常见方式吧：一是涸泽而渔，就是把池塘或者河沟的水抽干了捉鱼；二是用各式的网去撒；三是用鱼钩钓（姜太公钓鱼，愿者上钩）；其他的，还有用电瓶电鱼，用毒药毒鱼，用炸药炸鱼，等等。用一句春晚小品的台词来讲，人类对鱼儿真是情有独钟，煞费苦心。

首先，请允许我从外在的各种危险因素说起。看看现在的马路，虽然比过去又宽又长多了，可是路上的车子也明显增加了许多。据统计，在咱们中国，每年因为交通事故死亡的人数已经超过10万人，而全世界总共才50万，咱们就占了五分之一。分析原因，一是中国的车辆猛增，而道路设计却远远滞后。你看看在现如今，不管有钱没钱的人家，都要想方设法先买辆车来显摆显摆；二是咱们国人的交通意识差，乱闯红灯者比比皆是，尤其咱们苍山的三轮车，我看数量已经成为世界之最，乱窜乱占道路，红灯对于他们来说就是形同虚设。请大家原谅我的愤青，也许大家的亲人为了艰难谋生正在大街上开着三轮车，但从安全的角度来说，三轮车是咱们苍山最大的交通隐患，在车流中、在人群中总是能多看到它一眼。还有，简单一学、甚至自学成才就拿证的那些驾驶员，俗称马路杀手。说真的，我见了他们都躲着走，吓人呢。三是，酒驾醉驾，为什么现在交警查处酒驾醉驾那么猛烈，就是因为酒驾醉驾非但对公众是一种不负责任，危害巨大，而且对自己也是极端不负责任。车祸的发生往往就是那么一瞬间的事，事主就会缺胳膊少腿，甚至和他的亲人们阴阳两隔，真是令人痛心，场面惨不忍睹。同学们，现在我们国家正在实行计划生育政策，咱们不像过去，兄弟姊妹众多，物以稀为贵，咱们都是父母手中的心肝宝贝，每一个做父母的都宁肯牺牲自己的生命去换取孩子的健康和生命。记得十年前，在下村乡逢大集时，一辆失控的卡车冲向熙熙攘攘的集市。大家能想象得出是什么样的一个惨烈场景。一位英勇的母亲眼见自己将被轧在车底，她拼尽全力，将孩子从自己的怀中扔出，而那位光荣的母亲却永远的离开了人世间。那位孩子虽然得救了，可是从小就失去了母爱，多么令人刻骨铭心啊。为此，我在感慨之余，写了一篇《血染的母爱》，发在几家报刊上，既是彰显母爱的伟大，同时，更是警示大家一定要珍爱生命，远离车祸。因此，我建议同学们一定要严格遵守交通法规，牢记"红灯停、绿灯行、黄灯亮时等一等"，走路时一定要善于观察周围，放慢自己的脚步和车速，把危险想的复杂些、严重些，未雨绸缪，平平安安进校园，快快乐乐回家去。记住，从事警察职业马上要20年的我，送大家一句箴言：凡事都是觉着不可能才发生的。大家想想到底有无道理。

好了，咱们轻松过后就是不轻松了。下面我要点一些问题，可能会触及某些同学的痛处，不过，常言道："良药苦口利于病，忠言逆耳利于行"。国有国法，家有家规。咱们学校有规章制度，不是因为哪一个制定的，也不是单纯约束你一个人的，是大家应该共同遵循的行为准则。同样的，国家制定的法律法规，你在不触犯时，会感觉相当遥远；而一旦触犯时，你会后悔莫及的。一句话，守法与犯法仅一步之遥。

啰啰嗦嗦一阵子，老师和同学们为了不让我下不了台，装作很爱听的样子给我台阶。关于校园法治和安全的话题，很大很长，几天几夜都讲不完的，这儿，我只是粗略点下题，让同学们多少有所启发和启示，对于你们的成长和进步有所帮助。但由于本人水平实在有限，耽误大家这么多的时间，实在是很惭愧，讲的不当之处，恳请老师和同学们批评指正。最后，真诚的祝愿全校师生在将来的人生道路上有好的身体、好的心情、幸福的家庭、锦绣的前程！家和万事兴，金榜题名，万事如意！

普法讲师团讲稿之二

普法培训班上领导讲话

同志们：

今天，为认真贯彻落实《县法制宣传教育第六个五年规划》及中央、省、市有关会议精神，深入开展法治宣传教育工作，经县委、政府研究同意举办的全县"六五"普法骨干培训班今天正式开班了，这次培训的目的是，通过培训使我们各系统、各部门的普法骨干熟悉掌握"六五"普法规划的总体要求及今年所要普及的法律法规，并能在本单位指导普法工作，组织完成好今年各自所在单位的普法学习及考试。为提高干部职工法律意识和法律素质，顺利实施"六五"普法规划，打下坚实的基础。培训的内容主要是学习人民调解法、社会保险法和计算机信息网络国际联网安全保护管理办法等相关法律法规知识，这些法律是我县今年普法的重点，各参训人员要认真学习领会。

借此机会，我讲几点意见：

一、我县"五五"普法工作成效明显

"五五"普法开展以来，在县委、政府的领导和人大、政协的监督下，在上级主管部门的指导下，全县各乡（镇）、各部门和各单位围绕"五五"普法规划，认真落实科学发展观，深入实施依法治县战略，全面推进普法依法治理。"五五"普法依法治县工作的开展取得明显成效；公民的法律素质得到了明显提高，

依法办事、依法维权的氛围日益浓厚；领导干部法律素质进一步提高，依法决策、依法管理社会事务的意识显著增强；社会主义法治理念在司法和行政执法部门得到较好确立，确保司法和执法公正，维护了法治统一和法律的权威；基层民主法治建设不断深化，全社会的法治环境明显改善。为维护社会稳定，创建平安沾益，促进精神文明建设协调发展和社会、经济和公民的全面进步工作营造了良好的法治氛围。由于成效显著，我县被评为全国法治宣传教育先进县，受到中央宣传部、司法部表彰。

在充分肯定成绩的同时，我们也清醒地认识到，普法依法治理工作还存在一些问题和不足：有些乡（镇）、部门、单位的领导干部对法治宣传教育的重要性认识不足，重视不够，学法用法的自觉性有待进一步提高；公民的法律素质与建设社会主义法治国家的要求还有较大差距；有的地方有法不依、执法不严的情况不同程度地存在；法治宣传教育的方式方法需要进一步改进完善，宣传的针对性和实效性需要进一步增强。这些问题，有待在今后的工作中努力加以解决。

二、充分认识全面开展"六五"普法的重大意义

继续开展"六五"普法教育，是在全面贯彻落实科学发展观、实施"十二五"规划新的历史条件下提出的。这对于进一步加强我县法治宣传教育工作，推进法治县创建，保障县"十二五"规划的顺利实施，构建社会主义和谐社会和全面建设小康社会，具有十分重要的意义。

全面落实"六五"普法规划，是"十二五"期间实施依法治国基本方略、贯彻落

实科学发展观的重要举措，是社会主义法治建设的一项基础性工作。也是深入开展法治宣传教育，扎实推进依法治理，保障全县经济社会发展，促进社会主义精神文明建设、全面构建社会主义和谐社会的重要保障。当前，我们县正处于加快改革发展的关键时期，这一时期，既是推进桥头堡战略的重要机遇期，也是社会矛盾凸显、群体性事件频发的时期。只有不断增强公民和国家机关工作人员的法治观念和法律素质，才能提高各级政府和部门运用法律手段处理问题、解决矛盾的能力，才能提高公民通过法定程序表达利益诉求、维护自身合法权益的能力，才能不断提高全社会法治化管理水平，为实现社会和谐、维护社会稳定提供强有力的法治保障。

我们一定要从全面贯彻落实科学发展观，保障和促进经济、政治、文化和社会建设全局的高度，充分认识加强法治宣传教育工作的重大意义，切实增强做好法治宣传教育工作的责任感和使命感，扎扎实实地做好"六五"普法工作。

三、努力完成"六五"普法规划确定的目标任务

要围绕"六五"普法规划的目标任务，以宪法为核心抓好基本法律制度的学习宣传，围绕保障和促进经济社会全面协调可持续发展、保障和改善民生，整顿和规范市场经济秩序、实现社会公平正义和安定有序，维护社会和谐稳定，深入开展经济社会发展各方面法律法规的学习宣传；在继续抓好全民法治宣传教育的同时，突出加强领导干部、公务员、青少年、企业经营管理人员和职工以及农村群众、流动人口和弱势群体等重点对象的法治宣传教育。进一步实现领导干部学法目标化、公务员法治教育规范规范化、、推进青少年学法的社会化、企业经营管理人员和职工学法治度化、农民群众学法经常化。三是不断创新法治宣传教育的有效途径，增强法治宣传教育的针对性和实效性，提高法治宣传教育的渗透力和社会影响力，逐步形成覆盖城乡的法治宣传阵地网络，积极开展法治宣传主题教育和法治实践活动，扎实推进普法基层依法治理，为全县经济社会发展营造良好的法治环境。

四、今年普法工作要完成的几项任务

"六五"普法的目标任务已经明确，能否取得实效，关键在领导。各乡镇、各部门、各单位的负责同志，要负起责来，把法治宣传教育工作摆上重要日程，切实加强领导，精心组织实施，确保全县"六五"普法规划顺利完成。

（一）完善领导体制和工作机制，确保组织落实到位

各乡（镇）、各部门和各单位，要加强组织领导，把法治宣传教育纳入重要议事日程，与其他工作同部署、同安排。及时调整充实普法领导小组，健全普法依法治理

领导机构，建立健全工作机制。自觉接受人大、政协的监督和指导。县委普法办，要认真做好日常组织、协调、指导、检查工作。要充分发挥各部门和社会各类组织的作用，主动加强与宣传部门的沟通和联系，并建立健全部门、行业法治宣传教育制度，形成统一部署、齐抓共管、密切配合、各负其责的工作格局。

（二）抓紧制定规划和组织实施，推动各项任务落到实处

各乡（镇）、各部门、各单位要根据我县"六五"普法规划和2011-2015年依法治县规划要求，结合实际，研究制定本乡镇、本部门、本单位的"六五"规划和依法治县规划，同时，要根据"六五"普法规划提出的目标任务，制定年度工作计划和实施方案，强化工作措施，明确责任要求。规划和计划要于11月初之前上报县委普法办。各部门、各行业要切实承担起法治宣传教育的责任，认真做好本系统的法治宣传教育工作，坚持求真务实，不做表面文章，确保工作任务落到实处、取得实效。

（三）建立健全有关制度，推进法治宣传教育的制度化和规范化。

"六五"普法期间，要重点完善法治宣传教育考核评估制度、检查督促制度、工作激励制度和普法依法治理经费保障制度，研究制定法治乡镇、法治单位创建标准及实施办法。要加快法治宣传教育工作制度化建设，促使普治工作规范有序进行。

（四）加强专兼职法治宣传员队伍建设，调动法治宣传队伍积极性

要加强专职法治宣传队伍建设，拓展普法讲师团、普法中心户、法律宣传志愿者队伍，配齐、配强法治宣传干部。强化培训，不断提高他们的政治、法律素质和业务能力。行政执法人员、司法人员和法律服务人员，要严格执法、公正司法、依法办事，结合本职工作开展法治宣传教育。要调动一切积极力量，拓宽社会参与途径，引导人才、智力和资金等资源投入到法治宣传教育工作中来。要从政治上、工作上、生活上关心、爱护法治宣传教育工作人员，切实帮助解决他们在实际工作中遇到的困难和问题，为他们开展工作提供良好条件。要逐步建立健全评估考核机制、激励监督机制，做好法治宣传教育表彰奖励工作，努力形成各方面踊跃参与法治宣传教育的生动局面。

（五）加强调查研究，进一步提高法治宣传教育工作的针对性和实效性

要深入基层、深入群众，倾听群众呼声，把群众的需求作为改进和推动法治宣传教育工作的动力。要围绕法治宣传教育工作中的一些重大理论和实践问题，深入调查研究，准确把握新形势下法治宣传教育的特点和规律，采取行之有效的方法措施开展法治宣传。要及时总结推广基层好的经验和做法，善于发现和培育各类典型。要充分发挥舆论引导作用，加强媒体宣传，形成社会声势，扩大社会影响，努力推进法治宣

传教育工作深入发展。

（六）切实做好"六五"普法的启动工作

今年开始"十二五"规划开局之年，也是的是"六五"普法的启动之年，是关键性的一年，法治宣传教育工作任务十分繁重。在座的各位同志都是各单位的普法骨干，"六五"普法工作重担落在你们的肩上。今年的法治宣传教育工作，要按照"六五"普法规划的要求，要按照中央、省、市的检查考核的要求和标准，结合本单位、本部门工作实际，对本单位"五五"普法工作认真总结，找准存在的问题，研究解决的措施。结合我县"六五"普法规划提出的总体要求和县委普法办2011年工作计划确定的目标任务，做好开局之年的工作。另外，培训会之后还将组织全县干部、职工统一进行普法考试，各乡镇、各单位要按照县委普法办的要求，认真组织好法治宣传资料的征订和普法考试参考人数统计、登记工作。确保按时按质完成任务。这两项工作将列入县委、政府目标责任制考核，希望大家按照要求，切实抓好落实，确保我县"六五"普法开局之年各项工作取得良好进展。

五、几点要求

这次培训，要加强管理，严格要求，对无故不参加培训的单位要通报。学员要自觉遵守培训时间，不得迟到早退，培训期间原则上不得请假。

参加这次培训的同志，在单位工作忙、任务重，能抽出时间来学习，十分难得。大家要提高认识，端正学风，以积极、认真的态度对待这次培训学习。要正确处理工学矛盾，把这次学习作为提高自身法律素质的难得的机会，做到学有所得。要理论联系实际，学用结合，以辅导引路，自学为主。要专心听讲，认真做好笔记，学习和掌握必备的法律知识，把这次培训的精神传达到本部门，回去后到本单位、本部门宣讲，搞好这次培训的几部法律法规的学习宣传，促进本部门、本单位学法用法风气的形成。

为举办好这次培训班，县委普法依法治县办公室精心准备，作了大量工作，邀请了我县有基层实践工作经验和专业理论知识的人员任教，内容非常丰富而且都很重要，希望大家集中精力，认真学习，力求收获更大一些。为今后开展法治宣传教育工作打好基础，为全县的经济发展和社会稳定多做贡献。

最后，祝同志们学有所得，学有所获。预祝这次培训班取得圆满成功！

谢谢大家！

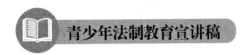

青少年法制教育宣讲稿

各位老师、同学们：

你们好

今天，我想给大家讲讲未成年人的权利、义务和"违法""犯罪"的概念以及未成年人如何加强自我防范意识。

讲课之前，我要向大家先介绍以下三个概念，即"未成年人""少年""青少年"。"未成年人"这一概念从法律上说它是以年龄的划分为标准的，根据《未成年人保护法》第二条的规定，"未成年人是指未满十八周岁的公民"，该法对未成年人的下限年龄未作出规定，也就是宣告对未成年人从一生下来就加以保护，举个例子，每个刚出生的婴儿都享有财产继承权。"少年"，是指已满14周岁，不满18周岁的未成年人，按照实际上的规定，少年与未成年人是同一个概念，只是叫法不同而已。"青少年"是一个笼统的、习惯性的称呼，既包括成年人，又包括未成年人，它不是法律上的概念。因此，在日常生活中，当别人称你为未成年人、少年或青少年时都不算错。但是在适用法律时，必须明确什么是未成年人，什么是少年，什么是青少年，这一点很重要，因为不同的称呼意味着享有不同的权利和承担不同的义务。

如今我们在宣传媒体中经常听到未成年人要积极争取自己的权利，履行自己的义务等，那么未成年人到底有哪些权利和承担哪些义务呢?

未成年人作为公民的一部分，所享有的权利是相当广泛的。具体来说，在我国未成年人的权利主要包括八个方面的内容：政治权利、人身权利、受教育权利、个人财产所有权、继承权、社会经济权、诉讼权利、其他权利。

在这里，我给同学们着重讲一讲人身权和诉讼权利。

人身权利可以分人格权和身份权两方面的内容。首先给大家讲讲什么是人格权，人格权是基于自然人本身所固有的权利，包括生命健康权、姓名权、肖像权、名誉权；身份权是基于自然人之间的某种关系，某种事件或某种行为而产生的地位、资格等方面的权利，具体来说包括两个方面：一是亲属权、抚养权和监护权，主要表现有：（1）未成年人有要求父母抚养的权利，父母不履行抚养义务时，未成年人有要求父母给付抚养费的权利，（2）家庭中不受虐待、不受遗弃的权利；（3）有随父姓或随母姓的权利;（4）无行为能力和限制行为能力的未成年人有得到监护的权利;（5）父母离异后，仍享有被双方所抚养和教育的权利。二是知识产权，包括著作权、发现权、发明权、专利权等。

诉讼权利，包括（1）起诉权（2）不被公开审理的权利（3）对不满18周岁的未成年人犯罪的案件，在讯问和审判时，可以通知犯罪嫌疑人，被告人的法定代理人到场（4）被告人是未成年人而没有委托辩护人的，人民法院应当指定承担法律援助义务的律师为其提供辩护。以后有机会，指导同学们组织模拟法庭，这样你们对这项权利会有更深的了解。

接下来再给同学们讲一讲未成年人应承担的义务，它总共有六点:（1）维护国家统一和民族团结的义务（2）遵守宪法和法律，保守国家秘密，爱护公共财产，遵守劳动纪律，遵守公共秩序，遵重社会公德的义务（3）维护国家安全、荣誉和利益的义务（4）保卫祖国，依法服兵役的义务（5）依法纳税的义务（6）受教育的义务。

以上所讲的就是未成年人所享有的权利和所应承担的义务。

下面我想给同学们讲讲什么是违法和犯罪。

违法和犯罪这两个词，同学们一定不会陌生，但是它们的联系和区别同学们可能不是很了解。根据我们的办案调查情况分析，目前未成年人犯罪一个很重要的原因，就是未成年人对法律的无知。我给同学们讲两个案例，一个是一名十四周岁的中学生投毒案，这起案件发生在去年的四月份某天下午，该学生将自已买来末吃的冰袋咬破一口，再装入老鼠药，而后放入附近一小学的某教室的一张课桌抽屉里，第二天，坐该课桌的小学生喝了这有毒的冰袋后，很快就死了。这起案件侦破后，该投毒的中学生后悔不已，他说自已没有想害死人，以为小学生吃了只会拉肚子，但是严重的后果已经造成，该学生的后悔不能代替法律的惩罚，根据刑法的规定，投毒致人重伤、死亡的处十年以上有期徒刑、无期徒刑、或死刑。再给同学们讲一个案件，被告人刘某年仅15周岁，是四中缀学的学生，刘某缀学后，一直沉迷于游戏机，但父母不给钱，于是他就想到向同学下手敲钱，一天，他在四中操场玩时，看见原同学方某，刘某就走上前要方某给他钱，并威胁方某说，你以前跟别人打过架，被打的人叫我来拿医药费，自已认识许多社会上的人，不给钱就叫人来打你，方某很怕，将自已身上仅有的五元钱给了刘某，以后刘某陆续向方某要了三次，共计六十余元，其中有一次，刘某逼方某带他到方某父亲那骗借了三十元，最后一次，被告人刘某逼方某拿五十元，方某不给，刘某便将方某带到一偏僻地方，用玻璃刮方某手掌，用烟头烫方某，并要求方某第二天中午把钱交到刘某手中，在这种情况下，方某才将这件事告诉其父亲，方某父亲马上到公安机关报案，并配合公安人员将被告人刘某抓获归案，刘某后被判处有期徒刑二年六个月。从这起案件的发生和发展看，一方面，刘某对违法和犯罪认识不清，另一方面，被害人方某也不懂得合法与违法犯罪的界限，以至于三番五次的被抢劫。从这些案件可以看出未成年人懂得什么是违法和犯罪，对规范自己的行为和保护自己的合法权利是相当重要的。

接下来，我就给同学们讲讲什么是违法。

违法，是法律行为的基本分类之一。它指违反法律，不履行法律义务。从广义上讲，违法是指违反一切现行法律规范的行为，包括违反刑法、违反义务教育法等等。违法行为，又称为"非法行为""不法行为"。从狭义上讲，所谓违法是指违反刑法以外法律的行为。我们通常所讲的未成年人的违法行为，主要指《中华人民共和国预防未成年人犯罪法》中所规定的严重危害社会、尚不够刑事处罚的严重不良行为，即：纠集他人结伙滋事，扰乱治安；携带管制刀具，屡教不改；多次拦截殴打他人或者强行索要他人财物；传播淫秽的读物或者音像制品等；进行淫乱或者色情卖淫活动；多次偷窃；参与赌博，屡教不改；吸食、注射毒品；其他严重危害社会的行为。上述列举的行为中，携带管制刀具，屡教不改这一行为希望同学们引起注意，同学们可能会对此不以为然，但这也是违法行为；还有多次拦截殴打他人或者强行索要他人财物的违法行为在学校也是时常发生的，据我们了解，一些高年级的同学会向低年级的同学强行索要钱财，这是一种违法行为，同学们不要害怕，要敢于检举揭发，同这些违法行为作斗争。那么对具有上述违法行为的未成年人应当如何处理呢？一方面对违法行为较轻的未成年人，一般由其父母或者其监护人和学校相互配合，采取措施严加管教，也可以送工读学校进行矫治和接受教育。如果未成年人具有上述违法行为，且构成违反治安管理行为的，由公安机关依法予以治安处罚，因不满14周岁或者情节特别轻微免予处罚的，可以予以训诫。

再讲讲什么是犯罪。

我国刑法规定：一切危害国家主权、领土完整和完全，分裂国家、颠覆人民民主专政和推翻社会主义制度，破坏社会秩序和经济秩序，侵犯国有财产或者劳动群众集体所有的财产，侵犯公民私人所有的财产，侵犯公民的人身权利、民主权利和其他权利，以及其他危害社会的行为，依照法律应当受刑罚处罚的，都是犯罪，但是情节轻微危害不大的，不认为是犯罪。犯罪具有三个方面的基本特征：（1）犯罪是一种危害社会的行为，即犯罪具有社会危害性；（2）犯罪是一种触犯刑律的行为，即犯罪具有刑事违法性；（3）犯罪是一种应当受刑罚处罚的行为，即具有应受刑罚惩罚性。未成年人犯罪，是未成年人危害社会、触犯刑律、应受刑罚处罚的行为。值得注意的是，我国刑法第十七条对于未成年人犯罪还做了年龄及犯罪行为种类上的限制。例如刑法第十七条规定，已满十六周岁的人犯罪，应负刑事责任，意思就是凡年满十六周岁的人，实施了刑法规定的任何一种的犯罪行为，都应当负刑事责任，这样规定是从我国的实际情况出发的，在我国，已满十六周岁的人，因体力、智力已相当发展，并有一定社会知识，已具有分辩是非善恶的能力，因此，应当要求他们对自己的一切犯罪行为负刑事责任。

刑法第十七条还规定，已满十四周岁不满十六周岁的人犯故意伤害致人重伤或者死亡、强奸、抢动、贩卖毒品、放火、爆炸、投毒罪的，应当负刑事责任。这样规定，是充分考虑了他们的智力发展情况，已满十四周岁不满十六周岁的人，一般已具有事实上的识别能力，但由于年龄尚小，智力发育尚不够完善，缺乏社会知识，还不具有完全识别和控制自己行为的能力，因此，他们负刑事责任的范围应当受他们刑事责任能力的限制，不能要求他们对一切犯罪都负刑事责任，因此，我国刑法规定"已满十四周岁，不满十六周岁的人只有犯以上规定的八种犯罪，才负刑事责任"，在这里，我给同学们举个案例，有这样一起案件，林某，案发时未满16周岁，1999年11月14日下午，他在信州区一家游戏机室附近遇见阳阳即向阳阳索要香烟，阳阳说没有，便进了游戏室里，林某便觉得阳阳没有给他面子，就纠集另一人将阳阳叫出游戏厅又叫他拿烟，阳阳不给，林某便一拳往阳阳腹部打去，当阳阳躬着身抱着肚子叫痛时，林某又用右肘部击打他后脑造成阳阳颅出血而死亡。此案例中的林某已满14周岁，且实施的是故意伤害致人死亡的行为，也就是刚才给同学们讲的八种犯罪之一林某的行为构成故意伤害罪。根据刑法的规定，应承担刑事责任，他将在监狱中渡过八年的黑暗日子。

未成年人犯罪性质，从情况来看，抢劫犯罪案件较多，而且多为团伙性的，发现未成年人对什么是抢劫犯罪和什么是一般的敲诈违法行为分辩不清，我国刑法规定，以暴力胁迫或者其他方法抢劫公私财物的构成抢劫罪，构成该罪的关键在于是否当场使用暴力、胁迫（比如说"你不拿钱，我们就打他"这样的言语威胁）或者其他方法，强行劫取公私财物，但劫取财物的多少并不是构成本罪的依据，而只是量刑的情节。

在谈对未成年人犯罪打击的规定同时，我们还要向同学们介绍一下对未成人犯罪宽大处理的规定。

我国刑法规定，已满十四周岁，不满十八周岁的人犯罪，应当从轻或者减轻处理；因不满十六岁免予刑事处罚的，责令他的家长或者监护人加以管教，在必要的时候也可以由政府收容教养。另外，依照我国刑法规定，犯罪时不满十八周岁的人，不适用死刑，这些规定都是依据未成年人还在成长过程中，辩别是非能力较弱，容易受外界感染，并且主观恶习不深，易于接受教育改造这一基本特点而规定的。依据对未成年人犯罪宽大处理的规定，检察机关还出台了对未成年犯罪嫌疑人暂缓起诉的规定，也就是对犯罪的未成年人，暂不向法院提起公诉，对其进行考察，如以后不再犯罪，将不再对其提起公诉。

下面，我再讲一讲未成年人如何加强对犯罪的自我防范。

所谓犯罪的自我防范是指个人为减少被害的可能，进行自我保护而采取的各种措施和方法，根据预防未成年人犯罪法规定，未成人年人犯罪的自我防范意识主要包括两个方面：一方面，指未成年人通过加强文化修养和法律知识，自觉抵制各种不良行为和违法犯罪行为的引诱和侵害；另一方面是指未成年人在受到犯罪侵害后应通过法律途径，及时维护自己的合法权益。

具体来讲，主要包括四个方面：

一是未成年人应当遵守国家法律、法规及社会公共规范。实践证明未成年人一旦养成了种种不良习性后要矫正过来是很不容易的，需要花费更大的力气，因此，未成年人就应该在日常生活中和学习中，处处遵守国家法律、法规、社会公共规范，遵重社会公德，从小养成良好习惯加强自我修养，自我调节、自我完善，自觉抵制违法犯罪行为的引诱。如有一起未成年人入室抢劫案，涉案人员有三人，其中年龄最小的王某年仅14周岁，1999年10月的一天晚上，楼某与李某到我市甜梦歌舞厅找到王某，并邀王某去玩，王某就跟随前往来到一住宅区，楼某带头敲开被害人陈某家的门，

后进屋要陈某拿钱，陈不从，李某便上前抢陈某脖子上的金项链，王某见状退出房外，最后楼某被判8年徒刑，李某被判5年徒刑，王某因年少，不辩是非，又没有实施具体行为，为体现对未成年人的教育和挽救政策，我们对他作不起诉处理，此案中如果王某也积极主动动手帮助实施抢劫，那么王某也将被判刑坐牢。

二是树立自尊、自律、自强的意识。自尊、自律、自强是一种积极的人生态度，也是未成年人进行自我防范和赢得社会保护的途径。如果未成年人自甘堕落，外界再怎样帮助，也是无济于事的。如舒某抢劫、伤害案，案犯舒某原是我们一中学的学生，因父母离异无人管教学习成绩越来越差，他的母亲把他转学后，他就自暴自弃，成天泡在游戏机房玩游戏，并结识了刘某等人，后与刘某等人一同去打架伤人，抢出租车司机，坠落的无法自拔，最后被关进监牢，被判处七年徒刑。

三是增强辩别是非和自我保护的能力。未成年人只有学好知识，丰富社会生活经

验，锻炼各种能力，才能对违法犯罪行为有一个清醒的认识。才能分清是非，未成年人还要加强锻炼身体，增强体魄，这样有助于未成年人在遭到暴力侵害的时候，及时逃脱或者进行正当防卫，不至于受犯罪行为的随意侵害。

四是加强未成年人用法律维护自身合法权益的意识。未成年孩子对犯罪的自我防范，除以上讲的，还必须懂得同违法犯罪行为作斗争应该采取哪些措施。根据实践经验，我们建议同学们如果在遭到违法犯罪行为侵害的时候，切切要记住两点：

第一、同学们要以躲避免受违法犯罪行为侵害为自己的首要任务，不提倡你们去同违法犯罪分子面对面博斗，比较明智的做法是遇事不慌，然后设法摆脱或向四周的大人呼救，或拨打"110"报警。对于这一点，我们办理的叶某抢劫案中，被抢劫的江光技校学生的作法对同学们很有借鉴作用。

第二、如果同学们发现自己正在或已经受到非法侵害的就应该采取正确的途径解决。如及时向学样、家庭或者其他监护人报告，由家长、老师或学校出面制止不法侵害，也可以向公安机关或者政府主管部门的报告。不要盲目行事，如现在一些中学发生的学生之间打架事件要引起同学们的注意，据调查，一些学生被同学殴打后并不是向家长或学校汇报，而是自己作主到外面找人来报复，要知道报复伤人也是违法的情节严重还要构成犯罪坐牢。以上给同学们讲解了未成年人的权利、义务，违法犯罪的概念和如何加强自我防范方面的问题，我所讲的只是给同学们起个抛砖引玉的作用，同学们要真正做到远离违法、犯罪，健康成长，还要靠同学自觉刻苦地学习文化、科学、法律等方面的知识，做一名遵纪守法的好公民。

谢谢大家。

普法讲师团讲稿之四

 在全县农村普法讲师团宣讲活动仪式上的讲话

各位农民朋友、父老乡亲，同志们：

今年是实施"六五普法"承上启下攻坚之年，也是推进普法工作深入开展的关键之年。在县委、县政府的统一安排部署下，由省级法治县创建办公室牵头，联合县法建办、县委宣传部、县委党校、县检察院、县法院、县公安局、县司法局及退休教师协会组成的我县农村普法讲师团，今天在这里举行2013年秋季农村普法宣传教育活动启动仪式并举办第一场宣讲，这是我县加强农村法治宣传教育的一项具体举措，也是在争创省级法治县活动中的一项重要工作。在此，我谨代表县委、县政府，向踊跃承担社会普法责任、为法治宣传教育做出积极贡献的各位讲师团成员、有关单位表示衷心的感谢，向参加宣讲活动的基层干部群众表示欢迎！

有力有序有效推进省级法治县创建活动，是列入今年全县重大排难创新目标任务的一项重点工作，是事关全县全局和长治久安的系统工程，涉及面广，任务艰巨。我县是典型的民族地区山区县，农村人口占全县总人数的90%以上，居住较为分散，依法管理农村事务的水平不高，因此，创建省级法治县，难点在农村；普法工作，薄弱点也在农村。从一定意义上讲，没有广大农民群众法治观念和法律意识的增强，没有在农村形成依法管理的工作格局，不但灾后重建取得成的巨大成果得不到法治保障，也不可能全面实现建设社会主义新农村，更不可能在2020年如期完成全面建成小康社会的奋斗目标。

基层民主法治的健全不仅是新农村建设的主要内容，也是保障新农村建设顺利推进的必要条件。我们既要看到，随着基层民主法治的巩固和完善，我县农村经济、社会、文化等各项事业不断取得新的进展，农村社会形势总体上越来越好，农村依法管理水平有了明显进步。但同时也要清醒地认识到，我县当前正处于灾后经济社会发展崛起的重要机遇期，也是各类矛盾纠纷凸显期、爆发期，整个社会层面越来越呈现出利益诉求多元化、社会纷争复杂化的趋势。这既有我们工作中的问题，比如个别公职人员管理服务方法简单，执法水平有偏差、司法救济渠道不完全通畅等问题，也确实与一部分群众法治观念较为淡薄、依法办事、依法维权意识不强有很大关系。为此，我们必须充分认识加强农村法治宣传教育的必要性、紧迫性，创新工作举措，加大工作力度。这里提两点要求：

一、聚合各方力量，确保农村普法工作收到实效

县级相关部门和乡镇党委政府、村级组织要共同配合，以攻坚破难的勇气和智慧，把农村普法和创建工作这个"难点"和"薄弱点"切实转化为工作的突破点、创新点、闪光点，大力提高农民群众和农村干部法治观念和法律素质，教育和引导广大群众以理性的、合法的形式表达利益诉求，既讲权利，又讲义务；既讲民主，又讲秩序，着力提高乡镇、村组干部民主法治观念和依法办事水平，提升依法决策、依法行政、依法管理能力，引导教育农民群众知法、懂法、用法，自觉用法律规范自己的言行，把

法治宣传与依法治理，村社服务有机结合起来，促进我县农村全面和谐发展，发挥好人民群众在法治县创建和维护社会稳定、推进经济社会事业全面发展的主体作用，确保我县农村普法工作不走过场。

二、坚持以案讲法，切实提高宣讲水平

这次普法讲师团的成员，大多是的政法系统抽选的既有多年法治实践经验、又有较扎实的法律理论功底、同时又熟悉农村实际情况的同志，希望各位成员认真履行职责，在学习宣传中国特色社会主义法律体系、宣传贯彻社会主义法治理念、深入推进社会主义法治文化建设、加强和创新社会管理，特别是针对农民朋友、农村干部的日常法律需求上下功夫，搞好法律知识的对接。一是要苦练内功，不断学习理论知识，总结实践经验，努力提升自身的政治和业务素质，发挥在普法宣传工作中的引领和带动作用，将授课课件、讲稿等资料形成研究成果，扩大受益面，形成我县普法讲师队伍特有的品牌。二是宣讲活动要和法治县创建，法治文化建设，"法律六进"活动等重点工作结合起来，不断提高法治宣传教育的实效性和影响力，不断加强和改进讲师团各项工作，奋力开创全县普法工作新局面。同时，各单位部门要切实加强组织领导，加强协调配合，加强保障措施，搭建工作平台，确保农村普法讲师团工作顺利开展。也希望在座的各位农民兄弟朋友，通过聆听此次宣讲后，带动家庭、带动身边的亲朋好友知晓法律、遵守法律、敬畏法律，争当守法公民。农村基层干部要带头学法用法，切实依法管理、依法建制，起好带头和表率作用。

最后祝法治宣讲活动取得圆满成功！谢谢大家！

普法讲师团讲稿之五

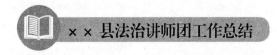

××县法治讲师团成立于2011年10月，五年来，法治讲师团在县委、县政府的正确领导下，以十八大和十八届四中全会精神为指导，紧密联系实际，大力宣传宪法和法律法规，全体讲师团成员深入基层，深入生活，深入群众，走遍了土乡的山区村社、厂矿企业，寺院僧舍，广泛开展法治讲座，有效地提高了公民的法治观念和法律意识，有力地推动了土乡的法治宣传教育工作。

一、基本情况

我县"六五"普法讲师团由县委常委、政法委书记任团长，县委常委、宣传部部长为副团长，成员为政法各单位，纪检、组织、县委党校、妇联等单位的相关负责人及法治宣传骨干。讲师团成员共19人，其中大专以上学历18人，中专1人，"双语"（汉语、土语）人数4人。

二、主要做法及工作亮点

第一，加强组织领导，提高讲座水平。"六五"普法启动后，为加强法治宣传队伍建设，县普法办依法治县领导小组根据新形势的需要，及时将16名政治素质好，有敬业精神，有一定法律知识和讲座水平的人调整充实到法治讲师团队伍中，并制定法治讲师团工作实施办法和工作职责，为充分发挥讲师团在法治宣传教育工作中的作用，治县办巧抓机遇，创新形式，从讲师团的性质、任务及成员组成、讲课的工作程序、各成员的职责及考评等几个方面进一步规范和完善了讲师团的工作机制和工作程序。为丰富讲师团成员备课素材，提高讲课质量，各相关部门多次组织讲师团成员观摩学习，互相交流经验，取长补短，有效提高了讲师团成员的业务水平和讲座能力。

第二，发挥自身优势、认真履行职责。讲师团成员来自不同的岗位，虽然职务、职业特点不尽相同，但是都具有丰富的法律知识，热心法治教育，符合讲师团成员的岗位要求。在宣传工作中，讲师团成员发扬全心奉献，不辞辛劳、不图名利的奉献精神，认真履行职责，正确处理职务和责任的关系，科学统筹，同等安排好专、兼两方面的工作，那里需要讲课，只要收到通知，就能及时到讲座现场，给群众讲授所需讲解的法律知识。

第三，完善形式内容、注重讲课实效。为增强法治教育课的针对性与时效性，讲师团成员注重在授课的内容和效果上下功夫，创新思路，创新方法，紧紧抓住不同职业公民的心理特点和接受能力，改变以往单纯的照本宣科，采取以案说法，激发广大公民的学法兴趣。一是注重授课对象的差异性。针对不同的对象进行内容不同的法治教育，尤其是在"法律七进"活动中，每个讲师团成员分门别类进行备课，分别写出了农村群众、社区居民、寺院僧侣、企业职工、学校师生等不同对象的讲稿，并组织大家对讲稿进行认真审定，有效地保证了讲课的质量。二是注重授课形式的多样性。采取案例式、图文式，充分利用现代新媒体教育的优势，制作幻灯片等，将枯燥的法律条文以图文并茂的形式介绍给群众。为了强化法治教育的效果，在法治授课过程中，坚持做到"三个结合"：一是把法治授课与日常行为规范教育相结合，帮助公民养成良好的习惯，提高遵法守纪的自觉性。二是把法治教育与道德教育相结合，引导树立正确的世界观、人生观、价值观，将精神文明、中华民族的传统美德与法治教育融为一体，和风细雨，举一反三。三是把法治教育与思想政治建设相结合，在加强法治教育的同时，努力培养公民良好的思想品格和道德品质。

五年来，法治讲师团通过"四下乡""千名干部下乡宣传1号文件""三月份维稳宣传"、"基层干部培训班""村'两委'班子培训班""农民工维权培训""乡、村干部法治讲座"等平台深入宣传以宪法为核心，以经济社会发展和人民群众生产生活密切相关的法律法规，并围绕县委、县政府的重点工作开展法治讲座，甚至在特殊情况下，走访农户，挨门逐户讲解征地拆迁、土地转让、信访等专业法律法规，据统计，"六五"普法以来，讲师团成员的讲座达480多场次，有力地推动了法治宣传学习活动的不断深入。

三、存在的困难、问题及建议

一是发挥协调作用。讲师团成员来自不同部门，组织人事、政法委等部门组织讲座，行动快，效果好，但治县办组织讲座有一定的难度，使有些讲座由于人员不齐而中途夭折。

二是要加强沟通联系，促进依法行政。讲师团成员平时忙于本职工作，对政府的中心工作不能及时掌握，在讲座中虽然有深厚的专业法律知识，但在现实问题和法律法规的衔接上不能紧扣中心，讲座效果有待进一步提高，建议今后能够以案释法，紧扣主题，真正达到讲座一次教育一片的目的，使讲师团在县政府依法行政中能够充分发挥自身的专业优势，促进政府依法行政，在化解社会矛盾，维护社会稳定中，充分利用讲师团成员的特殊身份及其在化解社会矛盾中的特殊作用，利用精彩的讲座，通俗易懂的讲解，依法疏导和化解各类社会矛盾。另外，对讲师团成员应给一定的报酬，以便调动其工作积极性。

普法讲师团讲稿之六

 百名律师进企业服务活动启动仪式上的讲话

同志们：

今天，市总工会、市司法局、市律师协会在这里共同举办全市百名律师进企业服务活动启动仪式，意义重大。本次活动是全市工会系统深入贯彻落实科学发展观的实际行动，是全面落实市委市政府强基础、调结构、增效益、惠民生、促和谐工作要求的具体举措，是坚持"贴近中心促发展、贴近职工办实事、贴近基层搞服务"的"三贴近"工作思路的有效载体，标志着工会系统围绕中心、服务大局进入了深入发展的阶段，标志着工会大力推进的协助政府服务企业平稳较快发展、维护社会稳定的长期努力站上了一个新的起点。首先，我代表市总工会对为这次活动提供大力支持的企业和律师事务所表示衷心的感谢！对积极参加此次活动的各位律师表示崇高的敬意！

下面，我就作好此项工作提几点意见。

一、不断提高认识，以促进企业平稳较快发展、维护企业稳定为出发点

2010年是实施"十一五"规划的最后一年，虽然国内经济形势总体回升向好，但是国际金融危机影响仍然存在、经济回升的基础还不牢固。受此影响，我市经济也面临着复杂严峻的挑战，不少企业仍然存在一些问题和困难，其中企业劳资矛盾突发或潜在矛盾不断积累，不利于企业的平稳较快发展。企业稳则社会稳，企业兴则职工好。我们组织开展百名律师进企业服务活动，就是要重点围绕营造和谐劳资关系，以促进企业平稳较快发展、维护企业稳定为出发点，发挥律师运用法律知识和法律实务经验的专业优势，群策群力解决企业实际问题，在促进企业平稳较快发展和维护企业和谐稳定中发挥作用。

各级工会要树立政治意识、大局意识和责任意识，增强责任感和使命感，自觉坚持围绕经济社会建设这个中心工作、服务和谐稳定这个大局，充分弘扬艰苦奋斗的工作作风、精益求精的敬业精神、团结协作的团队精神、服务社会的奉献精神，尽职尽责、扎实工作、高效服务，全力以赴做好各项工作。

二、充分发挥作用，以贴近职工办实事、贴近基层搞服务为切入点

多年来，市总工会始终发挥着纽带、维权、帮扶、维稳四大职能作用，团结动员广大职工，扎扎实实地开展工作。此次开展"百名律师进企业"服务活动，要继续发挥好工会组织的桥梁纽带作用，以"贴近职工办实事、贴近基层搞服务"为切入点，打好"维权"和"维稳"两张牌，真情帮助，真诚服务。要深入企业，了解企业的经营管理情况和目前面临的突出问题，了解职工的需要，为企业稳定发展提供实实在在的指导帮助。要确保服务水平和服务质量，根据企业的实际情况，加强学习和研究，开展深入的法治宣传，引导职工以合理合法的途径解决问题，通过疏导情绪缓解矛盾，营造良好的劳资关系。要务力引导职工以理性合法的形式表达利益诉求，把企业内部矛盾处理好，把影响企业发展和社会稳定的问题解决在企业内部、消除在萌芽状态，

做到促进企业依法经营，平稳发展，同时依法维护职工合法权益。

三、加强沟通协调，以确保活动取得实效为落脚点

各级工会要高度重视此次"百名律师进企业服务"活动，以确保活动取得实效为落脚点，按照市总工会、市司法局和市律师协会的统一部署，把握时机，结合实际，狠抓落实。要统筹安排，科学配置资源，最大限度满足企业的法律服务需求；履行好组织领导、统筹协调职责，及时提供指导，定期研究问题，提出应对措施；定期不定期进行监督检查，确保各项制度得到全面执行。要加强协调，密切配合，树立服务企业"一盘棋"的思想，主动与市司法局、市律师协会加强沟通，共同做好工作。通过开展此项活动，努力建立健全一批企业规章制度，疏导化解一批企业矛盾纠纷，抵御防范一批企业法律风险，提高一批企业经营管理水平。

同志们，积极为企业和广大职工提供法律服务，推进企业与职工和谐共赢、共谋发展，是一项十分重要的政治任务，是全市各级工会的共同责任。让我们在市委市政府的领导下，积极主动，真抓实干，扎实推进"百名律师进企业服务"活动，为推动我市经济社会又好又快发展作出应有的贡献！谢谢大家！